本书出版得到法国外交部的资助

Ouvrage réalisé avec le concours du
Ministère des Affaires étrangères français

法国汉学　第十八辑

旧学新知
——中欧知识与技术之演变

《法国汉学》丛书编辑委员会 编

陆　康　张柏春 主编

中 华 书 局

《法国汉学》第十八辑
编辑委员会名单

SINOLOGIE FRANÇAISE XVIII

Ars, *Cognitio et Scientia*
**L'évolution des savoirs et des techniques
en Europe et en Chine à l'époque
moderne et contemporaine**

Luca GABBIANI, ZHANG Baichun

Zhonghua shuju
École française d'Extrême-Orient

Pékin 2018

Comité de rédaction de *Sinologie Française* no. 18

彩图一　安特生（Johan Gunnar Andersson, 1874—1960）

（韩琦　提供）

彩图二　二十世纪三十年代初的翁文灏(前排左起:翁文灏,李石曾,蔡元培,蒋梦麟,孙科,贝克;后排左起:任鸿隽,顾临,胡适,赵元任)

（李学通　提供）

彩图三　"抗日战争"胜利后的翁文灏

（李学通　提供）

彩图四　上海亚洲文会博物院一景

（戴丽娟　提供）

彩图五　上海亚洲文会博物院中的猫熊标本

（戴丽娟　提供）

彩图六　北京人展柜

（戴丽娟　提供）

彩图七　苏柯仁为一个景箱画背景图

（戴丽娟　提供）

彩图八　在抽屉内的 40 字号木活字以及提出来的 4 个用于印制 1813 年词典书名的 128 字号木活字

（Pype 先生　摄影）

彩图九　找到在活字上的数字序列,可以还原木条构成,也可看出上面镌有刻工的姓　　（米盖拉　摄影）

彩图十　木条上写着"第四偏旁部首的第二十三根'木棍'"

（米盖拉　摄影）

彩图十一　还没分开的木条

（米盖拉　摄影）

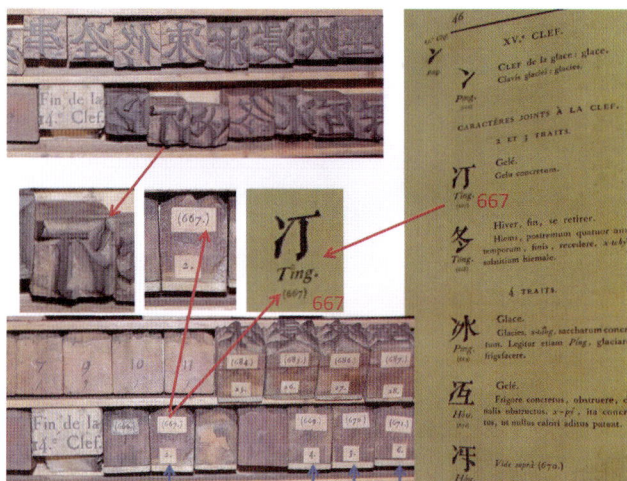

彩图十二　1813 年词典与木活字比较

（米盖拉　摄影）

彩图十三　詹天佑(四排左三)耶鲁毕业照(1881 年)

（王斌　提供）

彩图十四　京张铁路建成时
的詹天佑　（王斌　提供）

彩图十五　八达岭隧道北口
（王斌　提供）

彩图十六　钱三强、何泽慧与周培源等在剑桥

（刘晓　提供）

彩图十七　钱三强、何泽慧参加
剑桥物理会议（1946 年 7 月）　　（刘晓　提供）

彩图十八　显微镜前的何泽慧

（刘晓　提供）

彩图十九　显微镜前的伊莎贝尔（鲍威尔的夫人）

（刘晓　提供）

TO Dr. Powell. with our deepest thanks.

Ho Zah-Wei
Tsien San-Tsiang. 1-1-1947
PARIS.

The first quadripartition (quaternary fission)
of U by the capture of a slow neutron, taken
22th Nov. at Laboratoire de Chimie Nucléaire
du Collège de France, PARIS.

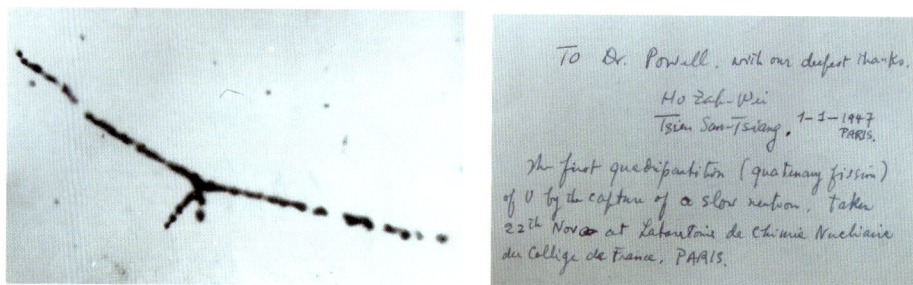

彩图二十　钱三强给鲍威尔教授的四分裂径迹照片及其背面

（刘晓　提供）

彩图二十一　钱三强(后排左三)在法兰西学院与
约里奥–居里(前排左三)等合影

（刘晓　提供）

目　录

身体与医学

Ars , Cognitio et Scientia

L'évolution des savoirs et des techniques en Europe et en Chine aux époques moderne et contemporaine

Sinologie française n° 18 (2018)

Zhang Baichun et Luca Gabbiani, *Préface*

Science et savoirs

Li Ling, « Le corpus traditionnel des savoirs en Chine classique et son ordonnancement »

Dominique Pestre, « Écrire une histoire des sciences et des savoirs à l'échelle globale: réflexions sur les cinq derniers siècles »

Han Qi, « Conseiller en affaires minières, collectionneur de fossiles et archéologue: les activités scientifiques de Johan Gunnar Andersson en Chine »

Li Xuetong, « Entre gouvernement et science: Weng Wenhao et les choix d'un scientifique de renom »

Tai Li-chuan, « Exposer la nature: le Musée de la Royal Asiatic Society à Shanghai et ses activités de vulgarisation scientifique »

Techniques et ingénierie

Michela Bussotti, Isabelle Landry-Deron, « La collection de caractères mobiles des Buis du Régent et l'impression du chinois en France aux XVIIIe et XIXe siècles »

Wolfgang König, « L'enseignement des sciences de l'ingénieur en Allemagne, des origines à nos jours »

Wang Bin, « Zhan Tianyou: un pionnier de l'ingénierie en Chine »

Liu Xiao, « Physique nucléaire, coopération scientifique et organisations internationales: une réévaluation de la découverte des fissions ternaire et quaternaire de l'uranium »

Corps et médecine

Chang Chia-feng, « "Il nous faut tout oublier": les techniques de préservation de la vie présentées dans le *Zhegongmanlu* et la formation d'un savoir »

Bruno Belhoste, « Autour de Mesmer et du magnétisme animal: débats scientifiques, médicaux et politiques à la fin du XVIIIᵉ siècle »

Zhang Daqing, « "En quête de la fontaine de jouvence": la diffusion des techniques de transplantation des glandes sexuelles en Chine »

Delphine Gardey, « Genre, corps et médecine en Occident. Quels enjeux ? »

引　论

陆　康(Luca Gabbiani)*　张柏春**　著

李国强　译

　　2017年是中国科学院自然科学史研究所成立六十周年,同时也是该所与法国远东学院北京中心密切合作二十周年。值此双庆之年,我们荣幸地向中国和世界的同行、朋友推出新一辑的《法国汉学》(第十八辑)。为了向这个对两家机构都具有重要纪念意义的年份献礼,我们共同筹备、组织了2015—2016年度以"中欧科学、知识与技术"为主题的"历史、考古与社会"系列学术讲座。该讲座主要在自然科学史研究所举行,个别场次在北京师范大学和中国国家图书馆举办。自1997年创刊以来,《法国汉学》经历了二十年的学术历程。它一直置身于北京浓郁的人文与社会科学环境之中,并以其特有的双向交融的优势,促进了中法学者在人文科学领域富有成效的合作;同时,它也见证了法国远东学院多位成员自1997年以来相继与北京多所科研机构及大学建立的密切关系。显然,《法国汉学》正是发表这一具有纪念意义的年度合作成果的理想刊物。

　　本辑《法国汉学》收录的13篇作品,都是在本届"历史、考古与社会"讲座宣讲过的论文。长期阅读该刊的读者在浏览本辑目录时,或许会稍感意外,觉得这一辑似乎游离于《法国汉学》一向注重的对传统"汉学"即中国古代研究之外。这是因为,我们在设计本年度系列讲座时,特意关注了近现代。对我们来说,这一选择是顺理成章的。近几十年来,中国或世界其他地区展开的科学史研究都深刻地重塑了这一学科的传统内涵,而其中最突出的一点,就是近现代

＊陆康,法国远东学院副教授。
＊＊张柏春,中国科学院自然科学史研究所研究员。

史已成为科学史的有机组成部分。

在重构科学史基质的诸多因素中,产生于 20 世纪 60 至 70 年代,今天被称之为"科学技术研究"(science and technology studies,简称 STS)学派及它所倡导的新方法,无疑起到了举足轻重的作用①。这一新方法在初创阶段即强调对各门类的科学进行社会学与人类学的交叉研究,目的是在对"科学"的研究中摆脱传统的纯考据式的、纯科学史式的方法,而把目光转移到研究促成科学知识形成的复杂进程及多重因素的互动上来。为明确其研究的总体目的,该派学者创造了一系列不太绝对、较为多样化的术语体系,特别是放弃了作为统称的、单数的"科学"概念,而代之以具体的、复数的"诸(门类)科学",以及"诸(门类)技术与诸(门类)技术学",近期又产生了"诸(门类)知识"这一术语。这种术语上的变化,自然反映了 STS 的研究主旨。其所要揭示的是,并非全部的"知识"合体形成了"科学",也不存在纯粹的"科学"演进;"知识"是在具体的社会背景中形成、定型并演进的。该派学者是要阐明"诸科学"的社会基础,或者说社会性的基础,并把"科学"这一产品描述为一种程序;而这一程序的关键之点,是认为"科学"一向是特定的政治、经济环境的产物,是商业、工业、军事、社会、文化和教育等多方面张力交汇作用的结果。STS 学派在新方法上的努力,使得他们得以揭示出那些"怪才科学分子"或"群体科学分子"在科学发展过程中所起的作用,而这正是传统科学史研究弃之不顾的对象;后者所关注的,是"天才科学家"之类的科学巨匠,并通过这些代代相连的耀眼明星来解释人类知识的发展进程②。

到了 20 世纪 70 和 80 年代,STS 学派的研究逐渐在人文与社会科学领域产

---

①又称"科学技术与社会研究",近期又简称为"诸(门类)科学研究"。
②这里我们不拟对 STS 学派的主要书目进行介绍。有兴趣的读者可参看该派先驱人物 Ludwik Fleck 于 1979 年出版的 *Genesis and Development of a Scientific Fact*(《科学事实的诞生与发展》)修订版,University of Chicago Press。该书是作者在 1935 年德文版的基础上做的修订版,原题为 *Entstehung und Entwicklung einer wissenschaftlichen Tatsache. Einführung in die Lehre vom Denkstil und Denkkollektiv*, B. Schwabeund Co., Verlagbuchhandlung, Basel, 1935。自 20 世纪 70 年代以来,该学派的主要领军人物有 Wiebe Bijker, Thomas Kuhn, Bruno Latour, Donald MacKenzie, Nathan Rosenberg 以及 Simon Schaffer 等。

生影响,也自然引起科学史学界的注意。科学史学界中的一些学者接受了这一新学派的主要观点,并将其运用于科学史范畴的研究之中。在此,我们毋需质疑此前科学史研究做出的贡献,但肇始于STS新潮流的科学史研究,无疑是拓展科学史原有研究领域并对分析方法进行深层革新的主要动因。近些年来,由于历史学家对"(人类)空间地理学"及其大量分支领域的兴趣大增,也由于"全球关联史学"的影响不断扩大,科学史领域产生了大量突破传统解释框架的研究。在今天的科学史学者看来,那种认为近代"科学革命"发生在欧洲且只能发生在欧洲的观念,已经是个颇具争议的话题了。但是,这并不意味着我们要否定"科学革命"这一事实,而是要从更全面的角度重新界定这一观念并揭示其复杂性。很多年以来,西方人一向认为只有自己才拥有"科学",并因此高人一等,居于统治世界的地位。然而,近几十年来新生代的科学史研究成果,足以勾勒出一个相反的、更具差别性也更为精细的看法。

上述研究对多元化的方法情有独钟。在研究者们看来,知识的形成从来都不是单向传播的结果。他们强调通过不同地区、国家之间的交流与互动,特别是个人、产品、观念乃至技术与资本的互动与循环,来解释所谓"近代科学"的形成过程。当然,他们并不否认主流理论与实践在有效"确认"近代科学的过程中起到了重要作用,并深刻地改变了我们认识世界的方式。此类研究所取得的重大成果之一,是让我们认识到这样有趣而重要的事实,即历史上为数众多的、无处不在的"科学分子"通过他们所掌握的技术及构建的知识体系,和真正的"科学家"一道,为近代科学的形成与发展做出了巨大的贡献,共同创造我们今天拥有的诸种科学、技术及知识。

自然,在这里我们无法向读者全面展示这些研究在诸多领域取得的大量成就;正是这些成就,为新型的科学史研究提供了不尽的营养。展现在读者眼前的新一辑《法国汉学》,就是这个浪潮中的一朵小浪花。通过本辑收录的论文,读者可以略窥知识史、技术史与科学史前沿研究的踪迹,特别是近年来中国大陆、台湾地区、德国和法国等中青年学者所取得的成绩。就单篇论文而言,其中的每位作者都展现了在各自研究领域中开创的新视角。从整体上看,这些论文又构成了尝试新方法、新课题的共同篇章。我们希望本辑《法国汉学》的读者能够从中获益,受到启发,并思考和探索新的研究领域。

　　本辑收录的论文由三个主题构成。第一个主题是"科学与知识",有五篇论文探讨"知识"——这是学界近年来极为关注的一个概念——与"科学"(或者更准确地说是"诸科学")之间的关系。前两篇为李零与贝多明(Dominique Pestre)所作,分别勾勒中国与欧洲知识的形成与演进的漫长过程;后三篇是对两位近代科学家和一个科学机构进行的专题研究,三者以不同的方式对中国传统知识向近代科学研究转型做出了重要贡献。第一篇是韩琦对在华从事考古工作的瑞典史前考古学家安特生(Johan Gunnar Andersson)的研究,作者通过考察其生平及著述,勾勒出安氏极具魅力的学者形象。第二篇是李学通对既是地质学家又是政治人物的翁文灏在 20 世纪前半叶科学活动的研究。第三篇是戴丽娟对上海亚洲文会博物院的研究,揭示了该机构在 20 世纪早期上海这个经贸大都会传播"博物学"方面起到的重要作用。

　　第二组论文是五位中欧学者近几年对技术史和工程科学史的研究。我们从四篇论文中可以窥见该研究领域在近几十年取得的重大进展,这更新了我们对科学史研究中诸多问题的认识。第一篇是米盖拉(Michela Bussotti)和蓝莉(Isabelle Landry-Deron)合作的论文,它综述中国印刷术在现代欧洲黎明时期的发展情况,并集中介绍法国国家印刷所对名为"摄政王黄杨木字"的东方活字的搜集情况(该组活字现藏法国国家印刷局)。柯尼希(Wolfgang König)的论文主要讨论 18 世纪以来德国工程科学的高速发展,作者认为,正是经过不同时期的积累,德国才开启了培养未来工程师的现代化进程。王斌的论文描绘了中国近代最负盛名的铁路工程师詹天佑的传奇经历。最后一篇论文是刘晓关于钱三强、何泽慧生平与成就的研究。作者指出,这对夫妇对核三裂变与四裂变的发现做出了巨大贡献,这反映出各国学者的国际流动与科学交流在现代科学形成中的重要作用。

　　最后一组论文围绕"身体与医学"这一主题。这是近几年科学史学科较多关注的领域。这一组包括四篇论文。在第一篇论文中,张嘉凤通过对 17 世纪早期黄承昊所著《折肱漫录》的研究,特别是对黄承昊个人关于病痛感受记录的研究,探讨了该时期医学知识的形成模式。在第二篇论文中,白鲁诺(Bruno Belhoste)把我们带入了 18 世纪末发生于法国和部分欧洲地区,围绕德国医生麦斯麦(Franz Anton Mesmer)所提出的"动物磁性说"而进行的争论。这是一场非常严肃、意义重大的科学争论,由此也揭示出"科学"问题在那时已经在很大程度上成为社会关注的焦点,就连科学界和政界高层都无法置身事外,更何况那些置身于其中的医生和病人。张大庆的论文则致力于研究同属"先锋时代"的另一项医疗"技术",即为了"永葆青春"而把动物性腺移植到人体的技术。该技术首创于 19 世纪末的西方,此时医学界对内分泌激素的认知有了相当的进展。作者追溯了 20 世纪 20 年代此项技术被引入中国的过程及引起的层层涟漪,并深入探讨了整个"事件"中所显现的科学价值与商业利益。最后一篇是盖德菲(Delphine Gardey)关于 18 世纪至今西方医学对女性身体的知识构建过程的论文。该文不仅探讨了近代医学的专业人员(即医生)逐步构建这一科学知识的进程,还论述了随着医疗技术的发展,对女性身体的认识已远远超越科学与医学的范畴。

在介绍本辑内容概要之后,《法国汉学》的编辑们在此向为本辑出版提供帮助和支持的有关机构与人士表示感谢。我们首先真诚地感谢法国外交部及法国驻华大使馆文化教育合作处二十年来对法国远东学院北京中心的鼎力支持。正是得益于他们的支持,我们才能在中国展开各项重要的学术研究和科学活动。我们也衷心地感谢中华书局多年来对本刊不遗余力的支持。中华书局一直把本刊纳入其出版计划,使之跻身于学术之林。

我们还要感谢为本辑《法国汉学》的编辑与出版付诸心力的人士与机构。这里要特别提到的是中国科学院及其所属的自然科学史研究所二十年来对我们的不懈支持,尤其是对本年度"历史、考古与社会"系列学术讲座的支持。同时,我们感谢中国国家图书馆和北京师范大学为本年度讲座提供了部分场次的场所。我们要特别感谢本辑《法国汉学》的三位译者吴旻女士、鞠熙女士及孙琢女士。得益于她们的移译之力,本刊才能够把这些专业性强、原文艰涩的研究论文呈现给中文读者。我们还要感谢匿名审阅者对本辑论文的专业评审,以及法国远东学院北京中心现任主任杜杰庸(Guillaume Dutournier)先生及两位合作者宗子萧先生与王宇琛女士为本辑《法国汉学》图文所做的仔细校阅与编辑工作。

最后,我们要对本辑的各位作者表示诚挚谢意。

2017 年 10 月
于巴黎—北京

科学与知识

中国古代的知识系统

李 零* 著

怎样比较是个大问题

中国的现代学术是建筑在中西比较上,没有比较就没有研究。今天,我们讨论中国古代的知识系统,同样离不开比较研究。比较很重要,没问题,但怎样比较却是大问题,关键是文化立场。

20世纪80年代,启蒙压倒一切。人们经常拿中国与西方做比较,问个不休。比如中国为什么只有《金瓶梅》,没有《十日谈》?为什么只有《镜花缘》,没有《鲁滨逊漂流记》?为什么自我封闭,不肯航海和探险?甚至把问题追到吃喝,说中国落后,全都坏在只吃粮食不吃肉。还有人拿中国的《太平御览》跟西方的百科全书做比较,说为什么同样是狐狸,我们只知道狐狸精?一点儿分类学的知识都没有。

此外,说中国没有"超越性的宗教",没有"贵族精神",没有"思辨哲学",没有"赛先生(科学)",没有"德先生(民主)",这也让很多人抱恨不已。

其实,他们的问题只有一个,就是中国为什么不是西方,为什么没有跟西方一模一样的东西。

1986年,崔健有一首摇滚,叫《一无所有》:

---

*李零,北京大学中文系教授。

我曾经问个不休,你何时跟我走? 可你却总是笑我,一无所有。

我要给你我的追求,还有我的自由,可你却总是笑我,一无所有。

噢……你何时跟我走? 噢……你何时跟我走?

上面的问题,就像牛问马为什么不长角,马问牛为什么长角,属于风马牛。其实,牛长角固其为牛也,马不长角也无碍其为马。牛不一定是长角的马,马也未必是不长角的牛。

如果我们老是以这样的方式提问,我们将一无所有。

中国的社会结构

我们要讨论中国的知识结构,先要分析一下中国的社会结构。

第一种划分:天、地、人,古人叫三才。古人说,"天道远,人道迩"(《左传·昭公十八年》子产语)。人生活在地上,人道最重要。

第二种划分:人分君、臣、民。

第三种划分:民分士、农、工、商。四民以下,另有等级。楚芋尹无宇说:"天有十日,人有十等。下所以事上,上所以共神也。故王臣公,公臣大夫,大夫臣士,士臣阜,阜臣舆,舆臣隶,隶臣僚,僚臣仆,仆臣台。马有圉,牛有牧,以待百事。"(《左传·昭公七年》)。士以下,阜、舆是跟随士兵打仗的车夫马弁,属于贱役。隶、僚、仆、台则是奴隶、罪犯。圉、牧是养马、喂牛的人。秦代,就连刑徒也有一套等级。

绝地天通,官分天地

"绝地天通"见《国语·楚语下》,它是讲通神手段的演变,早先是家为巫史,后来是官分天地。

家为巫史,是民众借助民间的巫史,不通过官方,直接与神灵交通。

官分天地,是把官僚机构分成天官、地官两个系统,天归天,地归地,天官管宗教,地官管世俗,信仰问题交国家管,不再靠巫婆神汉,这叫"绝地天通"。

西周金文中的官制:天官是太史寮,即祝、宗、卜、史类的官员,掌祭祀、礼仪、占卜和记载史事;地官是卿事寮,即司徒、司马、司工类的官员,掌军国大事。

中国和西方都有教俗之分,但中国的特点是国家大一统,宗教多元化,国家管宗教;西方的特点是宗教大一统,国家多元化,宗教管国家。

中国,朝代循环,定期造反。老百姓只有靠宗教整合才能对抗国家大一统。前有东汉的五斗米道,后有宋以来的白莲教、明教和太平天国的基督教。这些教都是造反的教。

中国,国家很强势,领导一切。宗教多元化有利国家大一统,减少宗教冲突,维持社会稳定。

四民士为首

中国的农村,藏龙卧虎,老百姓可以上下流动,载舟覆舟,非常厉害。

印度有四大种姓:僧侣、武士、平民、贱民。这是印度的四民之序。欧洲的四民之序差不多。魏源曾注意到这一点,他说:"英官教印度庶民,名归四业:一僧,二兵,三商,四役。"(《海国图志》卷二十)僧是僧侣,兵是武士,商是商人,役是工人。

中国的四民之序是士、农、工、商(《管子·小匡》)。士,最初是武士,地位在农民之上,农民又在工、商之上。中国的四民不包括僧侣。僧侣脱离社会,不事生产,被人视为四民之外多余的人。

四民士为首,地位最高。士从武士变文士,是中国官员队伍的来源。士的社会基础是乡土社会。"万般皆下品,唯有读书高"(宋王洙《神童诗》)。他们可能来自穷乡僻壤,但通过读书,通过考试,从下层到上层,有直通车。官与民可以上下流动。

中国传统:国家大一统,宗教多元化

中国很早就是大一统国家。"大"是疆域大,"一统"是制度统一、政令统一、思想统一,一切行动听指挥。

中国早期有两次大一统,一次是西周,一次是秦汉。西周大一统是"夏、商、周三分归一统",整合疆域;秦汉大一统是兼并六国,整齐制度,兼及宗教与学术。

秦汉大一统分四步走:

1. 秦始皇:初并天下,统一思想很重要,一方面要整合百家争鸣,一方面要整合六国宗教。前者很失败,后者只是开了个头。

2.汉武帝:用独尊儒术平息百家争鸣,统一学术;用官祠统摄民祠,统一宗教。前者受儒家欢迎,后者遭儒家反对。

3. 王莽:大郊祀改小郊祀,官祠缩小,民祠失控,也很失败。

4. 东汉:老百姓借术立教,导致造反。释之入、道之兴,填补了民间信仰的空白,从此士民各得其所。

国家大一统,宗教多元化,这是一种结构性的创造,非常现代化的创造。

比较:西方的国家概念

"国家"是日语借中国词汇表达的西方概念,跟中国的用法不一样。西方传统是小国寡民的自治传统,书不同文,车不同轨。古典时代的希腊城邦是类似草原部落的小国,中世纪的欧洲国家也是类似草原部落的小国。这些小国被组织进 nation,形成所谓现代的统一民族国家,只是近二三百年的事。他们认为,此前的国家都不算 nation,此后的国家,都得照他们的模式,推倒重来,重组之后才能叫 nation。

英语有两种国:nation(或译国,或译族,或译国族)和 state(或译邦,或译州)。国以下分三级:county(也叫 shire)是郡(或译县),city 是市,town 是镇。

欧洲不是统一的国家,申根国家(Schengen States)只是一批郡县级小国。美国(United States)是统一国家,属于联邦制(federation),联邦的邦是 state。前苏联(Union of Soviet Socialist Republics)是各加盟共和国的联合体,今俄罗斯(Russian Federation)是俄联邦。Union 也好,Federation 也好,都是用小国拼凑大国。

现在有国徽、国旗的国家,都可以叫 nation,联合国是 United Nations。

读诸史蛮夷传,即中国古代的民族志,我们都会有个印象,草原部落居住分散,难以统一,他们分种为酋豪,往往不立君长;即使立君长,也不尽世袭,往往通过选举(包括武力竞选和财富竞选),好像无政府主义者或地方自治主义者,非常自由,非常民主。部落和部落,除去通婚、会盟,只有靠宗教才能捏到一起。

孔子说:"夷狄之有君,不如诸夏之无也。"(《论语·八佾》)这话什么意思,历来争论不休。我猜,孔子的意思是,夷狄不立君长,即使立君长,也比不上华夏。华夏即使无君长,照样有大小官吏,用礼仪和法度管国家,有一套行政手段。

用行政手段还是宗教手段,这是聚小为大的两种选择。古代统治者往往两手都用,关键是看哪种为主,更占支配地位。

华夷之辨,关键不在种族,不在语言,不在宗教。国家管宗教还是宗教管国家,这才是关键的关键。中国传统是官文化发达。官者,管理人员之谓也。

比较:西方的宗教概念

"宗教"是日语借中国词汇表达的西方概念,西方概念有 religion 和 cult 之分。世界上的大教,犹太教、基督教、伊斯兰教、印度教、佛教、喇嘛教、道教,西方叫 religion,但国家或正统宗教称为异教、邪教的小教(我国也叫道会门),则多称 cult。

世界三大教,即所谓"超越性宗教",犹太教、基督教、伊斯兰教是一神教。它们的共同点是反对偶像、反对多神,强调唯一,强调统一,排他性很强,与中国的教大不相同。中国不但允许一国多教,而且一个人可以同时信许多教,甚至把不同的教糅在一起,想信什么信什么,想求什么求什么,非常随便,因此很难按西方的宗教概念来定义。

上帝归上帝,凯撒归凯撒。西方大一统,教皇管宗教,君主管世俗;但皇帝是教民,要由教皇册封。这种大一统是行政效率不足的产物,跟中国的政教结构正好相反。

中国古代法律有所谓"左道",禁左道不是针对宗教异端,而是针对国家安全。中国的信仰自由是以承认国家大一统为前提,只要不造反,爱信什么信什么。

什么是宗教？

有位汉学家说，只要有香炉的地方就有宗教。台湾把各种宗教活动都叫"拜拜"。这个定义对不对？是不是摆个香炉，供个牌位，就叫宗教？

宗教有两面性，一方面，世之宗教多出苦难，原本是解救劳苦大众的学说，往往是造反的工具；另一方面，它也是麻醉劳苦大众的鸦片，同时又是统治者用以消解或制止劳苦大众造反的工具。宗教的基础是劳苦大众，而非社会精英。中国的精英往往不信宗教或宗教感淡薄，有点像西方大学的教授。

礼仪之争再现了中国宗教的复杂性。利玛窦传教，走上层路线，看重的是精英，中国的文人士大夫。他想拉这种人入教，通过他们，让皇帝受洗，就像罗马的君士坦丁大帝。利玛窦认为儒学不是宗教，但反对耶稣会的教派认为，儒学还是宗教。罗马教廷的裁定，导致这一路线失败。此后，西方传教又改走群众路线。

中国，儒、释、道号称三教，但儒与释、道不同，根本不是教。儒有文庙，有读书人祭拜孔子，但孔子不是神，庙中没有神职人员，除去儒生，没有信众。

鲁迅早就说过，文庙是官方所设，与老百姓无关。佛、道二教和各种民间信仰才是老百姓的精神寄托。

三教合流，谁领导谁？

中国文化，士大夫尊孔，老百姓信释、道。儒学是中国的官方意识形态，释、道是中国最大的两个教。意识形态与宗教有共同点，两者都是对大众的思想控制，但毕竟不一样。

魏晋南北朝和隋唐五代，道教、佛教势力很大。梁武帝有"三教合流"说。他以佛教为龙头老大。

宋《虎溪三笑图》（画慧远、陶潜、陆修静）、明《一团和气图》（明成化帝本前一类画而作）和佛寺常见的三教殿（如榆林红石峡明三教殿）也以佛教为老大。

这当然是佛教的看法。

宋以来,儒家援释、道济儒术之不足,确有模仿宗教的倾向,立道统、立圣像和刻印《圣迹图》,都是模仿佛教,但他们的"三教合流"说,儒教是中心。比如宋《鲁国之图》碑画曲阜全图,文宪王庙居中,胜果寺在左,白鹤观在右,就是体现这一点。

三教,利玛窦认为,儒最重要,释、道是儒家的左膀右臂。儒关仕途,地位最高,但儒教不是宗教意义上的教,只是教育、教化意义上的教,孔子也不是耶稣式的教主。儒家领导释、道,是知识分子领导老百姓,国家领导宗教。

天地君亲师

这五个字是从《荀子》归纳。《荀子·礼论》的原话是:"礼有三本:天地者,生之本也;先祖者,类之本也;君师者,治之本也。无天地恶生?无先祖恶出?无君师恶治?三者偏亡,焉无安人。故礼上事天,下事地,尊先祖而隆君师,是礼之三本也。"

鲁迅《我的第一个师父》写有:"我家的正屋的中央,供着一块牌位,用金字写着必须绝对尊敬和服从的五位:'天地君亲师'。"

这种牌位何时有?值得研究。我在呼和浩特市博物馆见过一个龟趺碑式的元代牌位,系在内蒙古自治区土默特左旗采集,文字作"天地日月国王父母"。类似的牌位,北京也有。如海云禅师塔和北京鼓楼大街所出,一个是佛教的牌位,一个是道教的牌位("昭惠灵显真君"是二郎神)。

"天地",既可以是我们仰观俯察的自然界,也可以是神鬼所居,但牌位上的"天地"主要是一种政治符号,象征政权合法性。天子坐明堂,靠这玩意儿吓唬百姓;百姓造反,也会借这玩意儿,叫"替天行道"。

"君亲师",这三个字都是人,不是神。君是国君,亲是父母,师是老师。君代表国家,父母的父母是祖宗,老师的老师是孔子。

民国,帝制被推翻,中国南方多把"天地君亲师"换成"天地国亲师"。敬畏自然、忠诚国家、孝养父母、尊重老师是中国人强调的美德,五个字非常现实。

读书人

西方,知识多出教会。中世纪,会写拉丁文、会读拉丁文的人,都是僧侣,贵族没文化,老百姓不识字。中国的情况不一样,上层和下层,并没有一道截然划分的界限。

中国有一种人,高雅的叫法是"文人士大夫",普通的叫法是"读书人",他们的背景是农村,中国的乡土社会。这种人,即使出身寒微,只要考中了,就能一步登天当大官,像范进中举那样。文人士大夫,亦学亦官,英语翻成 scholar-official。他们既不同于欧洲中世纪的僧侣,也不同于现代西方所谓的"知识分子"(intellectual)。

早在孔子时代,读书人就有两种选择,一种是仕,一种是隐。仕是从政,出来做官;隐是避世,回家种地。穷则独善其身,达则兼济天下。达不达,关键在时——运气好不好。郭店楚简叫"穷达以时"。

《儒林外史》为我们描绘了读书人的各种角色。他们科场不利,干什么的都有:坐馆入幕、江湖行医、闾巷卖卜。落第秀才,连上山落草的都有。

中国知识的载体:图书

孔子说:"书不尽言,言不尽意。"(《周易·系辞上》)中国古代,文字叫书,写字叫书,写下来的东西也叫书。文字用来记录语言,语言用来表达思想。但光凭定义,不能解决中国文字的起源。定义是一把刀,历史是一条河,抽刀断水水更流。很多学者都已指出,定义说是以西方的拼音文字立论的,忽略了中国文字的特点。

中国文字,视听并行,形声并用。全国各地,殊方异言,政令统一,端赖文字,看比听更重要,此其不同于拼音文字者。它有相当复杂的符号系统,定形定音,必有准备过程。

中国早期的书"书于竹帛"。《汉书·艺文志》中的书,竹书是以篇计,帛书是以卷计。竹书是用竹简从上到下写,然后编联成册,以右边第一简朝外,从右到左展读,故钞写时竖行左行。帛书、纸书仿之,格式依然。

《拉奥孔》,同一题材,诗表现与用雕刻表现不一样。中国早期的书是"图书",文图互注,如诗画相配或电影配音,两者是结合在一起的。"读图时代"不自今日始。

中国古代的图书分类

西方,人文学术分文、史、哲,社会科学分政、商、法,自然科学分数、理、化,与中国不同。

先秦古书以六艺、诸子为主。六艺是诸子共享。诸子是百家争鸣,不是一家独大。

班固《汉书·艺文志》把古书分为六类:六艺、诸子、诗赋是"学"(也叫文学),兵书、数术、方技是"术"(也叫方术)。前者偏人文,后者偏技术。

荀勖《中经新簿》创四部分类法:以六艺为经部,立史书为史部,以兵书、数术、方技和道、释之书附子部,改诗赋为集部。

这种分类法,或以为经部相当西方的古典学,史部相当西方的历史学,子部相当西方的哲学,集部相当西方的文学,但仔细比较,仍有很多出入。

下面分六类,分别讲一下。

六　艺

《汉志·六艺略》分易、书、诗、礼、乐、春秋、论语、孝经、小学九类。前六种以经书为主,后三种以传记(传授经学的书,不是人物传记的传记)为主。当时,《论语》《孝经》《尔雅》都是传记,还不是经。

先秦六艺:诗、书、礼、乐、易、春秋(《礼记·经解》《庄子·天运》)。古人常以诗、书并称,礼、乐并称。诗、书为先是战国排序,以易为先是汉代排序。

申叔时九艺:春秋、世、诗、礼、乐、令、语、故志、训典(《国语·楚语上》),侧重史书。

这九类,可分四组:

1.春秋以天时记人事,属编年大事记;世记先王世系,属谱牒类,皆晚近史书。它们是一组。

2.诗出于歌,与乐有关,其用在礼。礼、乐重在行礼,不在读书。春秋时代,礼、乐与诗有关。它们是一组。

3.令是先王法令,语是治国善语,皆资治之书。它们是一组。

4.故志、训典是《尚书》类的古书,故志涉及的史事可能近点儿,如《周书》称《周志》;训典涉及的史事可能早点儿,如《尧典》《舜典》。它们是一组。

注意:九艺之中没有易。

儒家习以子曰诗云、子曰书云、子曰易云为言。五经中《诗》《书》《易》最古老,最难读,孔子时代就是经典。《春秋》是孔子时代的现代史。三礼、三传皆更出。

诸　子

《汉志·诸子略》分儒、道、阴阳、法、名、墨、纵横、杂、农九流,外加小说一种为十家。有人说,先秦无派,或一人一派,这是解构主义作怪。

先秦诸子以私学为主,属自由学术。他们鼓吹尚贤,往往游走侯门,求售其学,人在野而心在朝。禅让之说就是以此为背景。汉代子书多属谏议类的政论。

先秦,儒、墨为显学,但入汉,墨家变神仙家。汉初道家是道—法家,长于治术,后被儒家取代,也变成神仙家。阴阳与天文、历算、五行类的数术之学有关,儒家借灾异讲政治,很有市场。法与法家有关,名与讼辩有关,秦亡,法家名声不好,刑名法术之学上不了台面。纵横家是游说时代的产物,汉代做官,另有途径,纵横家也派不上用场。杂家是不能归类或综合各类的派,本来不是派。先秦农家是古代的重农主义者,专爱拿神农说事。汉代农家是农业专家,偏重实用。小说是流言蜚语、道听途说、稗官野史,类似花边新闻或说书演义。

汉代,先秦学术凋零,只剩儒、道二家,儒、道是后世的显学。

诗　赋

《汉志·诗赋略》分屈原赋、陆贾赋、荀卿赋、杂赋和歌诗五类,各类无小序。

诗赋属于文学。上述五类,前四类是辞赋,后一类是歌诗,合称"诗赋"。汉代,赋比诗时髦,排在诗前。赋是韵文,只诵不歌。诗是歌词,原本可咏唱。

屈原赋和陆贾赋可能是一大类,荀卿赋是另一大类,杂赋可能是总集或选集类。

赋分南系和北系。南系以屈原、唐勒、宋玉为代表,以长短参差的楚辞体为主;北系以荀卿为代表,以秦晋流行的四言体和成相体为主。

扬雄把赋分为诗人之赋和辞人之赋,班固说荀卿、屈原之赋属前者,宋玉、唐勒之赋属后者。屈赋以哀怨取胜,名气最大,但宋赋上承庄谐,下启汉大赋,很有想象力,同样不容忽视。班固把枚乘、司马相如、扬雄的赋归入后一类。

歌诗分宫廷歌诗和民间采风两大类,前者相当雅、颂,后者相当国风。《汉书·艺文志》的这一类只收汉代作品。

兵　书

《兵书略》分权谋、形势、阴阳、技巧四类。

兵书属于军事学。军事学是综合性的学科,既含自然科学,也含社会科学(政治学、经济学、管理学),还包括指挥艺术。人类最尖端的技术,首先应用于军事。

古人说:"人道先兵。"(《鹖冠子·近迭》)古典兵学,中国最发达,一点儿都不夸大。

权谋是偏于战略性质的指挥艺术,形势是偏于战术性质的指挥艺术。指挥艺术,古人叫兵法。先秦兵书,此类保存最多,如《太公》《孙子》《吴子》《司马法》《尉缭子》。

阴阳是数术在军事学上的应用,涉及天文、气象、地形、地貌。

技巧包括兵器学、军事工程学、武术和攻城守城术。后世只有《墨子》城守各篇保存下来。

武王克商，太公有大功。召康公之命，太公为五侯九伯之首。兵法，齐最发达，如《太公》《孙子》《司马法》三书都是齐系兵法。继之者三晋。秦是总其成者。

数　术

《汉志·数术略》分天文、历谱、五行、蓍龟、杂占、形法六类。

天文以占星候气为主，与天文观测和气象预报有关。历谱以历书、历术、谱牒为主，并包括算法、测时，后世也叫历算。这是科学成分最高的两类。

五行以式法、选择为主。式法用式盘占卜，选择用时令书和日书占卜。这是从天文、历算派生的占卜。

蓍龟即卜筮。卜用兽骨、龟甲占卜，筮用蓍草、筹策占卜。商周，卜筮并用。汉代，卜法衰落，筮法附易学独大。卜筮是中国最古老的占卜，但战国秦汉，不得不让位于五行类的占卜，在《数术略》中反而排在五行类之后。

杂占是五行、蓍龟以外的小术，包括占梦、厌劾、祠禳。

形法以相法为主，包括相地形、相宅、相墓、相人、相刀剑、相六畜。

《汉书·艺文志》的这一类，只有《山海经》保留下来。此书兼本草、志怪、博物，是神仙家寻仙访药的地理指南。

方　技

分医经、经方、房中、神仙四类。

医经：是综合性的医学理论，一方面与解剖学有关，涉及脏腑、血脉、经络、骨髓等人体器官和组织，一方面与脉学、针灸学、本草学（属药剂学）等临床医学有关。三大医经，每书皆分内外经。《黄帝医经》，旧称岐黄术，可能是西土医经，内经有《素问》《灵枢》传世，不断被改编，外经失传。《扁鹊医经》可能是东土医经，已出土的老关山医简据说有相关内容。《白氏医经》不详。

经方：是对症下药的处方，涉及内科、外科、妇科、儿科。

房中：与房事有关，既与医经、经方有关，也与神仙类有关。

神仙：是以服食、行气、导引、房中，求延年益寿、不老神仙的技术。这类技术后来发展为中国的炼丹术。服食与外丹术有关，行气、导引、房中与内丹术有关。

古人看重药，药分金石之药和草木之药。前者与神仙家关系大，后者与普通人关系大。

中国知识系统的总体印象

《汉书·艺文志》是现存最早的图书目录，它在一定程度上可以反映中国早期的知识系统。但此书作于汉代，不能不带有汉代的特点，比如抬高儒经，贬低诸子，这就与先秦大不一样；重视技术，也与后世有所不同。

先秦经典是诸子所传。当今治哲学史者，多称诸子时代为枢轴时代。"枢轴时代"本指我国春秋战国那一阵儿，世界上有一批聪明人，不约而同，纷纷创立各种大宗教。雅斯贝斯说，这批聪明人中也有孔子。孔子是聪明人，但不是宗教先知。他没有创过什么教。

施舟人（Kristofer Schipper）教授有个翻译五经的工程，他说，没有什么比翻译五经更重要。五经是什么？是人文经典，不是宗教经典。中国传统中，五经的地位远在佛经、道藏之上。

诸子是中国思想的摇篮；但中国士文化，中心不是宗教，不是哲学，不是科学，而是做官。

中国重史，史书以政事为中心，数量之多，连续性之强，罕有其匹。

《汉书·艺文志》没有史部，但这不等于说先秦没有史书。事实上，先秦古书大多为史书，就连子书也有私史的性质。

中国文学，从诗赋、文章到小说、戏剧，也是世俗性大于宗教性。

中国战略文化发达，兵书之多，水平之高，罕有其匹。

中国的数术、方技很发达，其术多存于《道藏》。技术书，农艺书多，工艺书少。

中国文化的最大优点是世俗精神和人文精神

传统中国,孔子是精神领导,皇帝是世俗领导,两者是配套设施。1911 年,辛亥革命爆发,皇上没了,孔子往哪儿摆? 1912 年,康有为、陈焕章在中国成立孔教会,想把孔学变成宗教,这是受西方刺激,模仿基督教。民国政府虽然尊孔,但并不承认孔学是释道类的宗教。1931 年,"九一八"事变后,日本人把溥仪从天津潜送东北,当伪满皇帝,还想把孔德成也劫往东北。1937 年,"七七"事变后,民国政府担心这一组织被日本操纵,不得不取缔孔教会,把它改为孔学会。日本占领曲阜前,蒋介石派人赶紧把孔德成送到重庆。

王国维也尊孔。他不喜欢康有为,也不喜欢谭嗣同。他说康有为之"以元统天之说,大有泛神论之臭味,其崇拜孔子也,颇模仿基督教""其震人耳目之处,在脱数千年思想之束缚而易之以西洋已失势力之迷信。此其学问上之事业不得不与其政治上之企图同归于失败者也。"(《论近年之学术界》)

中国传统,"礼闻来学,不闻往教",只取经,不传教。中国没有唯一正统、绝对排他的国教,也没有宗教审判、迫害异端。相反,中国曾接纳各种外来宗教,如佛教、祆教、摩尼教、景教(基督教聂斯脱利派)、回回教(伊斯兰教)和一赐乐业教(犹太教),为所有避难中国的教派提供庇护。

最后,我想用一句话概括我的看法:中国文化的最大特点,也是最大优点,其实是世俗精神强,人文精神强。

书写全球范围内科学与知识的历史

——五个世纪以来的反思

贝多明(Dominique Pestre)* 著

吴　旻 译

　　本文的意图是想为大家介绍一项研究成果最有意义的几个方面,这项长期研究工作曾动员 70 位专家,研究成果以《科学与知识的历史(16—21 世纪)》为名由 Editions du Seuil 出版社以法文出版。这部书由我主编,分为三卷,共计 1500 页,旨在让读者理解随着时代的变迁,科学和知识在社会、经济、政治与文化世界中的地位与作用。它描述历史上科学与知识的构成,关注知识获得发展的地域,并且尝试把握五个世纪以来相继发生的全球化运动是如何推动了新形式的科学产生①。

　　本文主要进行两项工作。首先将简短介绍这段历史在我看来最重要的四个阶段;接下来将着重分析在著作编纂当中非常清晰呈现的,都与科学知识本身及其与世界联系有关的五大主题。

　　我们就从这段历史的开始阶段讲起。

---

*贝多明,法国社会科学高等研究院教授。

①Dominique Pestre, *Histoire des sciences et des savoirs. De la Renaissance à nos jours*, Paris, Seuil, 2015.

一

（一）知识的旧体制时代（十六至十八世纪）

为了忠于历史，当我们讲起十六世纪至十八世纪时，我们要说"知识的旧体制"，因为如果讲"科学"就有时代错乱之嫌。在这个时代，知识的核心是"古董学"，而没有实验科学。此时还没有"专业人士"，而收藏——主要是对植物、手稿和书籍的收集——既是一种知识实践，也是一种审美活动（jeu esthétique），用来表明某种地位。而制作书籍指的是做注释、复制和改写，藏书的知识与商业价值则是表现在书籍中手写的旁注和书籍的选取方式之上①。

知识主要在宫廷和王侯成员群体间聚集，这一群体依靠十七世纪大量出现的地方学院，依靠对仪器或机械的收藏以及"珍奇屋"获得知识。贵族之间有固定的显示博学的交流方式，比如交换书籍。但是贵族群体还有两个竞争对手，一个是书信网络（所谓"文人共和国"，la république des lettres），另一个是大学院（如伦敦的英国皇家学会或是巴黎的皇家科学院），在十七世纪下半叶，它们为学者圈内的活动给予最基本的自主权利。另一方面，手工业者、仪器的制作者和演示者，也包括自由思想者或是哲学学者，也组成了一个痴迷于各种物品、新技术、"科学性"表演以及各种理论的公共空间。而那些大的贸易公司，甚至耶稣会士也是收集资料和制造新知识的主要场所。十七世纪末，作为世界贸易中转站的阿姆斯特丹，也成为一个巨大的知识仓库：汇集了各种地图、各种自然收藏品以及药物，就好像罗马是天主教各类主要修会的中心一样。十八世纪末，技术新品充斥在宣传册、店铺、咖啡馆、报章以及共济会俱乐部当中②。

然而其中也发生了显而易见的演变。中世纪的大学逐渐失去了自身的优越地位，它们传授的知识与工作方式都受到质疑。比如被军官、王侯和政客称

---

① Stéphane Van Damme, *À toutes voiles vers la vérité. Une autre histoire de la philosophie au temps des Lumières*, Paris, Seuil, 2014; Michel Delon, « XVIIIᵉ siècle », Jean-Yves Tadié, *La littérature française : dynamique et histoire II*, Paris, Gallimard (Folio Essais), 2007, pp. 9-294.

② Stéphane Van Damme, *De la Renaissance aux Lumières*, *Histoire des sciences et des savoirs*, vol. 1.

道的"复合数学"在十六世纪被认为是开发战争器械、发展技艺与戏剧的基本知识。到了十七世纪中期,自然哲学成为在学会一类象牙塔里由制造—示范者开展的人为手段和各种器具所限制的"实践哲学"。然而自然史可能是当时最受推崇的知识,它不仅与医学、药学、植物驯化、农业、商业相关,而且据说在十八世纪为"人类退化"问题提供了解决方法①。

(二)"科学"的诞生与第一种复杂形式:民族国家—学者国家
(十八世纪七十年代至十九世纪七十年代)

十八世纪末,又有一种新的思潮出现,即在工作上、在脱离"猎奇性"标准上和世俗礼节上的社会认识更注意精确性与责任性。巴黎救济院里的教师、自然史博物馆或巴黎综合理工学校(École polytechnique)的教师,现在都纳入了国家体制内受到保护。他们都生活在与大众隔绝的地方,并且都是清一色的男性,这与有女性存在的商业环境或沙龙生活完全不同。他们自称是有知识的人(职业学者),能独立自主并唯一能够说出真理,同时他们拒绝承认被一些称为"业余爱好者"或是"江湖术士"所推崇的知识形式的恰当性(如法国皇家科学院执行的行动方向,反对麦斯麦及其动物磁性论)②。

这些学者推动了关于"科学"及其"方法"的新学说——孔德(Auguste Comte)就是将之系统化的先驱之一。他们试图将自身置于各种"学科"之中——物理学及其分支:力学、光学、电磁学、热力学,以及化学、比较解剖学、地质学……一种量化的思想遍及各个领域,大量的数字开始涌现,由此激发起各种数据的产生(经度的测量、气象学数据、社会学统计资料),以及掌握建立在数据之上的期望——而这种变化不能独立于那些年广泛传播的自由理念、个体平等思想以及与国家的新角色之外。

要理解这些活动的成功就需要拉长视角,去理解这些"科学家"参与的新环境——首先指政治或经济层面上的自由秩序(ordre libéral)。一群新出现的工

---

①Emma C. Spary, *Le Jardin de l'Utopie. l'histoire naturelle en France entre Ancien Régime et Révolution*, Paris, Muséum National d'Histoire Naturelle, 2005. 英文原版出版于 2000 年。
②关于这一课题,参见 Bruno Belhoste 在本辑所发表的文章。并请参见 Kapil Raj & H. Otto Sibum, *Modernité et globalisation*, *Histoire des sciences et des savoirs*, vol. 2.

业的、科学的、技术的及国家政治方面的精英们与一个以国家发展形式为优先的寡头政治集团联合的形式给这个"新环境"下了定义。新型的"科学家企业主"在其中能起到重要作用，不仅因为他们掌握的科学、贡献的技术和企业主身份，由于他们在政治生活上占有的地位（这一点在法国尤为明显），还因为他们可以同时兼有多重身份，如执政府时期的夏普泰男爵（Jean-Antoine Chaptal，1756—1832），他既是医生、化学家、工业家，又是内政部长。这一寡头集团置市场及行政命令于优先地位，而后者既是辅助国家高官的科学家及工业家的秩序，也是负责制定规章制度的专家委员会的秩序。

（三）"科技—工业—军事"一种复杂形式的蓬勃发展
（十九世纪七十年代至二十世纪七十年代）

在这个时期我们首先看到的是科学与工业之间的转换。随着一种新型计量学的实施，标准化的运用，系列化生产以及科学管理方式的出现，工业生产"科学化"了，科学活动也工业化了。由于有两次世界大战以及殖民地管理的经验，二十世纪二十年代出现的"国家经济"（the economy）成为一个范畴并且作为政府的目标[1]。

以工业与技术制造作为保证的实验科学占据了学术世界，而实验室成为首倡分业、分工的场所。科学活动爆炸式增长，而国家成为其中心。这样的国家是个"科学国家"，它掌管科学活动并且为科学研究和学术机构提供资金（例如创建德皇威廉协会，Kaiser Wilhelm Society）。这样的国家也是"战斗国家"，随时准备保卫国家的经济、政治与其帝国利益；同时也是"社会国家"，旨在融合那些"危险的社会阶层"。最后，还是"调控国家"，试图通过生产者、行业协会以及国家制定出来的规章控制社会发展对人身健康带来的负面效果[2]。

至于知识层面，主要出现了三种趋势。首先是在工业与科学界里开始展现一种"务实态度"，这是第二次世界大战期间由军人推广开来的。"成果"和效

[1]Timothy Shenk & Thimoty Mitchell, « Les savoirs de l'économie », *Histoire des sciences et des savoirs*, vol. 3, Paris, Seuil, 2015, pp. 232–251.
[2]这一部分参见 Christophe Bonneuil & Dominique Pestre, *Le siècle des technosciences*, *Histoire des sciences et des savoirs*, vol. 3。

率才被认为是最重要的,科学从此告别了一般强加给它的道德价值(无私、共享)。第二个趋势是"将一切事物微观化",这一趋势因为人们在实验室中对微观现象的精确把握而实现,正如我们在物理学中对电子、原子、原子核、分子的观察,以及在微生物学和遗传学中所做的那样。第三个趋势是"将研究对象抽象化"被广泛应用。十九世纪末,统计学的和概率分析的研究方式在科学界变得普及。自二十世纪二三十年代起,建模法也开始广泛应用,与此同时"应用数学"在二十世纪五十年代也取得了突飞猛进的发展。

综上所述,"科学"(十九世纪七十年代以后用单数大写形式的"科学"一词的用法开始普遍起来)成为了"国家"的股肱,用以表达集体利益,以及在面对个体利益之时宣称的"中立性"。科学成为了一种参考标准,因它引导社会、经济和技术的进步,国家也依靠科学来创建和合法化它的政策。当然,国家在对己有利时才会如此运作,然而科学利用了国家的资金与象征意义上的重要性,成为"现代化"的核心法则。

(四)全球性自由化体制、生物技术、模拟技术与数字技术
(二十世纪八十年代至今)

四十余年来,已不再是同样的知识、同样的学科或是同样的价值主导着科学活动。直到二十世纪八十年代,仍是物理科学为各学科规定"正确的科学"这一标准。此后,生命科学、生物—技术—纳米科学占据了优势。

通过信息技术的推广,数据库、模拟技术以及互联网的运用,使得科学实践得到重组。围绕着地球研究体系也开始涌现新的科学领域,如环境科学、生物多样性保护等等,相对于曾经辉煌的科学,这些"新"事物是对物理学的还原简化。这些新科学占据了公众空间,是政治关注的核心。

然而,近几十年来,还有其他一系列新生事物出现,那就是一种新的政治经济学和知识道德论。生产规则已经改变,在经济生活中,权力已经从经营者转移到股东及金融活动者手中。随着知识产生方法转变和学术领域的相关利益增加,这种变化显现。风险资本、纳斯达克、新兴企业和认定为专利的规则的转变,都成为最重要的研究方向。工业研究脱离了地域的束缚,也就是说之前根据各大学的地区分区,而现今它们的研究则根据情况以全球为尺度来分配。

二

现在让我们尝试描述这些新的科学实践是如何产生的,又是怎样发展的,在它被创建和推广的过程中又是什么起了决定性的作用,为什么说它们改变了世界。我将提出五个论点和一条结论。

论点一:并非只有欧洲的科学机构推动了科学的产生。与新世界及其知识与精英分子的相遇才是决定性因素。

首先我想说的是,这五个世纪以来科学与知识发生的惊人变化,并不能简单地归结为在欧洲发现了一种新的做法,就成为了"科学"。相反,许多知识都源于欧洲人与其他地区如中国、印度、美洲的有识之士和大众的相互交流。开始于十五世纪末的多样的"全球化"进程也涉及不同文化中各种知识之间的相互影响,比如关于植物的、动物的与生态系统的和农业的知识以及药物学,地理的、地图的和航海知识,语言学、人类学、艺术、技术和生产方式,在知识传播交流上,天主教会的各个修会对这种影响起了重要作用。在这些方面,这种相遇引发了有关信息的、技术的和物质的密集流动,也造就了对知识、技术和自身形象认识的转变。

而就在欧洲利用这些交流并重组收集到的知识之时,它却在否认它受之于他者这一事实并且将除它之外的世界"东方化"①。这些新知识肯定是从交流中产生的,然而借鉴的痕迹却从记录和记忆中删除了,而欧洲以外的世界都被描述或概括为无能的和无科学的,甚至是未开化的。欧洲和它的科学就建立在这种遗忘和践踏之上,并且以一种排他的理性来自我定义。那些新知识的同盟军,像是商人或是军人,其目的却是征服或是掠夺。后果往往很可怕:美洲人被欧洲人和他们带去的疾病大量屠杀,欧洲各港口和美洲大陆之间的黑奴贩卖,以暴力强制方式用私有财产领土破坏传统的农业生产方式(例如在十九世纪的

---

①Edward W. Saïd, *Orientalism*, New York, Pantheon Books, 1978.

尼罗河谷①），或者还有，近几十年来实行的结构调整的政策，这些方式总以唯一可行的和理性的名义被提出。

论点二：专业技能、手工工艺知识和生产知识对于科学的出现（及其持续性转变）都曾是（也一直都是）决定性的因素。对于实验活动更是如此。

然而，知识并不仅限于自然、动植物、天体等等方面；还有手工业者和工人的实际操作知识，建筑师与工程师的实际操作知识以及生产的知识。而在伦敦、巴黎的科学院里实验活动之所以经常进行，完全是因为有示范员的存在，他们是唯一用自己双手工作的人。学院里的"绅士们"也明白手工业者有他们不具备的实践知识，必须向其学习。在十七和十八世纪的造船业中即是如此，这项工作如果过于冒进就是有风险的，正如瑞典国王古斯塔夫二世（Gustave II Adolphe）时的瓦萨号惨剧一般。十八世纪时，雷米奥尔（Réaumur）也曾参观巴黎的作坊以拓展学院的知识②。

一个半世纪之后，精细物理（physique de précision）的建立是与仪器生产者以及工具制造业密不可分的。首先是从组织生产、零件制造业、科学地组织工作，以及规范工艺及工人行为开始。它确立了天文观测中的"人差"观念，并且使得在教学实验室的物理学徒们也有了物质化的和实践性的培训。当然，1845年创立的德国物理学会不仅是"学院式"的：就像其他所有的物理学会一样，它不仅有大学学者、工程师参与，还有匠人、技工和企业家③。

论点三：在知识与科学的发展当中，商业贸易生产系统一直都是其主因。

五个世纪以来，知识产出者都与商贸世界保持着紧密的关系。在收藏家与贸易之间，在学者、贵族与商人之间，关系都是自然而然的：对于物品的知识（手稿的来历、某种植物的药用价值、一件艺术品的质量）既是知识活动的核心，也是收藏活动的基础，同时也是市场交易的来源。手工制品、异国物品、花草植

---

①Timothy Mitchell, *Rule of Experts: Egypt, Techno-Politics, Modernity*, Berkeley, Los Angeles, University of California Press, 2002.

②*Histoire des sciences et des savoirs*, vol. 1.

③*Histoire des sciences et des savoirs*, vol. 2.

物、艺术品,都是在远方由商人及其专家挑选出来,继而被长途运输并分类摆放在仓库里或是花园里。它们还被"重装"为消费品,然而交易市场为它们确定价格。在整个活动中,科学与商业双向展开,无缝对接,并且取得很大的双赢。在此,关键是要理解交换的机制首先是商品化的,正是在这种全球性的物品流通中,有了知识的参与及其自身的交流①。

但是在工业生活中,这一关系也是其中心。在十九世纪末的合成化学及其工业实验室里,大学教授在企业担任顾问,并且学生、资金及产品的网络都在这两个世界中不停流动。而微生物学的先驱遵循同样模式,与制药业建立起了紧密的联系。贝林(Behring)就此成为了成功的企业家,而巴斯德实验室发展出了自身的生产中心。二十世纪初的电子工业中,那些发明者(通常是工程师)通过专利的形式来开展控制策略,并建立起最强大的企业(比如美国的爱迪生与斯佩里)②。

由 1930 年至 1950 年建立起来的固体物理学与其说是学科发展的结果(也就是"科学"本身的发展),还不如说是大的电子企业在其中所起的作用,它们出于实际目标的追求(发展人工半导体),并且为此调动起了一系列的技术(电子物理学、材料化学、晶体学、晶体制作、量子力学),在此之前还从未有人尝试过将其联系在一起。这些企业的发展策略就是让负责各个专利的人跨部门流动,用以辨认出各个部门之间可能的协同优势。如此一来,理论知识与实际操作经验相结合有了新模式,从而产生出了"固体物理学"这一新学科。到了二十世纪六十年代,材料科学也经历了相同际遇,这次是军方集中了力量,充当组织者并提供经费,促成了这一新领域的出现与制度化,而该领域也正是军方所需要的③。

论点四:科学主要依赖的是国家,国家在科学发展的各方面起到决定性作用。

这里首先要从一种公设谈起,那就是科学、国家与军方的沟通并不是偶然出现的,而是五个世纪以来的一种普遍事实。十六世纪意大利城邦的王公们都供养着数学家、工程师,先是伊比利亚半岛各国,接着是英国筹建起作为国家支

---

① *Histoire des sciences et des savoirs*, vol. 1.

② *Histoire des sciences et des savoirs*, vol. 1.

③ Dominique Pestre, *Science, argent et politique*, Paris, INRA, 2003; *Histoire des sciences et des savoirs*, vol. 3.

柱的海军,而法兰西王国在十八世纪优待它们的学者型工程师。十九世纪末,普鲁士和法兰西共和国推动建立科学的炮兵部队,而英国人、意大利人与法国人运用最早的一批飞机,通过战略性轰炸当地平民的方式,为殖民地带来"和平"①。第二次世界大战期间英国人发展起军事研究,冷战期间美国和苏联在研究导弹,今天美国与以色列一起研究军用无人机对付恐怖主义。即便常有人拒绝,也总会有足够的学者和工程师愿意从事这些工作。

国家的作用比军方更大。在巴洛克时代,君主支持艺术与科学是为了威望与名声,也是为了增强经济实力,扩大农业生产或是为了税收——当时战乱不断,因此一定要确立税收是必须的这一观念。德式重商主义、政治算术法(l'arithmétique politique)、政治经济学、统计学等都是近两个世纪以来在国家的羽翼护卫下出现的科学实践。

至于用来书写、复制、整理与重获信息的纸业技术,一直都是非常稳固的,从文人写作到行政行为,从博物学家进行的整理到以信函进行组织运行的商业机构都可见到它们的身影②。然而看到当今数字化世界以及数据挖掘推动者,这一切可能正在改变。甚至科学各学科采用的假说演绎过程(在物理学、化学和生物学领域)也逐渐被淘汰:新的工具及软件可使商业及通讯设备每分钟从庞大数据中直接采集出恰当的信息③。幸好,好的预言(美国国家安全局仿佛是真知的供应者)只给予那些相信它的人。

论点五:如何用"科学"奇迹去说服舆论吸引大众,一直是学者、政界与商界关注的。

向公众推广知识与技术一直都是最关键的事。这首先是种炫耀的方式,显示王公排场与能力,显示工业或国家的优势。大型表演以及君主入城式(十七

---

① Sven Lindqvist, *A History of Bombing*, New York, The New Press, 2000;参看 *Histoire des sciences et des savoirs*, vol. 3.

② Delphine Gardey, *Ecrire, calculer, classer. Comment une révolution de papier a transformé les sociétés contemporaines (1800–1940)*, Paris, La Découverte, 2008.

③ Chris Anderson, "The End of Theory: The Data Deluge Makes the Scientific Method Obsolete", *Wired Magazine*, July 16, 2008.

世纪），巴黎各大道上的表演以及全球博览会（十九、二十世纪）都与此相关。然而这种推广每天都可在历书和广告上看到（十八世纪末），或通过那些在新大陆巡回的展示者（十九世纪），或通过广告，乃至科学研究机构本身的宣传来实现（近两个世纪）。创立于伦敦的皇家科学会（Royal Institution）自十九世纪初期开始为大众授课，设在巴黎的法国国立工艺学院（Conservatoire national des arts et métiers）也是如此；1888年赫兹发现电磁波，很快它便在伦敦、巴黎和维也纳向公众展示；日内瓦的欧洲核子研究组织（CERN）五十年来一直持续注重向人数众多的公众展示他们的仪器、微粒及其学说①。

　　十九世纪中叶开始，各类全球博览会相互之间的竞争达到白热化，正如在每个博览会当中各国工业的竞争也达到了白热化。在博览会上同时可以看到一些巨制（如1900年在巴黎展出的60米焦距的天文望远镜）与普通商品共存，甚至还有来自殖民地人种"活标本"的展出。博览会的建筑也紧跟潮流，相继产生的经典有伦敦的水晶宫和巴黎的埃菲尔铁塔。到了二十世纪中期，随着媒体的变化产生了其他形式的演出（电影、科学文化中心、模拟装置）。但是有一件事是不会改变的：在公共空间里充满各种科学、技术、进步以及预期美好前景等元素。

（六）结论：理解知识与科学发展的好方法就是追寻它们产生之地的地理状况。

　　在本文的第一部分，我描绘了五个世纪以来相继产生的知识与科学体系。在结尾处，我想用另一简单的方式重温这个问题，也就是说为了理解知识的发展，从地点出发来看，即研究知识得以制作出来的空间与机构，将是非常有益与合理的。

　　众所周知，有一个长期以来很占优势的观点，那就是十六至十八世纪之间在欧洲发生过一次"科学革命"。这次革命（更多意义上是物理学的）被描述为改变了世界观的革命（哥白尼的），一次形而上学的革命（柏拉图的），一次对于事实尊重的革命（实验的），一次关于数字规律的革命（数学的）——总之就是一次思想的革命。我们将认识到，对于三卷本《科学与知识的历史（16—21世

①Michel Atten & Dominique Pestre, *Heinrich Hertz. L'administration de la preuve*, Paris, Presses universitaires de France, 2002.

纪)》的作者们来说,这样的认识未免过于简单。并非理念本身不起任何作用——谁敢说在科学发展当中从来未有概念性的革命突然发生?但是我们所要强调的点并不在此,而是要从这样的事实出发——物理学在知识领域中不过是个很小的方面(知识当中还包括自然史、医学、工程学、管理学、人类学或者农学),并且和所有的人类活动一样,知识活动取决于谁给出了理念,以及该理念于什么时间在什么地点被给出。因此,仔细观察科学与各种知识被制造出来的先后不同的空间,是非常有意思的,看看各空间在制造过程中主要关注的问题,理解它们在发展中以某种方式并且取得了某种结果,但为什么把其他相关因素搁置在一边。从这些发展出发,可以设想从中产生出来的知识会有怎样的变化形式。

十六至十八世纪的欧洲可被描写为首先出现了人文主义者圈子和印刷铺子,出现了自由城市和商人,出现了探索之旅,出现了探索植物与知识之旅,以及产生出在世界各城市的各种相遇。还有意欲皈化全世界并且试图了解这个世界的天主教修会,交易物品和知识的商会公司组织(如著名的英国、荷兰和法国的东印度公司),以及王公的宫廷、"珍奇屋"、文字共和国、仪器商店、巴黎的贵族沙龙,墨西哥城的克里奥尔沙龙(salons créoles)、加尔各答的学院,在伦敦与波哥大愿意满足自己的好奇而付费的公众,在阿姆斯特丹或马尼拉的小酒馆与咖啡店,共济会的会所,圣彼得堡与维也纳的皇家科学院,植物园以及保存植物样本的收藏地,自然史博物馆和动物园等等①。

在最近的两个世纪中,上述名单又扩充了,众多的民用及军事工程师学校兴建起来,出现了学者型军官学校(西点)和以实验室和研讨会生活为核心的新式大学(从德国开始),各式各样博物学的或是人类学的调查田野(各殖民地,也包括十九世纪的北美),各种发明者的作坊(像爱迪生那样)以及公司建立的实验室(如德国及瑞士的化学工业中),大学中各种研究及教学实验室、机械及化学生产流水线、专利办公室、计量学国际中心、工程师顾问公司,公司中的研发机构和科学工作组织。

然而在十九世纪还有专为人文学科和语文学置的院系,有二战后建立的研

①参看 *Histoire des sciences et des savoirs*, 所有这些部分在其中都有详细论述。

究公共政策、技术政策、工业政策或是科学政策的院系,自二十世纪八十年代创立了像纳斯达克那样的科技股票系统,运用计算机设备及超级快速的金融工具,还包括业余爱好者及博物馆,世界性的演出及展览,"通俗化"的杂志和电视节目、互联网、黑客、"可参与"的科学活动。

的确没有人能够否认在 1500 年至 2010 年间曾发生过数次"科学革命",但是从上面两段我们也看出革命的原因也多种多样,并且上面两段还教会我们该如何开始叙述各种"科学革命"。并没有一场被欧洲发明的,并向全世界推广的围绕着天文学或者机械研究的"科学革命",但出现过一场具有持续性和广泛性的运动,它与全球化运动和经济与社会上的世界性转变有机地结合起来。这三卷著作的作者致力于通过阐述全文提到的各种"科学"所表现并拓展的空间,来进行科学史研究。希望诸位中国同人能对我们运用的分析方法及提出的各种结论感兴趣。

从矿务顾问、化石采集者到考古学家[*]
——安特生在中国的科学活动

韩 琦[**] 著

　　提到安特生(Johan Gunnar Andersson, 1874—1960),人们最先想到的便是考古史上著名的仰韶文化和齐家文化。中华人民共和国成立后相当长的一段时间内,他所提倡的中国文化西来说饱受批判,并曾一度淡出人们的视线。回顾历史,安特生不仅对中国考古学的建立有开创之功,对中国地质学的早期发展也作出了重要贡献。在华十余年间,他是如何实现从地质学家、化石收集者到考古学家这一身份转变的? 他在地质学、古生物学等领域有哪些研究成果? 对中国又产生了怎样的影响? 本文主要依据安特生相关论著,并结合瑞典、美国等国档案馆所藏书信,结合时人及后人评价,试图逐一解答安特生在华科学活动的种种问题,尽可能还原历史的真实面貌①。

一、安特生与中国

　　安特生 1874 年出生于 Knista (彩图一),1892 年进入乌普萨拉大学学习,1902 年获博士学位,1900 年至 1906 年 10 月在该校任教。19 世纪末,他曾

* 中国科学院重点部署项目"地质学在中国的本土化研究"(项目编号:KZZD-EW-TZ-01)成果。

** 韩琦,中国科学院自然科学史研究所研究员。

① 1926 年回国后,安特生将很多往来书信带回了瑞典,存放在斯德哥尔摩的远东博物馆中,从中可见他与中国及其他各国学者交往之经过。

前往南北极进行探险,1906 年开始担任瑞典地质调查所所长。1910 年,第 11
届国际地质学大会在斯德哥尔摩召开,他担任大会秘书长,与各国地质学家和
古生物学家建立了联系①。瑞典是欧洲重要的铁矿产地,他对本国铁矿矿藏情
况有很多了解,以此次大会为契机,他主编并出版了《世界铁矿志》(*The Iron-Ore
Resources of the World*,1910)一书②。

　　安特生自 1914 年 5 月 16 日抵达北京,受聘担任北洋政府农商部矿务顾问,
到 1926 年返回瑞典任斯德哥尔摩大学地质学教授,在华工作长达十二年。
1927 年起他担任瑞典远东博物馆馆长和考古学教授,直至 1939 年退休。他一
生著作颇丰,著有《龙和洋鬼子》(*The Dragon and the Foreign Devils*,1928)、《中
国人和企鹅》(*Kineser och Pingviner*,1933)③、《黄土地的儿女》(*Children of the*

①安特生为此次大会会议论文集写了序,后来与中国地质学有关联的学者 A. G. Nathorst
(1850—1921)、洛川(Lajos Lóczy,1849—1920)、J. W. Gregory(1864—1932)、葛利普(A.
W. Grabau,1870—1946)、G. O. Smith(1871—1944)、C. D. Walcott(1850—1927)以及中国
政府代表 Djin Da Min 参加了此次大会,威斯康辛大学麦迪逊分校的白卫德(Eliot Black-
welder,1880—1969)提交了题为 "The Older Pre-Cambrian Rocks of Eastern China" 的论文。
参见 *Le Compte Rendu de la XIe Session du Congrès Géologique International (Stockholm 1910)*,
Stockholm, Kungl. Boktryckeriet, P. A. Norstedt & Söner, 1912。此次会议中文报刊亦有报
道,提到"安他孙氏"及"J. G. Anderson",这是最早提到安特生的中文文献,参见史廷飏:
《第十一回万国地质学会及第二回万国农地地质学会议(附表)》,《地学杂志》,1912 年 3
卷 7/8 期,第 36—43 页;及《外编:第十一回万国地质学会及第二回万国农地地质学会议
(续前)》,《地学杂志》,1912 年 3 卷 11/12 期,第 28—32 页。1916 年《汉文台湾日日新报》
也以"万国地质会议"为题对该会议进行过报道。
②该书由第 11 届国际地质学大会执行委员会倡议,各国地质学家协助,大会秘书处编辑而
成。秘书长安特生为本书作序,瑞典自然史博物馆主任 Hjalmar Sjögren 撰写导言,书中各
国各地区内容由不同地质学家分别撰写,其中中国部分(第 915—924 页)为北洋大学矿冶
教授李特(Thomas T. Read)所撰,其 "Mineral Economic Problems in China" 一文还被译为中
文(《中国之矿业经济问题》),发表在《工程》,7 卷 3 期,1932 年,第 271—274 页。参见
Iron Ore Resources of the World,Stockholm, Generalstabens Litografiska Anstalt,1910。令安特
生引以为豪的是,他首创的借地质大会之机编纂矿物志的做法为后来历届大会所仿效。
安特生曾回忆其早期的科学活动,参见 J. G. Andersson,"Researches into the Prehistory of
the Chinese",*Bulletin of the Museum of Far Eastern Antiquities*,no. 15(1943),pp. 7-12。
③他自认为一生中最辉煌的事,一是极地考察,一是在中国的工作,这是他为此书取名的原因。

Yellow Earth：*Studies in Prehistoric China*，1934）以及《中国为世界而战》（*China Fights for the World*，1938）等书，文笔流畅，可读性很强。他还创办了《远东博物馆馆刊》，刊登了自己的一些文章，内容包括史前中国及鄂尔多斯青铜器等研究成果①。

图 1   安特生著作《中国人和企鹅》书影

    安特生在华最初的主要工作是帮助中国政府寻找煤矿和铁矿。找矿之余，他考察了山东、山西、河南、甘肃、内蒙古、江苏等地地质。1916 年，他来到山西，发现当地有丰富的植物及哺乳动物化石，由此产生对化石收集的强烈兴趣。1918 年 8 月，他制定了"依托中国基金在华自然史采集总计划"，希望

---

①Erik Åhman，"Prof. J. G. Andersson"，*Nature*，no. 4759（1961），p. 99.

获得瑞典方面支持①。1921年,由于在渑池仰韶发现彩陶文化,他开始转向考古学研究。他还曾担任中国地质调查所陈列馆馆长,致力于化石的采集和陈列。

安特生第二次来华则与瑞典王储中国之行密不可分。1926年5月,作为一名业余考古学家的王储古斯塔夫六世(Gustaf VI Adolf, 1882—1973)开始了他的环球旅行——他对艺术和考古都有浓厚的兴趣。瑞典虽为小国,但为突出瑞典在世界文化史中的独特地位,王储十分期待和古老文明的中国建立密切关系,故邀请安氏作为中国之行的陪同人员。是年秋,安特生为王储的中国之行先期作了特殊安排。9月11日,安特生与新常富(Erik Nyström, 1879—1963)抵达沈阳(奉天),随即前往北京为王储来华做准备。10月16日,王储、王妃经日本抵达沈阳,随即乘火车到北京,后访问了山西、天津、南京、上海等地,11月18日自上海离开中国。在沪期间,王储、安特生与时任淞沪商埠总办的丁文江会面②。1927年4月,安特生离开中国。

---

① "General Plan for Natural History Collections in China by Means of the China Funds (Kinafonden)",瑞典远东博物馆、瑞典自然史博物馆、斯文赫定基金会均藏。该计划共申请经费7万瑞典克朗,收集内容包括古植物及古脊椎动物化石、现代动植物标本。作为条件,考察采集的样品副本要留给中国一份。安特生的自然史和考古考察计划得到了很多中国助手的帮助,除袁复礼以外,还有庄永成、白万玉、刘长山、陈氏、靳氏、姚(安特生文中作"缴")氏等,其中个别人还参加过美国中亚考察团和中瑞西北科学考察团。

② 王储一行10月16日抵达沈阳,参观沈阳故宫,与张学良会晤。17日抵达北京,先后参观中央观象台、故宫、三海(北海、中海、南海)、地质调查所陈列馆、北京协和医学院、历史博物馆、华北大学、南口等处,并与顾维钧、颜惠庆、周肇祥、翁文灏、胡恒德(H. S. Houghton)、梁启超、徐协贞、梅兰芳、张学良等人会面。11月1日,抵达山西太原,参观太原晋祠、天龙山、山西大学、文庙图书博物馆、东夹巷医院、工业专门学校、太谷、介休绵山、平遥等处,后在安特生的安排下专程前往阳曲湾进行考古发掘,在晋期间与阎锡山等有来往。8日返回北京,11日前往天津,12日参观北疆博物院桑志华的藏品,随后经南京前往上海。14日抵达上海,参观了程霖生的收藏品、亚洲文会博物馆、史德匿(E. A. Strehleek)古玩行等,与丁文江等人有多次会面。18日,离开上海,前往香港。

图 2　瑞典皇储夫妇访问山西照片

　　安特生第三次来华主要是为实现此前的承诺,归还藏品。根据此前他与中国地质调查所签订的协议,在中国收集的古生物化石或彩陶等物需对半分,没有副本的材料在瑞典做完研究后要返还中国。1936 年 11 月 26 日,他抵达上海,随后前往南京参访珠江路地质调查所新址。1937 年 2 月,他再次来到上海和南京,停留了五周,分别在中央大学、金陵女子大学、中央政治学校、地质调查所等处举行演讲,他还参观了地质矿产陈列馆,与翁文灏、周赞衡、曾世英见了面①。之后,他

---

① 1937 年 2 月 28 日,安特生由上海抵达南京,原定 3 月 1 日下午在中央大学演讲"瑞典之自然与人民",后因身体不适,改于 10 日举行。10 日中午,参加中央大学校长罗家伦的欢迎宴会,行政院秘书长翁文灏、实业部次长周贻春、金陵大学校长陈裕光及金陵女子大学校长吴贻芳等作陪,下午在中央大学演讲"瑞典土地与人民"。17 日晚,安特生在实业部礼堂讲"瑞典国森林与林业",又预定 19 日晚讲"瑞典之新金矿"。19 日下午,中央大学再邀安特生演讲"瑞典之发明家"。在南京期间,安特生还在金陵大学演讲了"瑞典史纲"和"诺贝尔及诺贝尔奖金"。

还到四川西康、香港开展考古工作①。

二、在华的科学活动(1914—1925)

(一) 矿务顾问:"安顾问"

安特生以矿务顾问的身份被高薪聘到中国,任职农商部。他来华的原因有以下几个:第一,当时北洋政府欲兴办实业。民国初年,中国的矿产基本由外国人操控,北洋政府聘请安特生的目的是希望寻找一些可由国人掌控的新矿产。安氏来华不久适逢"一战",钢铁销量大增,政府希望寻找一些富矿以增加利源。第二,是山西大学教授新常富的居间介绍。新常富于 1912 年山西大学聘期任满后回国,与安特生有接触,他从中牵线联系瑞典驻华、日公使倭伦白(Gustaf Oscar Wallenberg, 1863—1937)、袁世凯等官员促成了此事②。第三,因为瑞典

---

① 1914 年 6 月,安特生来华不久,农商部派遣他与新常富、张景光同往北京西山斋堂探查煤矿情形。1918 年 4 月,他与朱庭祜、李捷、鲍璞一同重返斋堂调查。1920 年,第三次前往斋堂。1919 年 11 月,他向农商部递交了题为 "The Physiographic Development of the Chai T'ang Valley" 的报告手稿,该报告后被收入叶良辅的《西山地质志》("The Geology of Western Hills of Peking", *Geological Memoirs*, no. 1 (1920), pp. 66—75)。对斋堂马兰(栏)阶地的研究,为安特生提供了地文学的指引,故他前往洮河和四川西康寻找人类文明的遗迹。见 J. G. Andersson, "Topographical and Archaeological Studies in the Far East", *Bulletin of the Museum of Far Eastern Antiquities*, no. 11 (1939), pp. 1—8。1937 年 10 月 15 日,安特生离开香港,并在越南从事考古工作。1938 年 4 月 26 日,他在香港遇见结束印尼考察返华的德日进。

② Jan Romgard, "Erik Nyström: The Creator of the Sino-Swedish Collaborations in Geology in Republican China",《自然科学史研究》2015 年第 34 卷 1 期,第 88—96 页。此文的研究认为新常富在其中起到了很重要的作用。有关安特生的科学活动及其与瑞典方面的关系,参见 Jan Romgard, *Embracing Science: Sino-Swedish Collaborations in the Field Sciences 1902–1935*, Stockholm University, 2013。新常富,瑞典人,1902—1912 年任山西大学堂教授。山西大学的建立源于庚子赔款,当时委托英国人李提摩太前往太原设立大学堂,延请洋教习,新常富在西斋担任教职。在山西期间,新常富调查了很多煤矿以及其他矿床,做了很多化学分析,与学生徐森玉合作编译了最早的《无机化学》(1909)教材。1914—1917 年,他还在地质调查所工作过一段时间。1917 年后回到瑞典,在斯德哥尔摩大学(转下页注)

在国际上相对中立,相较其他列强国家更易为中国人所接受,且该国之铁矿事业和研究较为发达;而安特生本人极强的组织能力,及对全世界铁矿知识的了解,也是中国政府聘请他的重要原因。

1913年,地质研究所招收了第一批学生,中国地质学的发展形成了良好势头。丁文江在《地质汇报》序中称:"余归自滇,由章君而识鄞县翁君文灏,又得交矿政顾问瑞典人安特生及其书记丁格兰君。于是,一所之中,有可为吾师者,有可为吾友者,有可为吾弟子者,学不孤而闻不寡矣。"[1]当时丁氏刚从云南考察回京,随后结识安特生、丁格兰(F. R. Tegengren)等人[2],学术环境与其初到北京时已有很大改善,丁文江对此颇感欣喜。

安特生来华后的第一个贡献便是发现龙烟铁矿。安氏某次前往丹麦工程师 F. C. Mathiesen 家中作客,见其家中放有一些红色矿石,便猜测是赤铁矿。于是在1916年,他邀请瑞典工程师 C. F. Erikson 专门前往宣化。之后,安特生找到矿政司司长张轶欧(任期为1914年7月20日至1917年9月;1916年2月2日至10月31日任地质调查局局长),要求张氏承诺,如果此铁矿为富矿,应奖

(接上页注)学习地质学,1919年获地质学博士学位,1920年重返山西大学担任化学(地质学)教授。值得一提的是,著名汉学家高本汉(Bernhard Karlgren, 1889—1978)在山西大学当了两年的法文和德文教授,与新常富曾一起共事(参见马悦然著,李之义译:《我的老师高本汉:一位学者的肖像》,吉林出版集团有限责任公司2009年版)。新常富著有《新中国》(Det Nya Kina, 1913)及姊妹篇《最新的中国》(Det Nyaste Kina, 1936),介绍他在中国的所见所闻,后来还写了一本关于宋美龄的书(Kinas kvinnor och Madame Chiang Kai-shek, 1940),其孙还将他在华五十年的经历写成专著出版(Femtio år i Kina: bland mandariner, krigsherrar och kommunister, 1989)。新常富考察报告现存20余份,其中有明确日期的为1914年11月—1917年9月在河南、河北两省开展的煤、铜、铁、金矿调查。瑞典驻华公使倭伦白1913—1919年在任。

[1]丁文江:《〈地质汇报〉序》,《地质汇报》,1919年第1号,第1—3页。

[2]丁格兰,瑞典人,来华前曾在瑞典地质调查所任职,在《世界铁矿志》(1910)中负责瑞典南部铁矿情况的撰写。他对中国的矿床进行过研究,对全国铁矿进行了调查,著有《中国铁矿志》(The Iron Ores and Iron Industry of China, 1921)一书。他的考察报告现存10余份,其中有明确日期的为1914—1917年在河北、安徽、山东三省进行的铁矿调查以及1922—1925年在江苏、山西、安徽三省进行的铁矿调查。除了新常富、丁格兰外,瑞典学者那琳(一作那林,Erik Norin, 1895—1982)也来到中国。

励丹麦工程师 500 大洋。后来,果然在那里发现
富矿,品位非常之高①。因为这一重大发现,安特
生获得袁世凯接见。1916 年,大总统黎元洪还专
门向安特生颁发嘉奖令②。龙烟铁矿公司的成立,
标志着中国获得了由国人自己管理的铁矿。然而
"一战"结束,钢铁滞销,龙烟铁矿的开采未能持续。

　　1916 年 11 月 1 日,地质调查所正式成立。
1919 年,张轶欧在《地质汇报》的序言中称:"方地
质调查所之始设也,余有狂言,以为民国凡百设
施,求一当时可与世界学子较长短,千百载后,可
垂名于学术史者,惟此所而已。"③他对地质调查
所的前途充满了无限憧憬。张轶欧曾在比利时留
学,专门研究矿床,是丁文江、翁文灏的上级,对中
国地质事业的发展起到了重要作用④。

　　1919 年起,《地质汇报》(*Bulletin of the Geolo-
gical Survey of China*, 1919)、《地质专报》
(*Geological Memoirs*, 1920)、《中国古生物志》
(*Palaeontologia Sinica*, 1922)、《中国地质学会志》

图 3　张轶欧照片

(*Bulletin of the Geological Society of China*, 1922)等地质学刊物相继创刊。1922
年 1 月 27 日,中国地质学会建立,创会伊始有会员 62 名,其中外籍人士多达 22
人⑤,展现了当时中国地质学界国际化的情形。

<hr />

① 至今宣化钢铁厂乃至首钢的原料也来源于此。J. G. Andersson, *The Children of Yellow
　Earth*, London, K. Paul, Trench, Trubner & Co., Ltd., 1934, pp. 1-6.
② 嘉奖令内容如下:"大中华民国大总统兹授与农商部顾问洋员安特生三等嘉禾章以示优
　异。大中华民国五年九月二十五日令行,黎元洪。大中华民国五年十月二十日颁发。铨
　叙局长郭则沄。"瑞典远东博物馆藏。
③ 张轶欧:《〈地质汇报〉序》,《地质汇报》,1919 年第 1 号,第 1—3 页。
④ 张轶欧于 1914 年 7 月 20 日任矿政司司长兼第一区矿物署署长。
⑤ *Bulletin of the Geological Society of China*, vol. 1, no. 1 (1922), pp. 97-99.

（二）化石采集者与考古学家

气候变化和第四纪黄土是安特生感兴趣的学术问题,趁北洋政府委派之便,他前往山西、河南、甘肃一带进行考察。1916 年军阀混战,政府薪水发放成了问题,这为安特生提供了一段相对自由的时间,他便借此机会开展地质调查,并得到了丁文江、翁文灏的许可,研究方向开始有了一定的转向。1916—1917年,安特生开始对哺乳动物化石产生兴趣。为了收集化石,他不仅亲自调查发掘,还从药店等处多方打听化石来源。此外,1917 年他还给各地传教士去信,告以自己所寻之化石类型,较短时间内他便获得了诸多化石地点的信息①。进行广泛调查需要大量人力物力,1919 年安特生致信瑞典王储寻求经费支持,王储对他的工作很感兴趣,9 月 15 日,Axel Lagrelius(1863—1944)主持成立了"中国委员会",支持安特生的自然史考察计划。在各方支持下,安特生对黄土展开深入研究,他的《中国北部之新生界》(*Essays on the Cenozoic of Northern China*,1923)一书便是系统研究第四纪黄土的最早论著,书中所提出的一些地层名词(如三门系)在学界产生了很大影响。

1922 年,地质调查所在政府及企业界的支持下建成陈列馆及图书馆,在北京生活的一些外国人纷纷向陈列馆捐献化石,其中德国矿业工程师 W. Behagel也赠送了一些古脊椎化石样品。安特生敏锐地抓住了这一线索,1922—1923年,在翁文灏的同意下,他与地质调查所的谭锡畴一同前往山东蒙阴进行发掘,发现了中国较早的恐龙化石,后来经谷兰阶(Walter W. Granger, 1872—1941)确认,以师丹斯基(Otto Zdansky, 1894—1988)之名命名为斯氏盘足龙

---

① 现存"农商部地质调查所悬赏征集龙骨龙齿布告"一纸,铅印,全文为:"吾国黄土之内,或山洞之中,常有古代动物之骸骨牙齿。发见之者,或谓为龙骨,或谓为龙齿。各地药铺常收买之,以为药料。今本所欲搜集此种齿骨,特悬赏布告:无论何人,如有发见此项龙骨龙齿者,可将原物妥为封装,邮寄本所,并将发见地点同时函告。本所愿照市价收买,邮费亦归本所发给。如所发见之物,经本所研究认为有特别价值者,当给以十元至一百元之奖金。特此布告。通信处:北京丰盛胡同农商部地质调查所。"应与安特生有关。桑志华后来也有类似做法,可能是受安特生启发。1919 年 7 月,安特生曾到内蒙地区进行系统的脊椎动物化石搜寻,并成功地在热河、二登图等地进行了化石发掘。次年 6 月,他再次前往该地,在前一年的基础上深入戈壁,在滂江、哈尔鄂博等地发掘出不少古生物化石。

(*Euhelopus Zdanskyi*)①。

　　为鉴定新发现的化石,安特生与瑞典学者的交往日趋频繁,其中最值得一提的是瑞典自然史博物馆古植物学家赫勒(Thore Gustaf Halle, 1884—1964)和乌普萨拉大学古生物学教授维曼(Carl Wiman, 1867—1944)。1916年,在安特生的建议下,由倭伦白提供资助,赫勒来华进行为期一年的考察(1916年11月—1917年11月)。在此期间,赫勒得到了地质调查所的很多帮助。为获得古生物化石的采集经验,丁文江特地安排地质调查所年轻学者周赞衡陪同赫勒考察,并和他商议,派遣周赞衡赴瑞典自然史博物馆古植物部跟随赫勒学习,由赫勒和安特生提供周赞衡在瑞典的必要费用,而丁文江也表示地质调查所全部古植物化石材料都可让赫勒进行研究②。赫勒与维曼二人在中国古植物、古动物的鉴别方面撰写了不少高质量的学术论文,发表在《中国古生物志》上,推进了中国自然史、古生物史的研究③。

---

① J. G. Andersson, *The Children of Yellow Earth*, London, K. Paul, Trench, Trubner, 1934, pp. 32–37.

② "General Plan for Natural History Collections in China by Means of the China Funds (Kina-fonden)",考察计划所申请的总经费中有5000克朗明确标明用作周赞衡留学费用。1914年6月25日,可能是在安特生建议下,农商部矿政局杨廷栋致信瑞典自然史博物馆 A. G. Nathorst(自然史博物馆第一任古植物学教授),内容与商讨中瑞合作有关。1915年10月18日,安特生在给 Nathorst 的信中谈到了丁文江及学生发现新化石(可能是4月份在斋堂附近发掘)。1916年,Nathorst 的助手赫勒来华考察,中国与瑞典自然史博物馆的合作更加紧密。赫勒回国后接任 Nathorst 的职位,帮助中国鉴定了很多植物化石,在中国期刊上发表了很多文章,特别是关于山西中部植物化石的文章影响很大。1919年,"北京号"在风暴中沉没,寄给赫勒的动植物化石随船丢失,后来在安特生及助手的帮助下又重新收集了一批,寄到瑞典交由他研究发表。1920年前后,赫勒还应丁文江之请,为地质调查所图书馆代购外文地质书刊,出力甚多。他与中国学者的交往和联系非常紧密,丁文江从1918年到1936年去世,一直和赫勒保持着书信往来。当然,不仅是丁文江,翁文灏(1921—1937)、斯行健(古植物学家,1932年曾访问瑞典自然史博物馆)、秦日昌(国立"中央研究院"自然史博物馆,1932—1935)、杨钟健(1927年在慕尼黑)皆与赫勒有着书信联系。瑞典自然史博物馆至今保留了大量在中国收集的化石样品,包括在山西、河北一带收集的植物化石,采集人、年份、地点都有详细记载。

③瑞典学者傅兰林(Carl Rudolf Florin, 1894—1965)也对中国古植物化石进行过研究。

　　周口店遗址的发现是安特生一生中最引以为豪的贡献之一。20 世纪初,各国古生物学家都在寻找人类起源地,其中一个观点就是中亚起源说。为此,纽约美国自然史博物馆专门派遣亚洲考察团来华考察①。

　　早在 1899 年,德国博物学家 K. A. Haberer 就曾到过中国,从药店收购了大量龙骨。1903 年,慕尼黑大学的施罗塞(Max Schlosser, 1854—1932)根据这些材料撰写了论文,其中已经提到人类牙齿,不过由于这些化石的来源、时间、地点和地层都不清楚,故无法确定准确年代②。1918 年,安特生从燕京大学化学教授翟博(John McGregor Gibb, Jr., 1882—1939)③处得知周口店的鸡骨山有相关化石,遂于 2 月 22—23 日专门前去考察,3 月便撰写了有关周口店的文章④。1921 年,师丹斯基来到中国,安特生安排他前往鸡骨山从事发掘工作。同年,谷兰阶随美国亚洲考察团抵达北京,作为当时享有盛名的古生物学家,他掌握着新的发掘技术。安氏遂邀请谷兰阶一同前往周口店指导师丹斯基的工作,他们在当地农民的指引下意外找到了龙骨山。凭借着在此处发现的石英碎片,安特生推测这是人类活动的遗迹,发掘地点便转移至此⑤。1923 年,师丹斯基发表了关于周口店发掘的初步报告,后来他携带不少样品回到瑞典,进行研究并且有所发现。不过由于样品较为粗糙,同时也基于其他一些原因,师丹斯基并未

①美国亚洲考察团对中国的古生物化石也颇有兴趣。丁文江为避免竞争和重复性工作,1921 年 4 月 18 日致信安得思(Roy Chapman Andrews, 1884—1960),告知地质调查所拟考察的地区,参见韩琦:《美国所藏丁文江往来书信(1919—1934)》,《自然科学史研究》2017 年第 1 期。安特生还与谷兰阶、翁文灏、丁文江等人商量后撰写了一篇关于中国古生物化石收集和研究现状的文章(内容主要分为无脊椎动物化石、脊椎动物化石以及植物化石三类),送交美国自然史博物馆发表,其目的则是让美国学者了解中国地质调查所所从事的工作,以便划分研究领域。参见 J. G. Andersson, "Current Palaeontological Research in China", *Bulletin of the American Museum of Natural History*, vol. 46 (1922), pp. 727-737.
②施罗塞后来还成为杨钟健在慕尼黑大学的老师。
③翟博,美国人,1882 年生,燕京大学化学教授。1904 年(一说 1902 年)来华,1904—1928 年在燕京大学任教,曾编译出版《化学实验手册》。参见张玮瑛、王百强等编:《燕京大学史稿》,人民中国出版社 1999 年版,第 622—624 页。
④J. G. Andersson, "Preliminary Description of a Bone-Deposit at Chow-Kou-Tien in Fang-Shan-Hsien, Chili Province", *Geografiska Annaler*, vol. 1 (1919), pp. 265-268.
⑤安特生对新生代地质及中国地文学的研究,导致了周口店遗址的发现。

将发现结果告诉安特生,文章也一直没有发表①。

　　1926 年 10 月王储来华,安特生想借此良机促成中瑞往来及瑞方支持。王储在华期间,协和医学院将举行欢迎活动,故安特生提前致信维曼,询问周口店发掘是否有新成果可以公诸于世;事实上,安特生来华之前已让维曼着手准备。他抵达北京后,维曼取得新进展,并将师丹斯基关于牙齿化石的发现告诉了安特生②。10 月 22 日,地质调查所、北京博物学会以及协和医学院联合主办欢迎会,迎接瑞典王储。该会由翁文灏主持,共有三场演讲。梁启超做了第一个报告,题为《中国考古学之过去、现在及将来》。③ 随后,德日进(Pierre Teilhard de Chardin, 1881—1955)做了题为"How to Search the Oldest Man in China"的报告,谈到萨拉乌苏、水洞沟旧石器遗址,以及 1925 年美国亚洲考察团考古学家尼尔森(N. C. Nelson, 1875—1964)在戈壁地区发现的旧石器和泥河湾遗址。安特生在接下来的演讲中宣布了北京人牙齿的发现,引起巨大轰动。④ 多家报纸报道了这一发现,但当时并未得到学界公认,甚至德日进和葛利普都对此表示怀疑。⑤ 桑志华(Emile Licent, 1876—1952)、德日进专程从天津赶来参加这一活动,德日进返回天津后专门致信安特生,表示对这一论断存疑,他在信中称:

　　　　前天晚上您十分友好地向我展示的那些照片让我思索良久。我认为如果我现在不确切地告诉您我对这些照片的看法,既不妥当也不友好。实际上,我并不充分相信那两颗牙齿具有那种假设的人类特征。您向我展示的那颗前白齿(无牙根),虽然乍看起来更为可信,却有可能是某类食肉动物下排最靠后的白齿之一;对于第二颗带齿根的化石,除了能够分辨出合

①J. G. Andersson, *The Children of Yellow Earth*, London, 1934, pp. 95-102.
②Tore Frangsmyr, "Peking Man: New Light on an Old Discovery", in Jed Z. Buchwald (ed.), *A Master of Science History : Essays in Honor of Charles Coulston Gillispie*, Dordrecht, Heidelberg, London, New York, Springer, 2012, p. 53.
③梁启超:《中国考古学之过去及将来》,《晨报副刊》,1926 年 10 月 26 日。
④关于王储每天的行程,可以从当时中外文报道中还原出来。德日进的报告后来在《中国地质学会志》发表。
⑤安特生当时戏称周口店"北京人"为"Peking Lady"。

并起来的四个齿根,我也是这么认为的。有鉴于此,即使永远不能证明周口店牙齿化石属于食肉类动物,我也希望如此,我还是很担心它们的人类属性始终无法令人信服。所以需要格外谨慎(因为它们的属性仍然不明确)。不过,我并未亲眼见到化石标本,也完全信任师丹斯基在古生物研究上的经验,我还是非常希望我的批评意见是不成立的。我只想对您保持彻底的坦诚。再次对周五那场十分"美妙的晚会"向您致以万分谢意。衷心期待您与王储殿下能来天津。①

随着后来发掘工作的推进,这一成果才逐渐得到大家公认。

步达生(Davidson Black, 1884—1934)借此机会,向洛克菲勒基金会提出申请发掘周口店遗址,这一计划很快得到了批准。1927 年 4 月 16 日,发掘计划正式启动。该计划由地质调查所和协和医学院合作开展,为此成立了新生代研究室(1929 年 4 月 19 日正式成立),步达生任主任,杨钟健任副主任,德日进任名誉顾问。后来在此计划之下开展了很多活动,安特生从中起到了重要作用。1927 年 4 月 25 日,安特生将要返回瑞典,丁文江在北京顺利饭店设宴送行,邀请斯文·赫定(Sven Hedin, 1865—1952)、巴尔博(George B. Barbour, 1890—1977)、德日进、谷兰阶、葛利普、步达生、翁文灏、金叔初、李四光等出席②。

步达生得到洛克菲勒基金会资助后,经安特生和维曼推荐,邀请瑞典学者布林(Birger Bohlin, 1898—1990)来到北京,于 1927—1929 年从事周口店发掘工作,他与李捷合作,成为周口店发掘最初的组织者。后布林受斯文赫定邀请参加西北考察团,李捷也被抽调离开,杨钟健和裴文中加入发掘。1929 年 12 月 2 日晚,裴文中发现北京猿人头盖骨,这一消息轰动了世界。

1921 年,安特生在渑池发现仰韶文化。此后,他又到甘肃、青海一带从事考古发掘,还曾到东北葫芦岛一带从事古人类化石的发掘③。他试图证明早期中

①此信为英文信,现藏瑞典远东博物馆。

②当晚的菜单很有意思,到场的每个人都签了名,所有菜名都与古生物有关,法国人类学研究所(IPH)、美国自然史博物馆都还保存着这份菜单。

③由于安特生的出色工作,在丁文江的建议下,中国政府自 1921 年 5 月起续聘安特生 3 年。从这时起,他开始对西北甘肃、青海等地进行考察。

西方文明的联系，并提出中国文化西来说；他后来还出版了《甘肃考古记》（1925）一书①。就这样，从地质学家到化石采集者，再到考古学家，安特生完成了身份转变。

三、出色的学术活动家

安特生不仅学问出色，还擅长交际，与瑞典、美国、法国各界人士有诸多交往。除王储外，他还得到了一些财团的支持，比如他从瑞典火柴大王克鲁格（Ivar Kreuger，1880—1932）处获得了《中国古生物志》的出版资助。此外，王储的大总管 Lagrelius 也参与到资金的募集工作②。

安特生与北洋政府的上层官员亦有交往，其中就包括农商部部长周自齐、田文烈、江天铎、齐耀珊、李根源、颜惠庆、次长刘治洲、矿政司司长杨廷栋等人③。为便于合作的顺利展开，他与丁文江签订了一些协议，商讨了化石采集、刊物出版等相关事务。丁文江在协议的签署过程中坚持平等的原则，维护中国权益，如要求所有与中国考古及自然史相关的研究成果都要在中国的学术刊物上发表；采掘出来的诸如彩陶类古物，一半交给中国，一半交给瑞典，没有副本的材料经过研究后需归还中国。此类协议的签订非常成功，安特生与中方在长时期内保持了良好的合作关系。

民国初期的中国，地质学研究刚刚起步，丁文江、翁文灏等年轻的地质学家们都在努力开拓中国的地质学事业，而安特生则利用自己的资源和人际网络帮助他们建立起了一个国际学术交往的平台④。在这样的背景下，中国的地质学刊物上涌现出了很多重要成果。1913 年 10 月地质研究所成立，开始培养一批年轻的地质学家。1915 年底，研究所学生赴野外实习，安特生率其中一组赴江

---

①安特生本人对待这个理论相当谨慎，就此问题跟欧洲学者有过很多交流探讨。那时候甘肃的地理范围比现在要广泛，包括青海朱家寨遗址等一些地方。

②从现存信件中可以看到他提计划、寻找资助的过程。

③这些信件目前都有保留，从信中可以看出安特生非常善于辞令。

④安特生与翁文灏、丁文江的部分往来书信已发表，参见翁心钧等整理:《翁文灏古人类学与历史文化文集》，科学出版社 2008 年版，第 126—167 页。

苏江宁、镇江、江阴一带。1916 年 4 月 2 日,他还带领学生前往唐山开平煤矿进行毕业实习,为学生的论文提供了有益的指导和训练①。不仅如此,安氏还为很多中国年轻学者提供了实际的帮助,例如上文中提及的地质研究所毕业生周赞衡,曾于 1917 年 2—4 月陪同赫勒考察江西、湖南等地。安特生对他颇为欣赏,1918 年专门请 Lagrelius 资助他前往瑞典自然史博物馆学习,并悉心安排相关经费问题,周氏后来成为中国最早的古植物学家②。再如杨钟健,他在德国撰写博士论文时,安特生为他提供帮助,邀他前往瑞典研究在中国收集的哺乳动物化石。

　　安特生与中国学者名流多有往来。胡适在日记中就多次提及两人交往的情形,包括 1922—1923 年间胡适前往协和医学院听安特生演讲《石器时代的中国文化》、去安特生家中作客讨论仰韶文化、读安特生《沙锅屯洞穴层》文章等等。另外值得一提的是三门系的发现。三门系是由丁文江在山西河津发现的地层,后被广泛应用于华北地区。因安特生曾在相距不远的垣曲县做过调查,故丁文江知道附近有可资研究的地质材料,便前往附近的河津,在那里他给安特生写了一封信(1918 年 8 月 20 日),并附有河津的地质剖面图③。安特生在写《中国北部之新生界》时引用了信中的成果④。正是通过安特生的引用,丁文江的发现被广为采用,影响深远。

　　除了中国学者,安特生与欧洲很多学者也都保持着往来,其中与他的同胞联系最为密切。除上文提到的学者之外,还有斯德哥尔摩矿物学研究所 Percy Dudgeon Quensel(1881—1966)⑤、瑞典自然史博物馆的 Nils Hj. Odhner(1884—1973)、Einar Lönnberg(1865—1942)等。此外,他还和英国地质学家巴尔博、法

①唐山之行在当地一共调查七天,前四天由安特生指导,后三天分组勘探,4 月 10 号回到北京。1916 年,章鸿钊、翁文灏将地质研究所师生历年所作地质调查报告等成果编成《农商部地质研究所师弟修业记》一册。

②如今这些往来书信、电报都还保存着。有关周赞衡的研究,参见潘江:《中国最早研究古植物学的学者——周赞衡》,《中国科技史料》1995 年 2 期,第 40—44 页。

③这是现存丁文江致安特生的最早信件。

④J. G. Andersson, "Essays on the Cenozoic of Northern China", *Memoirs of the Geological Survey of China*, ser. A, no. 3 (1923), pp. 1-152;安特生著,袁复礼节译:《中国北部之新生界》,《地质专报》1923 年甲种第 3 号,第 1—12 页。

⑤1926 年 5 月,他曾与巴尔博、新常富、孙健初等一同在山西考察,到了雁门关。

国古生物学家德日进、北疆博物院院长桑志华等多有交往。

不仅欧洲的学者,奥斯朋(Henry Fairfield Osborn, 1857—1935)、马修(William Diller Matthew, 1871—1930)、安得思、谷兰阶等美国自然史博物馆的学者,也竭力希望探寻古人类遗迹,为此他们组建了亚洲考察团,在内蒙古采集化石。考察团在弓弦胡同设立总部,时人戏称为"龙骨公司"①。除了前文提到与谷兰阶在周口店的共同考察外,安特生与美国自然史博物馆的其他学者也有很多往来,并写信希望从美国方面获得更多的出版物以弥补北京古生物书籍的缺乏;作为回馈,他与美国人分享了一些化石地点的信息。② 安得思在文章里曾提到安特生在化石采集方面的贡献,对他的工作有很高的评价:

> 　　在过去的三年里,中国政府矿务顾问安特生博士在中国不同地区发掘了化石。虽然这项工作刚刚开始,且在其指导下主要由中国助手来进行,但已获得了极大成功。大多数化石还未从岩石中充分剥离出来进行正确辨认,但是一些较大的标本确定代表原始犀牛、马、羊、熊、大象。安特生博士——第一位在华现场调查化石的科学家——已经获得结果,表明(化石)巨大富有,仍有待揭秘。③

---

① 因其采集蒙古以及中国不同地方的化石,故有很多人来此处兜售龙骨。
② 1919年1月18日安特生在与安得思的会面中曾提到:他于1916年穿过豫晋交界的黄河时发现了一个化石地层,推测可能是渐新世地层,鉴于美国自然史博物馆奥斯朋、马修、谷兰阶等人在古生物研究方面拥有丰富经验,他希望可以获得更新世、渐新世哺乳动物的论文,这些知识可以帮助他确定地层年代,从而了解黄土形成的气候条件。他相信以前施罗塞所谓之黄土实际上是包含施氏描述过的渐新世三趾马所在的红黏土(安特生后来认为红土是在暖湿气候中生成的),若是黄土将证明是一个冰期干旱的相,而这需要更充分的古生物证据来证明。他还谈到自己下一步研究计划是调查华北更新世、渐新世地层的地域分布,并对蒙古部分地区和长江流域进行调查。1919年3月6日,马修给安特生随信寄送了《气候和演化》(Climate and Evolution)一文,这篇文章对安特生和步达生的研究都产生了很大影响。1919年12月2日,安特生在给马修的信件中也与美国方面分享了他7月份在蒙古、热河地区的一些化石发现。1921年5月23日,丁文江在致安得思的信中,表示安特生愿意将他在热河地区的化石点贡献出来,美国人亦可前往调查。
③ Roy Chapman Andrews, "A New Research for the Oldest Man: A Great American Expedition to Asia", *Asia*, 1920, p. 946.

另外,葛利普对安特生评价也很高,他的很多研究得到了安特生的帮助,包括一些样品的收集①。除葛利普之外,丁格兰在《中国铁矿志》一书中也专门对安特生表示了感谢:"是时地质调查所之事业日益发达,关于铁矿之调查日益增多,遂托安特生氏随时代为收集,以补其缺。安氏在直鲁皖鄂等省之调查皆极重要,故安氏之名实当与著者并列。而安君过谦,只得勉从其命。然其热心指导为本书生色不少,固深可感谢者也。"②安特生对于此书的成书,不仅在材料上作了大量增补,还在编写中提供了很多帮助,因谦虚没有署名。中文文献中对安特生的贡献也多有提及,比如前文提到的《地质调查所师弟修业记》③。

章鸿钊曾在地质学会初创时专门提到国外地质学家的一些重要工作,包括梭尔格、安特生、新常富以及卫勒④,他这样写道:

> 新地质学和民国同时产出之后,十年以来,外国的有名地质学家,常常在我们左右和我们共事,这正是使我们得到一种不能不发展的机会。最初设立地质研究所的时候,德国梭尔格博士襄助最力,后因欧战,解职去了。然尚有安特生博士、丁格兰博士、新常富、威勒诸君,在调查所办事。安博士到中国六七年,始终如一,到底不懈,发现的矿产、哺乳类化石和种种石器陶器,也是不少,大可增加中国地质上和文化上的价值,这是极可感佩的。⑤

---

①A. W. Grabau, "The Sinian System", *Bulletin of Geological Society of China*, vol. 1 (1922), p. 76.

②丁格兰著,谢家荣译:《中国铁矿志》,《地质专报》1921 年甲种第 2 号,第 2 页。

③章鸿钊、翁文灏等:《地质研究所师弟修业记》,京华印书馆,1916 年。

④德国地质学家梭尔格(Friedrich Solgar, 1877—1965)是最早供职于地质调查所的外国学者之一,曾在京师大学堂任教,与丁文江一同前往河北井陉做过地质考察。服务于中国矿务机构的洋员关涉西方国家的在华利益,安特生的来华一度引起同在农商部任职的梭尔格的不满,参见:Shellen Wu, *Empires of Coal: Fueling China's Entry into the Modern World Order, 1860-1920*, Stanford, Stanford University Press, 2015, p. 125。

⑤威勒即卫勒(A. S. Wheler),也是农商部矿务顾问,曾受袁世凯接见。章鸿钊:《中国研究地质学之历史》, *Bulletin of the Geological Society of China*, vol. 1 (1922), pp. 30-31。

安特生在地质学领域成果卓著,影响很大。中华人民共和国成立前,学界对安特生的工作多持肯定态度,然而到了中华人民共和国成立初,因政治形势的巨变,这一态度发生了转变。其中比较有代表性的是李四光,20 世纪 50 年代初他在报告中专门提到安特生,文中称:

> 在我们地质学会初成立的那一年,我在太行山东麓大同等处,发现了一些冰川流行的遗迹,并且采集了带冰擦条痕的漂砾,回到北京。当时农商部顾问瑞典人安特生在内幕指导地质调查所工作,他看了我所带回的材料以后,一笑置之。安特生曾经参加过南极探险,而又是来自冰川遗迹很多的一个西北欧的国家。照道理讲,他是应该认识什么样的石头是冰川漂砾,至少他应该认识带什么样擦痕的漂砾,可能是来自冰川的,他用一种轻蔑的态度,对那些材料很轻视地置之一笑,使我大吃一惊。他那一笑不打紧,可绕着他便形成了故意或无意地不理会冰川现象的一个圈子。由于这个圈子的把持,第四纪地质问题以及其它有关问题的发展,就受了很大的影响。①

在当时批判帝国主义和西方侵略的大背景下,对安特生这样的西方学者自然是批判居多。李四光不仅批评了安特生,还批评其他欧洲地质学家,特别是巴尔博等不同意中国东部存在第四纪冰川遗迹的学者,西方学者遂成为高傲独断的反面形象。

不仅在地质学界,在考古界,安特生也因宣扬彩陶文化西来说,受到了更严厉的批评。从 20 世纪 50 年代到改革开放之前,尽管安特生有很多考古学、地质学的重要发现,但在当时政治氛围下,对他持批评态度的学者居多。近年来,学界对安特生、丁文江以及中国史前史的研究又开始了重新评估,安特生形象也逐渐摆脱了意识形态的桎梏②。

---

① 李四光:《地质工作者在科学战线上做了一些什么?》,《地质论评》1951 年第 3—6 期。

② 近年来,一批学者开始致力于还原安特生的真实面貌,参见 Magnus Fiskesjö and Chen Xingcan (陈星灿), *China before China: Johan Gunnar Andersson, Ding Wenjiang, and the Discovery of China's Prehistory*, Stockholm, Museum of Far Eastern Antiquities monograph series, no. 15, 2004, pp. 111-117。

四、结论与启迪

安特生的成功并非偶然。首先,他拥有成功必备的一大要素——好奇心。作为一名科学家,每当获得矿石和化石的消息时,他能够敏锐地抓住线索,追根溯源,龙烟铁矿等重大发现无一不起因于强烈好奇心的驱动。其次,他超群的组织能力和亲和力,及其筹备世界地质学大会和组织地质调查所的经验和阅历,为他在中国的活动提供了很大帮助。他擅长处理人际关系,跟各国学者真诚交往,相处愉快,与助手关系融洽①,还帮助和培养了很多中国本土地质学家,其中与他关系最为密切的是袁复礼。袁氏跟随安特生在仰韶渑池、甘肃进行考古发掘,参加中瑞西北科学考察团,与安氏也有很大关系。

安特生热爱中国,在很多场合下都会站在中国的立场说话,如安得思曾在美国《亚细亚》(Asia)杂志发表文章贬低地质调查所的工作,丁文江在与步达生、安特生聚会时对此表达了不满,安氏便在给美方的信件中提及了此事,后来美国方面对此进行了道歉。他对中国有深厚的感情,称中国为"第二祖国",抗战时期他还从道义上批评日本的侵略行径,支持中国。安特生文笔优美,擅长叙事,他的代表作《黄土地的儿女》一书以生动的笔触叙述了自己的学术生涯,通过讲故事的方式,将复杂的科学知识用浅显易懂的话语展现出来。该书 1934 年由瑞典文译成英文,影响很大,还引起了科技史家萨顿(George Sarton,1884—1956)的关注,他对此书评价很高,认为该书介于地质与考古、科学与历史之间,其中包含了对中国史前史的完整描述以及对古人类的发现(北京人),还囊括了其他学者会感兴趣的丰富材料②。

安特生去世后,其继任者、瑞典著名汉学家高本汉发表了回忆文章,称安特

---

①安特生向安得思传授了与中国人交往的经验、助手的薪水发放、如何奖励、处理意外情况等,并派遣自己的助手陈氏为安得思提供帮助,参见 1919 年 5 月 3 日安特生致安得思信,瑞典远东博物馆藏。

②George Sarton, "Review: *Children of the Yellow Earth. Studies in Prehistoric China* by Johan Gunnar Andersson", *Isis*, vol. 23, no. 1 (1935), pp. 271–275.

生是"地质学和地理学领域的杰出学者以及中国考古学划时代的先驱。"①在谈到安特生之所以能成功的原因时,他认为"安特生在这项事业中的显著成功,一方面归因于他作为地质学家的技能和经验。作为地质学家,他能够将地形作为一本开放的书来阅读,并且识别史前定居地的可能地点。"②安特生能用地质学家的眼光来看待考古学地层方面的知识,是他成为考古学家的重要因素。

安特生的经历给我们以诸多启迪。在民国纷繁复杂的局势下,他以自己的学术兴趣为导向,敏锐地把握住各种线索,充分协调利用各方资源,成功实现了从地质学家到化石收集者,再到考古学家的身份转换。他与丁文江等人一起,与各国学者及机构进行广泛合作,促使刚刚起步的中国地质学科迅速实现国际化,打开了中国地质学、古生物学和考古学研究的新局面。从地质调查所建立到"抗日战争"爆发的短短20余年间,中国地质调查所与瑞典自然史博物馆、瑞典远东博物馆、乌普萨拉大学、美国自然史博物馆、法国人类古生物学研究所等机构在有关中国的研究领域里建立了紧密的联系,各国学者之间既有合作,亦有竞争,共同推动了中国地质学的发展,使之逐渐实现了本土化。在国际交流日益频繁、学科发展突飞猛进的今天,回顾这段历史,相信也能从中汲取经验教训。

致谢:2006年8月22—27日,应罗闻达(Björn Löwendahl)、冯德保(Christer von der Burg)先生之邀,笔者首次访问斯德哥尔摩,参访了瑞典远东博物馆,查阅了瑞典国家档案馆所藏斯文赫定档案。2011年6月9—10日,受瑞典斯德哥尔摩大学罗多弼(Torbjörn Loden)教授之邀,参加"Kina i Norden, Norden i Kina"国际会议,作了"Scientific Contacts between China and Sweden: Preliminary Research on Johan Gunnar Andersson and His Scientific Activities in China"的报告,会后查阅了远东博物馆所藏安特生档案和斯文赫定基金会档案。2014年6月14—22日,再度访问斯德哥尔摩,查阅了瑞典自然史博物馆、远东博物馆和瑞典国家档案馆档案,远东博物馆Eva Myrdal、Kerstin Bergström女士,瑞典自然史博物馆教授、

①Bernhard Karlgren, "Johan Gunnar Andersson. In Memoriam", *Bulletin of the Museum of Far Eastern Antiquities*, no. 33 (1961), p. 1.
②Bernhard Karlgren, "Johan Gunnar Andersson. In Memoriam", p. 2.

瑞典科学院院士傅睿思(Else Marie Friis), Anna Lindström 博士;斯文赫定基金会 Häkan Wahlquist 博士提供了热情帮助。罗闻达、艾思仁(Sören Edgren)、冯德宝先生赠送了部分安特生著作,学生宋元明协助查阅了王储在华活动的相关报道,对以上机构和友人的帮助,特此一并致谢。本论文曾以"从矿务顾问、化石采集者到考古学家——安特生(J. G. Andersson, 1874—1960)在中国的科学活动"为题,分别在香港城市大学(2012 年 3 月 20 日)、"中央研究院"近代史研究所(2012 年 11 月 28 日)、中法科技史专题系列学术讲座"科学、技术、知识——中国与欧洲科学史的新研究趋向"第一期(2015 年 6 月 23 日)演讲。英文稿曾以"From Mining Adviser, Fossil Collector to Archaeologist:Johan Gunnar Andersson (1874—1960) and His Scientific Activities in China"为题,在 24 届国际科学史大会(Manchester,2013 年 7 月 21—28 日)、第 40 届国际地质科学史会议(北京:中国地质大学,2015 年 6 月 24—27 日)上宣读。

参 考 文 献

一、中文文献

安特生著,袁复礼节译:《中国北部之新生界》,《地质专报》1923 年甲种 3 号。

安特生著,袁复礼节译:《中华远古之文化》,《地质汇报》1923 年 5 号。

安特生著:《山东章丘煤田地质》,《地质汇报》1924 年 6 号。

安特生著,乐森璕译:《甘肃考古记》,《地质专报》1925 年甲种 5 号。

程裕淇、陈梦熊主编:《前地质调查所(1916—1950)的历史回顾——历史评述与主要贡献》,地质出版社 1996 年版。

丁格兰著,谢家荣译:《中国铁矿志》(*The Iron Ores and Iron Industry of China*),《地质专报》1921 年甲种第 2 号。

丁格兰:《湖南新化县锡矿山锑矿调查记》,《地质汇报》1921 年 3 号。

李四光:《地质工作者在科学战线上做了一些什么?》,《地质论评》1951 年第 3—6 期。

梁启超:《中国考古学之过去及将来》,《晨报副刊》1926 年 10 月 26 日。

马军:《1949 年前中国学术界译介"瑞典中国学"篇目初编》,复旦大学历史地理
　　研究中心编:《跨越空间的文化——16—19 世纪中西文化的相遇与调适》,
　　东方出版中心 2010 年版。

翁心钧等整理:《翁文灏古人类学与历史文化文集》,科学出版社 2008 年版。

新常富著,赵奇英、高时臻译,张尔侯校:《晋矿》,1913 年。

杨钟健:《三门系之历史的检讨》,《地质论评》1936 年 1 卷 3 期。

章鸿钊、翁文灏等:《地质研究所师弟修业记》,京华印书局 1916 年版。

章鸿钊:《中国研究地质学之历史》,*Bulletin of Geological Society of China*, vol. 1,
　　no. 1-4（1922）。

二、西文文献

Åhman, Erik, "Prof. J. G. Andersson", *Nature*, no. 4759（1961）.

Andersson, Johan Gunnar, "Dragon-hunting in China", Shanghai, reprinted from
　　Far Eastern Review, November 1919.

Andersson, J. G., "Preliminary Description of a Bone-Deposit at Chow-Kou-Tien
　　in Fang-Shan-Hsien, Chili Province", *Geografiska Annaler*, vol. 1（1919）.

Andersson, J. G., "The National Geological Survey of China", *Geografiska Annaler*,
　　vol. 3（1921）, pp. 305-310; 又载 *Natural History*, vol. XXI, no. 1（1921）。

Andersson, J. G., "Current Palaeontological Research in China", *Bulletin of the
　　American Museum of Natural History*, vol. 46（1922）.

Andersson, J. G., "Essays on the Cenozoic of Northern China", *Memoirs of the Geo-
　　logical Survey of China*, ser. A, no. 3（1923）.

Andersson, J. G., "An Early Chinese Culture", *Bulletin of the Geological Survey of
　　China*, no. 5（1923）.

Andersson, J. G., "The Cave-deposit at Sha Kuo T'un in Fengtien", *Palaeontologia
　　Sinica*, ser. D, vol. 1, no. 1（1923）.

Andersson, J. G., "Beasts of the Dragon Mines", *The China Journal of Science &
　　Arts*, vol. 1, no. 4（1923）.

Andersson, J. G. , "A Prehistoric Village in Honan", *The China Journal of Science & Arts*, vol. 1, no. 5 (1923).

Andersson, J. G. , "Report on the Chang Chiu Coal Field in Shantung", *Bulletin of the Geological Survey of China*, no. 6 (1924).

Andersson, J. G. , "Geological Notes from Kansu", *Bulletin of the Geological Survey of China*, vol. 4, no. 1 (1925).

Andersson, J. G. , "Preliminary Report on Archaeological Research in Kansu", *Memoirs of the Geological Survey of China*, ser. A, no. 5 (1925).

Andersson, J. G. , *The Dragon and the Foreign Devils*, Boston, Little, Brown and Co., 1928.

Andersson, J. G. , *Kineser och Pingviner*, Stockholm, Saxon & Lindström Förlag, 1933.

Andersson, J. G. , *Children of the Yellow Earth: Studies in Prehistoric China*, London, Kegan Paul, Trench, Trubner & Co. Ltd., 1934.

Andersson, J. G. , *Under Brinnande Krig*, Stockholm, Saxon & Lindström Förlag, 1938.

Andersson, J. G. , *China Fights for the World*, London, Kegan Paul, Trench, Trubner & Co. Ltd., 1939.

Chang, H. T. (章鸿钊), "On the History of the Geological Science in China", *Bulletin of the Geological Society of China*, vol. 1 (1922).

Compte Rendu de la XIe Session du Congrès Géologique International (Stockholm 1910), Stockholm, Kungl. Boktryckeriet, P. A. Norstedt & Söner, 1912.

Fiskesjö, Magnus and Chen Xingcan, *China before China: Johan Gunnar Andersson, Ding Wenjiang, and the Discovery of China's Prehistory*, Stockholm, Museum of Far Eastern Antiquities monograph series, no. 15, 2004.

Frängsmyr, Tore, "Peking Man: New Light on an Old Discovery", in Jed Z. Buchwald (ed.), *A Master of Science History: Essays in Honor of Charles Coulston Gillispie*, Dordrecht, Heidelberg, London, New York, Springer, 2012.

Grabau, Amadeus W. , "The Sinian System", *Bulletin of Geological Society of China*, vol. 1 (1922).

Karlbeck, Orvar, *Skattsökarei Kina*, Stockholm, Albert Bonniers Förlag, 1955.

Lagrelius, Axel, *Axel Lagrelius' Kina-resa av honom själv berättad för Sten Lewen-haupt*, Stockholm, Norstedts, 1928.

Mateer, Niall J. and Spencer G. Lucas, "Swedish Vertebrate Palaeontology in China: A History of the Lagrelius Collection", *Bulletin of the Geological Institu-tions of the University of Uppsala*, ns., vol. 11 (1985).

Nyström, Erik, *The coal and mineral resources of Shansi province: Analytically exa-mined*, Stockholm, P. A. Norstedt & Söner Förlag, 1912.

Nyström, E. , *Det nya Kina*, Stockholm, P. A. Norstedt & Söners Förlag, 1913–1914.

Nyström, E. , *Det nyaste Kina*, Stockholm, Natur och kultur, 1936.

Nyström, E. , *Kinas kvinnor och Madame Chiang Kai-shek*, Stockholm, Natur och kultur, 1940.

Nyström, E. , *Femtio år i Kina: bland mandariner, krigsherrar och kommunister*, Stockholm, Carlsson, 1989.

Romgard, Jan, "Erik Nyström: The Creator of the Sino-Swedish Collaborations in Geology in Republican China", *Studies in the History of Natural Sciences*, vol. 34, no. 1 (2015).

Sarton, George, "Review: *Children of the Yellow Earth. Studies in Prehistoric China* by Johan Gunnar Andersson", *Isis*, vol. 23, no. 1 (1935).

Schöbel, Jürgen, "Published Papers by Johan Gunnar Andersson, Birger Bohlin, Carl Wiman and Otto Zdansky on the Archaeology, Geology and Palaeontology of China and Mongolia", *Bulletin of the Geological Institutions of the University of Uppsala*, ns., vol. 11 (1985), pp. 25–30.

Tegengren, Felix R. , "The Hsi-K'uang-shan Antimony Mining Fields, Hsin-Hua Dis-trict, Hunan", *Bulletin of the Geological Survey of China*, vol. 3 (1921).

翁文灏：一个科学家的政治选择

李学通* 著

一、武康车祸——偶然事件中的必然命运

1934 年 2 月 16 日，浙江武康县境内的（南）京杭（州）国道上发生了一起车祸。一辆从南京开往杭州方向的小汽车因突然失控，猛撞桥拦，造成汽缸爆裂。车上乘客受伤严重，头颅破裂，不省人事，当即被送往武康县医院，随后又被转往杭州广济医院。事发次日，正在南昌行营指挥"剿共"的蒋介石，从分别发自上海、南京和杭州的四封特急电报中得知了这一消息。他一方面电示正在杭州的著名外科医生牛惠霖驻杭专负治疗之责，同时"并送电陈布雷先生（时任浙江省教育厅长）代为慰问与照料"。时任教育部次长的钱昌照也奉蒋命，携南京中央医院外科主任沈克非，亲赴杭州主持抢救与治疗工作。中央研究院院长蔡元培推荐的中央医院赵副院长亦前往会诊。此后数日，杭州、南昌间一日数电，陈布雷、钱昌照、牛惠霖、沈克非等随时向蒋报告治疗进展情形与伤者状况。浙江省主席鲁涤平也奉蒋介石电令，代其前往医院探视慰问。在各方努力之下，受伤者终于转危为安，并于 4 月 30 日转至当时国内医疗条件最好的北平协和医院诊治、休养。为此，协和外科主任关颂韬又专程带一名护士南下，陪护病人北上。最后，钱昌照依照蒋介石的指示，将此次抢救治疗的全部医药费均由公款核销。

问题来了，受伤者究竟何许人也，能让身处前线的蒋介石如此高度重视与

---

*李学通，中国社会科学院近代史研究所编审。

关切,调动起当时中国最好的医疗资源参与到这一医疗抢救事件?胡适在他编辑的《独立评论》上留下的一段话,多少道破了一点玄机:"当消息最坏的第一天,他的一位北平的朋友写信给人说:'如此天才,如此修养,岂但是一国之环宝,真是人世所稀有!'还有一位朋友对人说:'翁咏霓是五十万条性命换不来的!'我们天天祝他早日恢复健康。"①"一国之环宝""五十万条性命换不来"的翁咏霓,名叫翁文灏,生于1889年。他是一个地质学家,当时担任的职务,是国民政府实业部直属的地质调查所所长。

蒋介石亲自过问、指挥对翁文灏的抢救,仅仅是因为他是一个科学家么?事实上,翁文灏之所以受到如此重视,是因为他还有另外一个职务,一个当时不为人知的、秘密的职务:国民政府军事委员会下属的国防设计委员会的秘书长;而这个国防设计委员会的委员长则是由军事委员会委员长蒋介石本人亲自兼任的。

翁文灏何德何能,竟获得如此高的评价?国防设计委员会是个什么机构?翁文灏又怎么当上了它的秘书长?

当二十世纪上半叶中国革命卷起的尘埃落定之后,许多曾经风云一时的人物远离了人们的视野,甚至长久地被隐没于历史尘埃之下,翁文灏要算是其中之一。

翁文灏,浙江宁波人,少年时曾考取清朝末代秀才,科举废除后入法国教会主办的上海震旦学院,后考得浙江省官费,赴欧留学,获比利时鲁汶大学博士学位,是中国第一位地质学博士。回国后,他与章鸿钊、丁文江一起培养出中国第一代地质学家,并率领他们翻山越岭地去调查中国的地质和矿产资源,是科学界公认的中国近代地质学、地理学奠基人之一。

二十世纪九十年代,我为了解有关周口店"北京人"的事,去拜访著名古人类学家贾兰坡先生。贾老很热情地接受了我的访问,也给我讲了许多鲜为人知的"历史细节"。他讲到二十世纪二三十年代作为地质调查所所长的翁文灏如何具有科学的眼光,如何争取国外资金的支持,组织中外科学家合作开展周口店猿人遗址的发掘,才有了后来被称为"中国科学界的第一块世界金牌"——

---

① 胡适:《编者的话》,《独立评论》1934年第99期。

"北京人"头骨的发现和研究,才有了裴文中先生和贾兰坡本人的成功及中国古人类研究的成就。"那时候,我还是个'小伙计',与翁文灏这样的大学者直接接触的机会不多,但他们为科学献身,不计名利的精神,一直激励着我。"他抬手指了指客厅的墙:"现在,我把他们的照片挂在墙上,累的时候就看看他们。他们能给我力量。"

中国知识分子真正走出书斋,按现代科学的方法去大自然搜集材料,分析鉴别,并做出得到国际科学界公认的结论、发现,实现现代科学研究的本土化,是从翁文灏做所长的地质调查所开始的。

"五四"运动前后,胡适等发起"新文化运动",鼓吹新文化,在民主与科学口号叫得最响亮的时候,翁文灏大半的时间是在野外敲打石头、寻找化石中度过的。翁文灏于1922年、1937年两次代表中国地质学界出席国际地质学大会,均被推举为大会副主席。当时,他已是国际知名地质学家了。他提出的"燕山运动"理论、主持的"北京人"发掘与研究等科学活动,使中国地质学成为举世关注的热点。他曾担任过中国地质学会会长、中国地理学会会长、中国科学社社长、中国工程师学会会长、中国矿冶工程学会会长、中华教育文化基金会董事、协和医学院董事等等荣誉或非荣誉的学术职务。他还兼过北师大、北大、清华的教授,当过清华大学的代校长。1936年他被位于哈勒的德国自然科学院推举为外籍通讯院士,他也是美国采矿冶金学会、经济地质学会、机械工程学会和费城美国科学院的名誉会员或外籍院士。

图1 二十世纪二十年代出国开会时的翁文灏

在他的率领下,地质调查所不仅对中国地质矿产情况进行了一系列基础性的调查和研究,还取得了如周口店"北京人"发掘与研究等一系列令世界同行称羡的成就,用今天的话说叫"跻身于世界先进行列"。这在当时的中国是罕见的。"学而优"的翁文灏后来从政,当过南京国民政府国防设计委员会的秘书长、行政院的秘书长,当过经济部长兼资源委员会主任委员,当过行政院副院长,甚至院长——内阁总理。从著名科学家到政府最高行政长官,翁文灏风雨坎坷,起伏波澜的经历颇有耐人寻味之处。

杨杏佛曾说:"日来各国学者来华讲演者颇多,诚为国人幸事,然吾国例绝少国际闻名之学者,以其心得饷外人。今得翁君,为吾人吐气不少!"竺可桢的评价是:"翁君为中国学者得世界荣誉之第一人。"①

既然是已经以科学研究为职业了,为什么还有不少科学家(多是在自己专业领域已有了相当的成就)又转投了政治,成了官员甚至是大官儿呢?

二、生存危机——科学在中国的命运

如果说翁文灏本人的生命曾于1934年命悬一线,而他的科学生命,乃至中国现代地质学的生命,其实早在1922年就曾命悬一线:这个当时成绩优异的科学机构——地质调查所,1922年却面临着被裁撤的危机!

北洋政府统治中国时期,财政支绌,欠饷欠薪时常发生,索饷索薪风潮不断。1922年北京政府精简机构之时,竟要将无权无势的地质调查所裁撤,时任代理所长的翁文灏心急如焚,四方奔走,于是有了"八巨头挽救行动"。

1922年6月10日,北大校长蔡元培与前财政总长梁启超、前农商总长张謇、北洋大学校长冯熙运、北京工业专门学校校长俞同奎、南开大学校长张伯苓、前农商总长张国淦、东南大学校长郭秉文联手相援,共同致函农商部,称"该所办理有年,成绩昭著,似不应在裁减之列"②。信中还称赞地质调查所:

　　自设立以来关于调查矿产方面固已成绩昭然,即关于学术研究方面,尤能于中国地质多所发明,几足与各国地质机关相颉颃。此非元培

①竺可桢:《欢迎翁文灏》,《科学》1922年第7卷第10期。
②蔡元培:《请政府维持地质调查所》,《晨报》1922年6月11日。

等之私言,实为中外专家所公认。……不特为国内研究机关之嚆矢,亦实关国际文化之名誉,且闻该所用人极严,办事认真,洵为近时官立机关中所仅见。①

以蔡元培、梁启超等八位重量级人物在中国政学两界的地位与影响,地质调查所才得以保全。此举不仅挽救了地质调查所,也挽救了刚刚起步的中国地质学。

1922 年 7 月,位于北京西城兵马司胡同 9 号的地质调查所的图书馆、陈列馆举行开幕式,胡适特意在他主办的《努力》周刊上作文介绍,对翁文灏等人的成就颇为推崇:

> 中国学科学的人,只有地质学者在中国的科学史上可算是已经有了有价值的贡献。自从地质调查所成立以来,丁文江、翁文灏和其他的几位地质学者,用科学的精神,作互相的研究,经过种种的困难,始终不间断,所以能有现在的成绩。
>
> 地质调查所里的地质学者,近年很出了些有价值的科学著作。
> ……
> 我们至少可以说,他们整理中国的地质学知识,已经能使中国地质学成为一门科学:单这一点,已经很可以使中国学别种科学的人十分惭愧了。②

说到翁文灏弃学从政,就不能不提到另一件重要的历史事件:“九一八”事变。

1931 年的“九一八”事变,使原本多灾多难的中华民族面临更艰巨的考验:生存,还是死亡? 面对危机,几乎每一个中国人都要考虑甚至重新选择自己的人生道路。心怀忧国忧民思想的胡适与丁文江、翁文灏、傅斯年、蒋廷黻、任鸿

---

①蔡元培:《请政府维持地质调查所》,《晨报》1922 年 6 月 11 日。
②胡适:《这一周》,《努力周报》1922 年第 12 号。

隽、陈衡哲等"八九个朋友"常在一起讨论时局,设想"用负责任的言论来发表我们各人思考的结果","都希望保持一点独立的精神,不倚傍任何党派,不迷信任何成见"①,于是他们自费创办了一个周刊——《独立评论》。

翁文灏与胡适等人于1932年5月创办《独立评论》,发表对时局的见解,主张加快国家工业化建设,以增强抵御外侮的实力。他甚至悲愤地表示:"说到极点,即使中国暂时亡了,我们也要留下一点工作的成绩,叫世界上知道我们尚非绝对的下等民族。"②

《独立评论》刊行不久,便在中国知识界引领风向。这时,蒋介石正很用力地网罗学者文人为其所用,他先后邀请了许多人赴庐山为其讲学,翁文灏就是在1932年夏天应邀赴牯岭与蒋首次见面。虽为宁波同乡,但翁、蒋二人此前从未有过交往。牯岭相见之后,蒋对翁的学识及他对国家矿产资源、水土丰瘠的了解和熟悉情形才有了具体的认识,于是极力拉他从政,并请他保举人才(彩图二)。

蒋在日记中对翁有极好的评价。1932年7月25日,他在日记中写道:"今年得……翁文灏……诸人,以翁最有阅历,亦有能力,可喜也。"③

会见中,蒋介石还提出,成立一个秘密的国防设计委员会,负责筹备对日抗战工作,由他自己做委员长,请翁文灏担任秘书长职务。对于这个不摸底细的提议,翁文灏的第一个反应是婉拒。他表示地质调查所艰苦有年,继任所长之人选尚在准备,自己不宜半途而去;而且此所设于北平,南京北平之间难以兼顾。蒋仍坚持以翁为秘书长,并特批给地质调查所每年10万大洋的科研经费。翁文灏就这样半推半就地进了南京国民政府的大门。

三、"平价大案"——知识分子的从政命运

到了1935年,蒋介石做行政院长时,翁文灏随蒋"入阁",当了行政院的秘

①《引言》,《独立评论》1932年第1卷第1期。
②翁文灏:《我的意见不过如此》,《独立评论》1932年第15号。
③《蒋介石日记》,1932年7月25日,中国社会科学院近代史研究所藏抄本。

书长。按照原来的《行政院组织法》，秘书长是简任职，不算内阁成员，蒋为此还特意修改了组织法，此后行政院秘书长与各部部长一样，成了特任职的内阁成员。清华大学历史系教授蒋廷黻、社会学教授吴景超和南开大学经济学教授何廉等一批当时的知名学者教授，也随翁文灏一起从政，掀起了一股不大不小的"学者从政"风潮。孔老夫子的一句"学而优则仕"为两千多年来中国读书人的入世情结提供了坚强的理论基础。

胡适在他这班旧友纷纷南下入阁之时，特意在给翁文灏、蒋廷黻、吴景超三人的信中，抄录了一段丁文江的遗诗："红黄树草争秋色，碧绿琉璃照晚晴；为语麻姑桥下水，出山要比在山清。"①他还表示："我对于你们几个朋友（包括寄梅先生与季高兄等），绝对相信你们'出山要比在山清'。但私意总觉得此时更需要的是一班'面折廷争'的诤友诤臣。"②他甚至建议他们组成一个"幕府"，"皆当以宾师自处，遇事要敢言，不得已时以去就争之"③。既想介入实际政治操作，推行自己的政治理想，又希望保持独立地位与人格，这是中国自由主义知识分子对于现实政治认识最典型的理想主义想象。

事实上，"不得已时以去就争之"的事，翁文灏不仅想过也确实做过，但是真到了那时，理想主义的想象也仅仅就是想象。

抗日战争爆发以后，翁文灏由行政院秘书长转任经济部长，全面主持大后方经济、行政和工业建设，从沿海厂矿的内迁，到后方工业中心的建设，多方努力，贡献良多。所谓树大招风，官越大矛盾问题也就越多，特别是在重庆政府腐败、倾轧的官场气氛之下，翁文灏官当得并不顺心，他多次想辞职不干。1940年年末的一个突发事件，终于让他有机会公开表达出辞职的愿望。

1940年12月28日晚，戴笠手下的一班军统特务，在事先未打招呼、未说明原因的情况下，突然将经济部商业司司长兼平价购销处处长章元善及国货联营

---

①《胡适致翁文灏、蒋廷黻、吴景超函》，耿云志主编：《胡适遗稿及秘藏书信》（第19册），黄山书社1994年版，第396—397页。

②《胡适致翁文灏、蒋廷黻、吴景超函》，耿云志主编：《胡适遗稿及秘藏书信》（第19册），第396—397页。

③《胡适致翁文灏、蒋廷黻、吴景超函》，耿云志主编：《胡适遗稿及秘藏书信》（第19册），第396—397页。

公司经理寿墨卿拘捕。官方的解释:因为对经济部所管平价基金社会上多有闲言,故派人进行例行调查。被调查者可以照常执行公务,只是不要擅自离开重庆。翁文灏一方面表示不反对调查,但同时也极力表明章元善持身廉洁,他可以担保。当天下午,戴笠又亲到经济部面见翁文灏,出示蒋介石手令,说明系奉命调查,并非逮捕。翁对蒋的命令不便硬抗,只好将经济部相关人员都约集到部。戴笠又提出这些人必须集中讯问,晚上不能回家。翁文灏虽然当即表示反对和抗议,但也无可奈何。当晚,他又亲访行政院长孔祥熙,一再担保上述人员不至逃逸,希望能让他们正常办公。孔祥熙也拿出蒋介石给他的手令,把一切都往蒋介石身上推。忙活了一整天也没有丝毫结果的翁文灏,回到家时已是深夜12点半了。

几年来的积怨郁闷一骨脑儿涌上心头,一怒之下,翁文灏提笔具呈,要求辞去本兼各职,并且从第二天起不再到经济部办公,同时拒绝出席行政院例会,以示抗议。12月31日,陈布雷奉蒋之命打电话给翁文灏,表示挽留,并通报所拘留之人大部分可马上释放。当天,除章元善及寿墨卿外,其余被拘押之人释放回部。翁文灏并没有就此干休,1941年1月2日,他又托张群向蒋介石转达辞职意愿,并认为从种种事实看来,此次系财政次长徐堪故意与经济部为难,并表示此等"著名污吏乃竟大胆欺凌正人,当局竟受其蒙蔽,可叹莫过于此"①。次日,张群转告,他昨晚曾向蒋说明粮食平价应考虑政治关系及用合理办法,并且劝翁不要再提辞职之事。但翁文灏仍坚持辞职,并再托张进言于蒋,准其辞经济部长。蒋介石也于当天再次约见了翁文灏,称赞他一向公平廉洁,声名甚佳,表示不能准予辞职,让他仍返部任事。翁文灏再表辞意,蒋坚持不允。

上辞呈给蒋介石,陈布雷打电话挽留;上辞呈给孔祥熙,行政院秘书长魏道明持孔祥熙函登门挽留;托张群向蒋请辞,张群拒绝转达;当面向蒋请辞,蒋则以"股肱相邦,患难相济"的话挽留。经济部长成了翁文灏想辞而辞不掉的职务。

此事对翁文灏及经济部内那些弃学从政的知识分子是一次沉重的打击,何

---

① 李学通等整理:《翁文灏日记》,1941年1月2日,中华书局2010年版,第587页。

廉抱怨国民党中若干分子对非党人员歧视太甚，甚表灰心。交通部长张嘉璈也上书蒋介石，力言对官吏应留体面，否则知识分子从此灰心，不肯任事。有人认为，这是财政部徐堪等向经济部争权夺利，劝翁文灏要注意与政府要员搞好关系。翁文灏没有说什么，但在私人日记里却写下了这样一段话："为国服务，鞠躬尽瘁，虽死不辞，但绝不拥甲倒乙，亦决不随风而靡，决不图谋私利。对于为官地位，更绝无恋栈之意。不合则分，绝不能有运动勾结行为。耿耿此心，向来如此，现在及将来亦如此。"①书生意气跃然纸上。

在折腾了近一个月之后，也没查出章元善等人贪污的事实，最后以"怠忽公务，藐视功令"罪名，对章元善停止任用。实质上这就是找个替罪羊，借以平息社会上对国民党政府腐败无能的指责，并且把经济部的一部分权力移到了财政部。在屡辞不获的情况下，翁文灏只好尴尬地再次走进经济部的大门。

四、院长选举风波——科学家与政治权力

成立于1928年的中央研究院，一直由其创建者蔡元培先生任院长。1940年3月5日蔡先生在香港逝世后，中央研究院院长继任人选问题颇为中国知识界所瞩目。按中央研究院章程，中央研究院院长的产生实行"提名制"，即由该院评议会通过评议员投票方式，选出3位候选人上呈国民政府，由国民政府主席从三位被提名的候选人中，圈定一人。当时中央研究院还没设院士，评议会为全国最高学术评议机构，负责联络国内各研究机关，决定研究学术之方针，促进国内外学术研究之合作互助，并握有推举院长候补人之权。评议会由院长为议长，设秘书一人负责日常事务。为使本已处于战火之中的科学事业不再因主持无人而受更多的损失，中央研究院3月中旬即召集评议员赴重庆开会，以选举院长候补人。

正式会议开始之前，负责具体主持评议会日常工作的评议会秘书翁文灏，即与在重庆及已到重庆的评议员朱家骅、王世杰、傅斯年、周仁、竺可桢、汪敬熙、李四光等，就院长候补人问题进行了非正式沟通，征询大家意见。时任中国

①李学通等整理：《翁文灏日记》，1941年1月20日，第595页。

驻美国大使的胡适,似乎是中研院院长最热门的人选。傅斯年、陈寅恪等均表示胡适是最合适的人选。据说陈寅恪曾声明,重庆之行只为投胡适一票。但是,翁文灏3月16日接到一封陈布雷给他的信,说蒋委员长"盼以顾孟余为中研院院长"①。

翁文灏次日在中研院与傅斯年等会面时,原样转达了陈布雷信中的意思。不料一石激起千层浪,傅斯年对此"颇表愤慨",认为这种事先指定的做法"于(中央研究院组织)法不符"。汪敬熙、李四光也"主张应有 Academic freedom(学术自由)"②。

翁文灏将众人的意见很快反馈到陈布雷处。陈布雷急忙对翁文灏解释,说蒋介石只是在与他和张群谈及中研院时,提到中研院应归行政院管辖,院长不宜由评议会选举,但也"未言决即更改","对院长人选,曾提及吴稚晖、戴季陶、钮铁[惕]生等,嗣又提及顾孟余"③。陈布雷如此一说,好像反倒是中研院小题大做了。既然蒋本人也只是非正式地提及,并没有一个断然的决定,除向陈布雷说明"盼能依法办理",希望不至破坏法律外,翁文灏也就没有再作更多的表示。此外,翁特意又走访了陈布雷提到的蒋作前述表述时的另一位在场者张群,似乎也没有探听到更多与陈布雷所说不一致的地方。下午,翁文灏、傅斯年、任鸿隽、李四光、汪敬熙一起,又与王世杰专门讨论选举院长事。据翁文灏日记载,当时王世杰只是表示,关于此事,他本人"有二个 Consciences(良心)"。两个什么"Consciences",翁日记没记,王世杰具体说没说也不得而知。到3月20日,已有更多的评议员到渝,大家又聚在中研院,酝酿院长候补人选,议论所及,主要有胡适、翁文灏、朱家骅、王世杰、马君武及顾孟余六人。次日,在翁文灏举行的欢迎宴会席间,评议员们进行了一次民意测验性的非正式投票,结果翁文灏得23票,胡适得22票,朱家骅得19票。

中央研究院评议会终于在重庆的蒙蒙细雨中,于3月22日正式开幕。第二天,会议进行院长候补人的正式选举。到会评议员以无记名方式推举三名院

①李学通等整理:《翁文灏日记》,1940年3月16日,第441页。
②李学通等整理:《翁文灏日记》,1940年3月17日,第441页。
③李学通等整理:《翁文灏日记》,1940年3月17日,第441页。

长候补人，结果翁文灏与朱家骅各 24 票，胡适 20 票，李四光 6 票，王世杰 4 票，顾孟余 1 票。按照有关规定，评议会将得票最多的前三人具名呈报国民政府。

按说此事的结果还算圆满，一方面学者们顶住了最高当局的"条子"，显示了自己的"Academic freedom"；另一方面，当局没有再强行施压，或搞暗箱操作之类，而学者们选出的翁、朱、胡三人，也并不出当局意外。胡适旺盛的人气原本也只是国内知识界（主要是人文社会科学界）一种情绪的表达与释放。按说接下来的事应该比较简单了：胡适是思想家，当时中国名气大得不能再大了的学者，时任驻美国大使；翁文灏是中国地质学的奠基者，也是当时中国科学家中国际知名度最高的，时任经济部部长；朱家骅在三人之中学术资历最浅，但也是地质学专业出身，对创办中山大学、两广地质调查所有过重要贡献，时任国民党中央组织部长。三人之中圈定谁都不让人意外，甚至不久就已有人向在国内的胡适夫人江冬秀道贺：胡适要当中研院院长了。

然而，一波未平一波又起，从 3 月下旬直到 9 月上旬，中央研究院院长的正式任命迟迟没有下文。实际上，关于中央研究院院长人选问题，自从蔡元培逝世以后各方就一直在较量之中了。

最不愿意胡适此时回国的是国民党中央宣传部部长王世杰。用王世杰的话说，虽然胡适算不上一流的外交家，美国的外交政策也不是容易被他国外交官转变的，但他认为，美国外交政策中那些可以设法转变的，胡博士去做就比其他人有效——因此他极力反对让胡适回国当院长。据信，蒋介石让陈布雷"下条子"举顾孟余的事，就是王世杰的移花接木之计。没想到弄巧成拙，此事遭到学者们的强烈反弹，选胡适的呼声反而更高。陈寅恪尤其大发学术自由之说，甚至明确表示：我们总不能单举几个蒋先生的秘书。

最想且最有能力把胡适从美国调回来的，不是傅斯年，更不是陈寅恪，而是行政院副院长兼财政部部长孔祥熙。孔祥熙是个对权力和财富欲望都很强烈的人，虽家财万贯，仍聚敛不止，尤善假公而济私。知识分子对孔祥熙最为反感。傅斯年多次在国民参政会公开攻孔，要求其下台；而胡适对傅斯年的攻孔行为是不赞成的。但是，1940 年年初，为美国第二次对华借款以云南锡矿砂作抵押事，胡、孔产生矛盾。孔祥熙同意在先，内容对外公布后又反悔，责备条件太高，要求胡适重谈。双方关系由此恶化，孔甚至必欲使胡适去之而后快。中央研究院院长选举之后,孔祥熙找到了一条排挤胡适的正当理由。

很快,国内有关胡适将回国任中研院院长的消息不胫而走,甚至驻美大使的继任人选颜惠庆本人都已整装待发了。此时最觉尴尬的要算是胡适了。虽然"并不想做院长",但此时若声明不干,那则有恋栈之嫌。因为在知识分子眼中,中研院长就像大学校长一样,毕竟属于学术职务,而驻美大使则是政府官员。"官迷"的名声对于崇尚自由主义的胡适要算是最重的骂名了,因此他一开始采取了静观其变的态度。但是没过多久他就撑不住了。7月22日,胡适致函王世杰,对外间盛传其将被免职事表示不快,且露辞意。收到此信后,王世杰如热锅上的蚂蚁,他先后找陈布雷、翁文灏商议对策,又将信送呈蒋介石。此事的最后决定者蒋介石,此时方正式表示由胡适继续任大使不变,并嘱外交部公开否认外电所传胡适将辞职的"谣言"。

接下来,中研院院长的人选只有在翁文灏、朱家骅之间选择了。一直到蔡元培先生逝世后半年有余的1940年9月18日,国民政府才正式公布朱家骅为中央研究院代理院长的任命。

据张群讲,中研院长人选问题,蒋原意是想让胡适回来,后又想任命翁文灏,直到最后时刻才决定改由朱家骅暂代。朱家骅明明是合法的三位候补人之一,为什么不正式任命而只付以暂代之名呢? 这大概就是王世杰的"Conscience"。王不想让胡适此时离任回国,但又觉得胡适因此失去中研院院长牺牲太大,于是欲留此位以待之,故他说动老蒋,此时只让朱家骅暂代。朱家骅虽心中颇为不悦,但中央研究院代理院长对他也还是个颇有诱惑力的职位,最后还是同意了。胡适从朱家骅手中接掌"中央研究院",则是18年以后在台湾的事了。

学者与权力似乎最少联系,但事实上二者也时常纠结在一起——有权力想涉足学术,有学术要借助权力。一个例子或许说不清全部问题,却可以管窥其中的迷离。

五、不同轨迹的两颗星——科学家的不同命运

在波澜起伏的近代中国历史中,知识分子也一次次面临着不同的考验和选

择，歧路复歧路。如果将同时代的另外一位地质学家李四光的人生历程与翁文灏相比较，回顾他们不同的人生际遇和命运，或许可以带给我们更多的思考和感悟，而且翁文灏、李四光二人的人生，也确实具有很好的标本价值。

从自然生命角度，他们同龄、同寿：二人都诞生于清光绪十五年即公元1889年，也都于1971年在北京逝世。

就社会职业角色而言，他们同行。二人同样留学欧洲，学习地质专业，学成归国后从事地质科学研究工作。二人不仅都是中国地质学会1922年成立之初的创始会员，而且同时当选首届和第二届副会长，以后也均先后多次当选会长（理事长）。1926年起，中国地质学会设立葛利普奖章作为中国地质学界的最高奖项，每两年授予一次，以奖励"对中国地质学或古生物学有重要研究或与地质学全体有特大之贡献者"①。李四光（1927年度）、翁文灏（1935年度）均是葛氏奖章获得者。丁文江去世后，地质学会又设立丁文江纪念基金，李、翁二人都是纪念基金保管委员会委员，李四光还是1942年度丁文江纪念奖金获得者。他们还都是中国地理学会的创始者，翁一直是学会会长（理事长），李四光也担任过副会长，1943年后两人同任该会监事。

李四光1928年在上海组建中央研究院地质研究所并任所长，翁文灏是该所特约研究员之一。该所专任研究员叶良辅、李捷和秘书徐渊摩（厚孚），都是从地质调查所抽调过去的，也是丁、翁早年培养的地质研究所时期的学生。翁文灏自1921年开始任地质调查所代所长，1926年起任所长，而根据南京国民政府颁布的《地质调查所组织章程》，中央研究院地质研究所所长是地质调查所所务会议组成人员之一。

中央研究院评议会成立以后，李四光一直以地质研究所所长身份担任评议员，翁文灏也被选为历届评议员，并于1936年后接替去世的丁文江担任评议会秘书；二人同时当选1948年首届中研院院士。

---

① 计荣森编：《中国地质学会概况》，1940年，第7页。

图 2　1948 年翁文灏出席中研院第一届院士会议

在学术方向上,翁文灏主要从事中国矿产调查和成矿地质理论研究。李四光早期从事古生物学的研究,在其成名之作《中国北部之䗴科》中,李四光特将一新属命名为"翁文灏属"以感谢和纪念翁文灏的支持。翁文灏对李四光的工作一向也非常尊重和推崇。1942 年翁文灏对李四光发展中国地质科学的贡献给予极高评价。他说:"李先生初年兴趣多致力于革命工作,其后感觉欲强国非空言可获,乃赴英习纯粹科学。返国后即至北京大学任教授,生活寒苦,教学不懈……其后感觉北方环境不佳,乃到南京就地质研究所长职,至今十数年,全份精力均在发展纯粹科学研究……地质科学在国内研究精神之提高,先生之力极大。"①

他们也同样都有从政并官至中央政府部长的经历,翁文灏担任南京国民政府经济部长,李四光则是新中国的首任地质部长。

有如此多共同点的科学家,在整个中国科学界恐怕也再难找出第二对。然而,在他们的经历中不仅仅有这些相同与相交,由于性格、背景以及所处位置的

①《地质论评》1942 年第 7 卷第 4—5 期合刊。

不同，二人又明显地显现出极大的差异和各自鲜明的特色。这两颗科学界同样耀眼的星斗，却在近代中国历史的银河中划下不同的人生轨迹。

翁文灏虽然是个理论地质学家，但他非常强调地质科学的应用性。他认为，科学就要像大海上的航标灯，要照得人类安全方见得它的益处，他主张地质科学研究要注重国家矿产资源的调查。他的理由是："立国于世界，自己要有力量。"中国之所以受列强欺辱，就是因为国家没有实力，而国家实力的源泉"一靠人，二靠地。人要尽其力，地要尽其利，以人的力量去开发地的资源，而后国家始可发生力量"①。

许多人都听说过，李四光一向对中国的石油问题非常重视，1928 年就发表《燃料的问题》一文，驳斥"中国贫油论"，提出"美孚的失败，并不能证明中国没有油田可办"②；但是很少人知道，在中国地质学界，最早从事石油地质矿产调查的是翁文灏和他主持的地质调查所。翁文灏 1919 年出版《中国矿产志略》一书，从地质、地史的角度，全面系统地介绍了全国各种矿藏的矿床地质成因及出产情况，其中讲到"陕北西部最有大量油产之望"③。他还特别提出陆相生油的问题。1934 年在《中国石油地质问题》一文中，翁文灏特别提出"陕西三叠纪则迄今未有海成证明，大致似为陆相。然陆成地层果绝对无储油之望耶？若以油泉之多观之，陕北实远过于四川"④。可见，他脑海中已经有了陆相地层生油论的萌芽，也可以说翁文灏是最早涉足陆相生油理论的中国地质学家。

在他主持下，地质调查所相当大部分的科研力量都放在国家矿产资源的调查工作上。仅就石油而言，1921 年他在与丁文江合编《中国矿业纪要》中，对中国石油矿产充满希望，认为"石油固自不失为中国有希望之矿产"⑤。同年，他派谢家荣专门赴甘肃玉门调查石油地质。谢家荣所作《甘肃玉门油矿报告》，提

①翁文灏：《中国地下的富源与国家的力量》，翁文灏著，李学通选编：《科学与工业化——翁文灏文存》，中华书局 2009 年版，第 374 页。
②李四光：《燃料的问题》，《现代评论》第 7 卷第 173 期。
③翁文灏：《中国矿产志略》，地质调查所，1919 年，第 239 页。
④翁文灏：《中国石油地质问题》，《自然周刊》1934 年第 2 卷第 60 期。
⑤丁文江、翁文灏：《中国矿业纪要》，《丁文江文集》（第 3 卷），湖南教育出版社 2008 年版，第 34 页。

出玉门附近为一背斜层,属于疏松砂岩,能蕴蓄石油,具有开发价值。这也是中国地质学家对玉门石油地质最早的调查。地质调查所后来又派王竹泉等赴陕北从事石油地质调查勘探;派孙健初赴玉门调查并发现具有工业开发价值的玉门油矿。孙健初等地质调查所的科学家们,在玉门油矿的开发建设中发挥了重要作用。1930年,地质调查所通过社会募捐成立了燃料研究室,专门从事各种燃料之化学、物理的试验及研究。抗日战争时期,这个研究室成为玉门石油冶炼厂的班底,研究室的金开英等人成为中国石油冶炼工业的创始者。

李四光当然也非常重视实地调查,认为"野外调查是研究地质之张本"①。不过,李更重视地质学基础工作和理论研究。他提出,中央研究院地质所的学术方向:"应特别注重讨论地质学上之重要理论……目的在解决地质学上之专门问题,而不以获得及鉴别资料为满足。"②

对于学术机构的领导与管理,李、翁二人的理念与也不尽相同。翁文灏是个事必躬亲的所长,"对所内各事必详细过问,指导一切"③。相对而言,李四光则表现得比较超然,这或可从他致胡适的信中见其端倪。李四光曾有一函致胡,对"如何能保障你自己健康,同时还能保障学校健康"问题提出建议:"这个问题是不是不要把校长做成一个管理学校的长,然要做成公认为学术思想的长者,是不是与这一层有关系?"④

抗日战争爆发后,在科研经费极其紧张的情况下,李四光所采取的应对之策是:把研究所的部分研究人员分别借给有关学校、机关,如朱森、叶良辅等好几位研究员都去了大学当教授。

翁文灏主持下的地质调查所则采取了迥然不同的应对办法。他先后两次发表《告地质调查所同人书》,对地质调查所在战争时期的工作方向提出指导性要求。他不仅要求同人"决不做敌国的顺民,亦必不加入任何附敌的组织。科

①李四光:《国立中央研究院十七年度总报告》,第162—163页。转引自马胜云等:《李四光年谱》,地质出版社1999年版,第89页。
②李四光:《国立中央研究院十七年度总报告》,第162—163页。转引自马胜云等:《李四光年谱》,第89页。
③杨钟健:《杨钟健回忆录》,地质出版社1983年版,第77页。
④《李四光致胡适函》,耿云志主编:《胡适遗稿与秘藏书信》(第28册),第163—164页。

学的真理无国界,但科学人才、科学材料、科学工作的地方,都是有国界的。我们万不应托名科学而弃了国家"①。更具体要求:根据战时国家急需开发工矿业以增强抗战实力的形势,"酌量集中工作于应用方面","对于目前急需开发之矿产,注重实际需要之条件,从速详确调查,编成图说"②。正是由于针对国家战时需要,科学工作重心更多地转向实际矿产调查,地质调查所的科学工作不仅没有荒芜萎缩,而且得到极大地扩充和发展,各种项目应接不暇,科研队伍不断扩大,甚至还在兰州办了西北分所。甘肃玉门油矿的开发、新疆独山子油矿的接收、大后方众多煤矿的开采、四川攀枝花铁矿和云南昆阳磷矿的发现等等,都有地质调查所科学家的身影(彩图三)。

翁文灏在政治上的选择则几乎完全依赖于对蒋个人的感恩和信任。走出书斋,从事政治特别是国家建设工作,对翁文灏来说不过是为国家尽国民义务的一种方式。"武康车祸"更使翁对蒋介石有了一种救命之恩的感戴。此后,行政院秘书长、经济部长、战时生产局长、行政院副院长、院长,职务的一路升迁,又不免套上了中国读书人知遇之恩、知恩图报的枷板,愈发地不能自拔了。

事实上,翁文灏在人生前后期对于科学家从政的态度已经有了截然不同的认识。1948年10月9日,中国地质学会等十个科学团体举行联合年会。开幕式上,正被金圆券改革弄得焦头烂额的行政院长翁文灏,以年会名誉会长的身份出席并致词。在分析了科学在中国发展的历史及其所遭遇的障碍之后,他不无感慨地表示:科学家因兼理行政而影响科学研究,乃一大憾事。他甚至放下狠话:科学家宁可饿死也不能去做别的事!尽管他随后又自嘲地说:"不过像我这个不成材的科学家去做行政院长,自然说不上对科学界有什么损害。"③这使我们能强烈地感受到他内心的痛苦与挣扎。这又让我们想起中国一句老话:"饿死事小,失节事大。"翁文灏的意思已经再明白不过了:科学家去做别的事,

---

① 翁文灏:《再致地质调查所同人书》,翁文灏著,李学通选编:《科学与工业化——翁文灏文存》,中华书局2009年版,第134页。

② 翁文灏:《告地质调查所同人书》,翁文灏著,李学通选编:《科学与工业化——翁文灏文存》,中华书局2009年版,第131—132页。

③《促进我国科学发展,南京区科学团体昨讨论,翁文灏分析科学遭遇的障碍》,《大公报》,1948年10月10日。

实际上同失了节操的妇女没什么两样了!

　　1971年,翁、李这两颗轨迹不同但都曾辉煌耀目的中国地质之星先后殒落。仰望天边那远逝的轨迹,不能不让我们思考近代中国知识分子的命运,以及他们不同的人生选择。不同的意识,不同的命运,都折射着近代中国的命运,隐匿着历史变迁的密码。

参 考 文 献

蔡元培:《请政府维持地质调查所》,《晨报》1922年6月11日。

《促进我国科学发展,南京区科学团体昨讨论,翁文灏分析科学遭遇的障碍》,
　　《大公报》1948年10月10日。

《地质论评》,1942年第7卷第4—5期合刊。

丁文江、翁文灏:《中国矿业纪要》,《丁文江文集》第3卷,湖南教育出版社2008
　　年版。

胡适:《这一周》,《努力周报》1922年7月23日第12号。

胡适:《编者的话》,《独立评论》1934年第99期。

《胡适致翁文灏、蒋廷黻、吴景超函》,耿云志主编:《胡适遗稿及秘藏书信》第19
　　册,黄山书社1994年版。

《蒋介石日记》,1932年7月25日,中国社会科学院近代史研究所藏抄本。

李四光:《燃料的问题》,《现代评论》1927年第7卷第173期。

《李四光致胡适函》,耿云志主编:《胡适遗稿与秘藏书信》第28册,黄山书社
　　1994年版。

李四光:《国立中央研究院十七年度总报告》,转引自马胜云等《李四光年谱》,
　　地质出版社1999年版。

李学通等整理:《翁文灏日记》,中华书局2010年版。

翁文灏:《中国矿产志略》,地质调查所,1919年。

翁文灏:《我的意见不过如此》,《独立评论》1932年第15号。

翁文灏：《中国石油地质问题》，《自然周刊》，1934 年第 2 卷第 60 期。

翁文灏：《告地质调查所同人书》，翁文灏著，李学通选编：《科学与工业化——翁文灏文存》，中华书局 2009 年版。

翁文灏：《再致地质调查所同人书》，翁文灏著，李学通选编：《科学与工业化——翁文灏文存》，中华书局 2009 年版。

翁文灏：《中国地下的富源与国家的力量》，翁文灏著，李学通选编：《科学与工业化——翁文灏文存》，中华书局 2009 年版。

杨钟健：《杨钟健回忆录》，地质出版社 1983 年版。

《引言》，《独立评论》1932 年第 1 卷第 1 期。

竺可桢：《欢迎翁文灏》，《科学》1922 年第 7 卷第 10 期。

计荣森编：《中国地质学会概况》，1940 年。

展示自然

——上海亚洲文会博物院及其科普活动(1874—1952)

戴丽娟(Li-Chuan TAI)*　　著

在针对科学技术等新知的生产、传播与制度化的历史研究中,许多研究者已经注意到奠基型人物、学派、大学学院、研究机构,乃至于学会、实验室、期刊、教科书等组织和媒介所扮演的角色,而对于博物馆(尤其是自然史博物馆)曾经发挥的作用,专门研究却显得单薄许多。事实上,若要了解十九世纪欧洲科学的发展,对于"博物馆式科学"(museological sciences)这种知识类型的理解是相当重要的①。例如,若不提法国自然史博物馆(Muséum national d'Histoire naturelle)或伦敦动物学会(Zoological Society of London)博物馆之收藏与研究,我们几乎无法理解鸟类学这个专科是如何建立的②。在中国,"博物馆式科学"也曾经出现在与西洋文化接触较多的租界中。若能对此加以深入考察,将有助于我们了解中国近现代自然史研究的初期发展③,尤其是生物学等学科尚未在大学建立时的状况。有鉴于此,

---

*戴丽娟,台湾"中央研究院"历史语言研究所副研究员。

① 见 John V. Pickstone, "Museological Science? The Place of the Analytical/Comparative in Nineteenth-Century Science, Technology, and Medicine", *History of Science*, 32 (1994), pp. 111-138,及同作者专书 *Ways of Knowing: A New History of Science, Technology and Medicine*, Manchester, Manchester University Press, 2000,尤其是第三章。

② Paul Lawrence Farber, *Discovering Birds: The Emergence of Ornithology as a Scientific Discipline, 1760-1850*, Baltimore, John Hopkins University Press, 1997.

③ 此处的自然史研究一词所对应的即是英文中的 natural history。有关此词的中文翻译,有人主张应以博物学或博物志译之,较符合中文语境中的理解。此主张或有道理,但是若考虑到 natural history 与其源头之一 natural theology(自然神学)或其结果之一 natural history museum(自然史博物馆)的关系,我们就不得不考虑一律以自然史一词译之,因为"博物神学""博物学博物馆"在中文语境里均未被普遍使用。

本文即以 1874 年设立于上海的亚洲文会博物院为对象,分析其发展过程、标本制作技术和展示方法的引进,以及其欲传达的动物知识与生态意识。

一、皇家亚洲文会北中国支会的缘起

由于亚洲文会博物院是皇家亚洲文会北中国支会(The North-China Branch of the Royal Asiatic Society)的附属机构,我们在分析该博物院之前,有必要对文会本身有些基本的了解①。目前有关该学会的历史资料,最早可回溯至 1857 年 9 月 24 日的创会会议记录②。当天有十八名英美人士出席会议,他们在英租界内俗称洋文书院的 Shanghai Library 召开创会的筹备会议③,于会中通过六项决议,初步决定学会的名称、宗旨和组织架构④,并推举在场的裨治文(Elijah Coleman Bridgman)牧师为第一任会长。会中有出席者提出未来可申请加入位于伦敦的皇家亚洲学会(Royal Asiatic Society),并成为其中国支会的建议。此议获

①学界目前对于该学会的研究并不多,其中以王毅在 2005 年出版的《皇家亚洲文会北中国支会研究》(上海书店出版)一书较为完整。不过此书是以学会会报的文章与当时汉学发展的关系为分析重心,所以对于该机构附设的博物院着墨不多,相关描述集中在书中第三章第二节。也许由于分析重点不在博物院,作者对其数据未做详细查对,因此书中所提供的相关数据时有讹误,因篇幅关系,于此不一一指出。

②"Minutes of a Meeting Held in the Reading Room of the Shanghai Library, September 24th, 1857", *The North-China Herald*, 26 Sept. 1857, p. 35.

③此小型图书室成立于 1849 年,为英租界最早成立的图书馆之一,后来成为工部局图书馆的一部分。有关其背景简介,见:"The Library", *The North-China Herald*, 18 Apr. 1874。

④出席者十八人有 Frederick W. Nicolson, Elijah Coleman Bridgman, Edward W. Syle, Joseph Edkins, Robert Nelson, William Aitchison, T. Davies, William Lockhart, Frank C. Sibbald, Dr. Nelson, Thomas Moncreiff, Charles Spencer Compton, W. G. Howell, William Keswick, F. D. Williams, Thomas Hanbury, Franks, Robert Reid。根据学会五十周年庆祝会的回顾,这十八人中,担任该次会议主席的 Frederick W. Nicolson 是英国海军校级军官,七人是传教士(其中包括一位医疗传教士,即 William Lockhart),两位是医师,其余八位则是商界人士。见 "A Shanghai Jubilee: The Royal Asiatic Society", *The North-China Herald*, 18 Oct. 1907。

得与会者的支持,后来也得到其他会员的赞同①。

　　1857 年 10 月 16 日,该会召开第二次会议,确认学会名称为上海文理学会(Shanghai Literary and Scientific Society),会员年费为五两银元。不久之后,几位当时在中国的知名英美人士也陆续加入此会,例如墨海书馆主任、《六合丛谈》主编伟烈亚力(Alexander Wylie)在 11 月 17 日的第三次聚会时正式加入,中国海关负责人赫德(Robert Hart)于 1858 年 2 月 16 日加入,原居于广州的著名传教士卫三畏(Samuel Wells Williams)则在 1858 年 4 月 20 日加入②。学会在 1858 年 7 月 20 日的会议中确认皇家亚洲学会已同意将上海这个学会纳为其在中国的支会,因此,在同年 9 月 21 日举行的第一届年度大会中,与会者决议从那时起将学会名称改为皇家亚洲文会中国支会,但又因此名与早一步(1847年)在香港成立的支会同名,后遂更名为皇家亚洲文会北中国支会(时人简称亚洲文会或文会)③。从积极加入一个在欧洲有传统的学会这个举动来看,可推断当时学会成员应怀有长期经营、扩大国际交流网络的想法。

　　若从这个学会初期的组成来看,英、美新教传教士是主要的会务推动者和执行者:除了有裨治文担任第一任会长外,还有艾约瑟(Joseph Edkins)为第一任秘书(1857.9—1858.9),伟烈亚力为第二任秘书(1858.9—1859.9)④,帅利(Edward W. Syle)为第三任秘书(1859.9—1860.9)。在传教士之外,会员来源则多为驻沪军事与外交人员、外商行号负责人或职员,以及中国海关关员。

　　事实上,从裨治文作为首任会长这件事来看,我们可以说这个学会继承了来华新教传教士从十九世纪上半叶以来的各种了解中国事务、传播西学的精

---

①据该会五十周年庆祝会上的回顾,此议是在伟烈亚力(Alexander Wylie)、杨格非(Griffith John)、慕维廉(William Muirhead)、玛高温(Daniel Jerome MacGowan)、巴夏礼(Harry Smith Parkes)、合信(Benjamin Hobson)、麦华陀(Walter Medhurst)等人的大力鼓吹下促成的。见 "A Shanghai Jubilee: The Royal Asiatic Society", *The North-China Herald*, 18 Oct. 1907。

②Old Mortality (pseud.), "The North-China Branch of the Royal Asiatic Society", *The North-China Herald*, 30 Oct. 1873.

③胡道静:《上海博物院史略》,上海通社编:《上海研究资料续集》,上海书店 1992 年版,第 393 页。

④当时其头衔为通讯秘书(Corresponding Secretary),因为他有一段时间不在上海,见 *The North-China Herald*, 25 Sept. 1858。

神,并且企图将其加以发扬光大。裨治文是美国公理宗海外传道部(American Board of Commissioners for Foreign Missions,通称美部会)的传教士,也是第一位来华的美籍传教士(1830 年初抵达广州)①。他来华的渊源与新教第一位入华的传教士马礼逊(Robert Morrison)密切相关。由于马礼逊于 1827 年底写信邀请美部会对中国之传教事业共襄盛举②,裨治文遂被派来协助马礼逊的传教工作。1832 年 5 月,裨治文在广州创立了英文月刊《中国丛报》(Chinese Repository,1832 年 5 月至 1851 年 12 月),且在他于 1847 年 6 月移居上海前,一直担任该刊主编,后来也持续为该刊撰稿。该刊向英语世界的读者介绍中国时事、历史、地理、风俗文化,被视为是为英语世界建立汉学知识的先驱者之一③。1902 年,艾约瑟在文会成立四十五周年的纪念会中回忆道④:"透过邀请裨治文先生担任我们的主席,我们把在上海的文学和科学研究工作与其在广州二十八年的传教生涯和在《中国丛报》工作中所取得的成就联系在一起。"⑤由此来看,文会确实是被赋予上承马礼逊、下启十九世纪后期英美汉学家的中继角色。文会中多位会员后来确实都成为英美学院中首位汉学教席。以英国为例,牛津大学首任汉学讲座理雅各布(James Legge,1876 年赴任)、剑桥大学首任汉学讲座威妥玛(Thomas Francis Wade,1888 年赴任)皆为文会会员。以美国

---

①有关裨治文,见雷孜智著,尹文涓译:《千禧年的感召:美国第一位来华新教传教士裨治文传》,广西师范大学出版社 2008 年版。裨治文原在广州传教,1847 年 6 月移居上海;后来他为美部会在该地建立第一个传教站。见该书第 262 页。

②苏精:《铸以代刻:传教士与中文印刷变局》,台北:台大出版中心 2014 年版,第 123 页。

③尹文涓:《中国丛报与 19 世纪西方汉学研究》,《汉学研究通讯》2003 年第 2 期。

④艾约瑟是文会成立后第一任秘书,1902 年时正好担任副会长。

⑤原文如下:"By asking Dr. Bridgman to be our President-a man whose memory went back to 1829, when he was welcomed to Canton by Dr. Robert Morrison, the first English missionary to set foot in China-we linked the literary and scientific work to be done in Shanghai under the auspices of the new Society with the work that had been already accomplished in Canton during the twenty-eight years of Dr. Bridgman's missionary life and during the period represented by the Repository. Thus we joined the past with the future." 见 "Proceedings", *Journal of the North China Branch of the Royal Asiatic Society* (*JNCBRAS*), XXX, 1903-1904, p. ii。该次的会刊即刊登 1902 年 10 月 16 日之会议记录;由于适逢文会 45 周年纪念会,亦特别刊登艾约瑟和高第两位早期会员的回忆文字。

为例,卫三畏于 1878 年受聘于耶鲁大学,成为美国第一个汉学讲座教授。长期在江南制造局担任翻译的傅兰雅(John Fryer)于 1896 年成为加州大学首任中国语言与文化教授。哥伦比亚大学在 1901—1902 年初设同类讲座,所聘请的第一位讲座教授夏德(Friedrich Hirth)也是文会会员。而二战后在哈佛大学一手开启近代中国研究的费正清在战前所倾心追随的前辈学者马士(Hosea Ballou Morse),更是文会在二十世纪初的主力会员之一①。

　　学会初期运行顺利,但好景不长,1860 年,好几位骨干会员陆续因事离开上海:艾约瑟因应教会要扩大传教范围的需求,在 1860 年先迁到芝罘,之后又前往天津、北京,一直到 1890 年前后才又回到上海定居②;伟烈亚力则是在 1860 年 11 月初乘船离沪,一直到 1863 年 11 月才返回中国③;帅利在遭逢丧妻之痛后,于 1860 年 12 月带着孩子离开上海前往美国定居④。在此之后,该会灵魂人物裨治文牧师也在 1861 年 11 月 2 日突然病逝。这些变动使得这个立意良好的组织在 1861 年底,即运行了四年多后戛然而止,直到 1864 年初才在伟烈亚力、金斯密(Thomas William Kingsmill)等人的大力推动下,于同年 3 月 1 日的一次聚会中死而复生⑤。文会自此以后在上海稳定发展,主干会员也从原本的传教士社群逐渐扩大到租界行政人员、外交人员和各商号人士⑥。根据费正清的分

---

①John Fairbank *et al.*, *H. B. Morse, Customs Commissioner and Historian of China*, Kentucky, University Press of Kentucky, 1995.

②关于艾约瑟在华传教及其多方面的活动,见 Rev. E. Box, "In Memoriam: Rev. Joseph Edkins", *The Chinese Recorder and Missionary Journal*, 1 June, 1905。

③关于他离华日期,见苏精:《铸以代刻:传教士与中文印刷变局》,第 221 页。关于他再返回中国的日期,见苏精:《铸以代刻:传教士与中文印刷变局》,第 222 页。

④Alexander Wylie, *Memorials of Protestant Missionaries to the Chinese*, (1ˢᵗ ed. 1867), Taipei, Ch'eng-wen Publishing Company, 1967, p. 187.

⑤见 *JNCBRAS*, ns., 1(1864), p. 175. 于仁济医院行医的医疗传教士韩雅各(James Henderson, 1829—1865)为该次会议主席;会议决定召集老会员在 3 月 9 日聚会,并邀新会员加入;后来曾任英国领事的巴夏礼(Harry Smith Parks)被推举为新任会长,汉璧礼(Thomas Hanbury)被选为通讯秘书。

⑥五十周年庆祝会上的回顾文章中点出此变化,见"A Shanghai Jubilee: The Royal Asiatic Society," *The North-China Herald*, 18 Oct. 1907。

析,1892年,文会固定成员约250位,其中海关关员占四分之一强①。在1941年因战争而被迫中断活动时,文会已有800多名会员②。

关于学会成立的宗旨,第一任会长裨治文牧师在1857年成立大会的开幕致辞(inaugural address)中即点出研究中华帝国的重要性,希望从文学与科学两个大的领域着手进行,正如学会最初的名称所凸显的。但是面对如此博大精深的文明,外国人该如何入手呢? 他首先指出,西人应该认识学习汉语的重要性,而且应该集合众人的力量,早日达到此目标。其次要做的就是汇集研究材料,包括收集有参考价值的相关系列图书,不论是汉语或外语,所以要成立一个图书室,以便保存与整理这些藏书。另外,对于中国的自然与科学产物,要有一个汇聚所(repository)可以存放,并且要妥善加以整理,以标签说明,而这也就是博物陈列室的功能。最后,他还认为会员、会友的研究成果应实时公诸于世,以促进相关知识的累积与流通,因此应该要出版一份定期刊物③。这些想法在复会后也被明确地载于学会章程内,章程内即说明该会宗旨有三:(一)调查中国与其邻近国家之各项事物;(二)发行会报;(三)设立图书馆及博物馆。若与传教士之前曾经办过报纸、刊物、印刷书籍等活动比较来看,设立图书馆与博物馆似乎是更进一步的新举措,不仅有助于学会成员的切磋研究,也可以扩展文会在当地社会的影响力。

二、亚洲文会博物院的成立

该学会运行初期由于缺乏固定会址,因此暂借租界其他机构的场地举办演讲、会议等活动。后在英国政府有条件的永久租借下,学会终于克服取地、筹资建造等困难,于1871年秋建成一栋两层楼的房屋作为会所,从此有了永久栖身之处。会所二楼设有两个大房间,分别作为图书馆和博物馆之用。图书馆当时很快地开始运行,博物馆却延迟至1874年3月25日才正式成立。博物馆成立

①John Fairbank *et al.*, *H. B. Morse*, p. 94.

②Carl T. Smith, *Chinese Christians, Elites, Middlemen, and the Church in Hong Kong*, Hong Kong, Oxford University Press, 1985, p. x.

③Elijah Coleman Bridgman, "Inaugural Address", *JNCBRAS*, 1858, pp. 1-16.

后的西文名称为"Shanghai Museum（R. A. S.）"，中文名称直译为"上海博物
院"，但也有许多人习惯地称之为"亚洲文会博物院"。虽然号称为博物院，但实
际上这个博物院最初可用的空间不过是会馆二楼的一个大房间；直至十九世纪
八十年代初，图书馆因藏书过多而另迁他处，博物院才得以扩大为两个陈列室。
会所地址原来在公共租界上圆明园路，有了博物院后，租界市政当局在 1886 年
将该路名改为博物院路（即今虎丘路），由此可见市政当局对该院之重视①。

　　根据首任名誉院长（Honorary Curator）②普瑞尔（William Burgess Pryer）的年
度报告，博物院先前迟未成立的原因有二：其一，欠缺适宜、专用的场地；其二，
须聘任一位专理藏品的动物标本制作师但无合适人选。第一个问题在会所建
筑物落成后得到解决；第二个困难则在 1874 年年初得到法国遣使会神父谭卫
道（Armand David）训练的助手王树衡之后得到解决。因此，后来对于此学会和
博物院的历史回顾都以 1874 为博物院的创始年。二十世纪三十年代中国博物
馆学初兴之际，中国博物馆协会曾对当时境内存在的博物馆做过普查，其后出
版的相关书籍皆认为以成立年代来看，亚洲文会博物院可算是中国第二个现代
博物馆，仅次于由法国耶稣会士成立的徐家汇博物院③。

　　至于收藏与陈列品，这个博物院一开始是来者不拒、各类藏品兼有的一个
陈列室。初期展品除了有各界捐赠的生物标本之外，也包括西方进口的新型机
器的小尺寸模型，另外也不乏奇珍异宝、畸胎怪物等④。例如端方兄弟在政治变
局中被杀之后，其被砍下的头颅在四川运回北京的路上曾在沿路各大城市展
示，在上海时便是在该博物院展示⑤。尽管如此，这个博物院的收藏方向仍逐渐
朝向以生物标本收藏为主，加上 1907 年后，负责人努力整理这方面的标本，故

①胡道静：《上海博物院史略》，第 399 页。
②名誉院长为不支薪职。
③例如陈端志：《博物馆学通论》，上海市博物馆 1936 年版，第 25 页；曾昭燏：《博物馆》，正中
　书局 1943 年版，第 5 页。有关徐家汇博物院，目前学界的相关研究不多，读者可参考戴丽
　娟：《从徐家汇博物院到震旦博物院：法国耶稣会士在近代中国的自然史研究活动》，《"中
　央研究院"历史语言研究所集刊》2013 年第 2 期。
④见博物馆开幕之初，《中西闻见录》《教会新报》中的报道。
⑤《两颗头颅万里行》，《申报》1912 年 1 月 22 日。

整体而言,该院是一个以生物标本为主的自然史博物馆,尤其是以亚洲及中国地区的标本为收集重点。此情况在 1933 年博物院重新开幕后依然如此,尽管当时展品中也包含不少古物、历代钱币等收藏。

博物院成立之初,虽然尽量找有博物学兴趣或专长的会员来担任名誉院长一职①,但并非总能如愿。在最初三十年,主事者或因本身工作调职离沪、或因返乡、或因缺乏兴趣而频频换人,在缺乏固定人员持续经营的情况下,博物院到了十九世纪末虽已打响知名度,参观人数每年有数千,但整体已陷入老旧不堪的状态,直到 1905 年后才逐渐改善,并开始愈来愈专业化②。稍加整顿后的博物院不仅吸引的观众渐多,其中华人观众的人数暴增,更成为连续几年年度报告中被特别提出的事项③。参观博物院这类的活动在当地华人社会中逐渐普及的程度,还可从一份晚清的新小说中找到例证。先在报纸连载,后于 1908 年正式出版的《新石头记》中,长居上海的作者吴趼人安排重返红尘后闯入二十世纪的贾宝玉与其同伴在第二十七回"中非洲猎获大鹏,藏书楼综观古籍"里,将无意中捕捉到的稀世大鹏送给博物院,似乎就是以上海的徐家汇博物院和亚洲文会博物院为原型来描写的④。

综观而言,在此博物院的历史中,有两位任期最久、贡献最多的院长,一位是 1905 年到 1921 年担任该职的斯坦利(Arthur Stanley, 1868—1931)⑤,另一位则是从 1922 年到 1941 年一直都实际负责博物院事务的苏柯仁(Arthur de Carle Sowerby, 1885—1954)。

斯坦利出生于英格兰,1895 年成为医学博士,1897 年获得公共卫生学位证

---

① 例如普瑞尔、福威勒(Albert Auguste Fauvel)、斯坦安(Frederick William Styan)、郝博逊(Herbert Elgar Hobson)等人,皆是稍有名气的博物学家。

② 博物院历届院长一览表,请见附表一。数据源为历届年会会议记录及博物院长年度报告,但由于某些年度缺乏相关报告,因此调查结果并不完整,但已经弥补及更正前人研究的疏漏。

③ 细节见附表三。

④ 见吴趼人:《吴趼人全集》(第六卷),北方文艺出版社 1998 年版,第 214—220 页。笔者于此要特别感谢任教于香港中文大学(深圳)人文社科学院的崔文东先生提醒笔者注意此小说的相关章节。

⑤ Arthur Stanley 当时无固定中文名,"斯坦利"是根据《上海租界志》的写法,见上海市档案馆编:《上海租界志》,上海社会科学院出版社 2001 年版,第 218 页。

书。他在 1898 年到沪,担任工部局卫生处(Health Department)第一任处长①。根据福开森(John Ferguson)在悼文中的回忆,他自己在 1905 年年初接替艾约瑟成为文会秘书后,试着说服斯坦利来担任博物院悬缺的名誉院长,希望借此重振陷于停摆状态的博物院②。斯坦利于该年成为文会会员,并开始担任博物院名誉院长;福开森则在工部局争取到一笔 500 两白银的特别补助,得以将博物院整修一番。斯坦利担任该职直到他于 1921 年从任职的工部局卫生处退休并离开上海为止,前后共十七年,是亚洲文会博物院成立以来担任该职最久的人③。他离开时将自己有关中国爬虫类、两栖类的动物标本捐赠给博物院。此外,他在 1920 年曾被选为文会会长,后于 1922 年获选为荣誉会员。

　　在他的任内,博物院历经大幅整顿。首先是清点现有的藏品,并且一一重制标签;其次是陆续增加了许多标本。1907 年年初,海关关员同时也是亚洲鸟类专家的拉图许(John David Digues La Touche)加入文会④,自愿帮忙整理博物院所藏的鸟类标本。当时他认为在原有的 407 件鸟类标本里,有 203 件都已经老旧损坏,无继续保留的价值⑤。经过他从 1907 年 5 月到 1909 年 5 月整整两年的努力,博物院的所有鸟类标本被重新整理、鉴定,同时也增添了许多新标本,使全部该类收藏扩增为 1717 件,其中做成立体标本的系列收藏(mounted series)达到了 597 件,其余 1120 件则是以一般填充标本或毛皮状态收藏。标本

---

①工部局于 1870 年始就设立医官,专门管理医药、菜场及污物排放等问题,但是卫生处迟至 1898 年才正式成立。斯坦利即该卫生处第一任处长。见上海市档案馆编:《上海租界志》,第 218—219 页。

②"Obituary", *JNCBRAS*, 62 (1931), pp. i–ii.

③斯坦利退休后,接任他为卫生处处长的戴维斯(Charles Noel Davis)也接下他在亚洲文会博物院的任务。

④拉图许为爱尔兰人,其祖先为法国卡尔文教派信徒,在宗教改革期间因恐遭迫害而移民至爱尔兰定居。1861 年,他出生于法国中部城市图尔(Tours),后在英国巴斯(Bath)受高等教育,于 1882 年抵达中国,任职于中国海关,直到 1921 年才返回爱尔兰定居,后于 1935 年死于西班牙马略加附近海域。其生平梗概可见"Obituary: John David Digues La Touche", *Ibis*, 77, 4 (1935), pp. 889–890。

⑤John David Digues La Touche, "The Collection of Birds in the Shanghai Museum", *JNCBRAS*, 40 (1909), p. 71.

之所以能够如此快速的增加,除了拉图许和斯坦利的努力以及各方的捐赠外,主要还应该归功于新进博物院服务的田野捕猎好手兼标本剥制师唐启旺兄弟。追溯唐家兄弟与亚洲文会博物院之间的因缘,仍得回到拉图许身上。原来,是拉图许加入博物院的工作后,了解到院内缺乏标本管理员,他便引介了他之前在福州工作时认识的田野捕猎助手唐启旺及其兄弟到博物馆工作。唐家兄弟二人因此从 1907 年 10 月开始到博物院就职①。此举也无意中开启了唐家前后五代男丁在上海自然博物馆、北京自然博物馆、中科院动物研究所、全国农业展览馆、北京大学生物系、中山大学生物系、复旦大学生物系、武汉大学生物系、福建师范大学生物系、上海师范大学生物系、华东师范大学生物系等单位担任动物标本剥制师的传统。为了了解这看似无意之事在中国近代科学史上的历史意义,我们得要了解动物标本剥制技术在当时的发展概况。

三、动物标本剥制师的培育与传承

如前所述,亚洲文会博物院起初就是因为缺乏适当的动物标本剥制师兼管理员而延迟开幕。不过从开幕后《申报》的报道,多少可看出博物院为当地社会带来的新颖经验:

> 泰西各大城池夙有成例,凡在该地方人,必公建一院,将飞禽走兽以及各动物并列于内,以便博物者随时赏玩。如在府城,则将阖郡之物实之;如在都城,则将天下之物实之,名曰博物院。现在旅居上海之西商亦仿效泰西规模,在本埠设立一院,将中国与东洋各物齐集聚院中,事虽创始,而所罗列者业已不少。计属毛虫者,有震泽湖旁之野猪小鼠等;羽族者,有鹰鹊麻雀等;又有水族中名物,不能殚述。余如螳螂、蚱蜢、蝴蝶之类亦各分其种,各标其名。每一物件系从何处得来,何人相赠,必书明悬贴于上。中外人有往观者,俱不取值也。珍藏羽毛各类,西国向有妙法,虽皮已干枯而毛

---

① 唐氏兄弟的到职时间,见 John David Digues La Touche, "The Collection of Birds in the Shanghai Museum", *JNCBRAS*, 40 (1909), p. 69。

可不落。现在此法华人已得之。且又从国外购到玻璃眼睛,故无论是何异兽珍禽,一经装点,变栩栩然大有生气。①

　　当时中文似乎还没有"标本"一词,此文未具名的作者因而是用"物""对象"来表达。但是这位作者已经注意到:要保存动物皮毛必须有"妙法",而这个"妙法"西国已有,而且在当时已经传入中国,且有华人取得。此外,文章中也提到从国外购入玻璃眼睛,而且大部分的展示动物,一经此装点,就会"栩栩然大有生气"。

　　由于至今仍无相关研究,我们不易得知中国古代究竟有无制作立体动物标本的技术。不过,十九世纪下半叶在上海的华人既然已注意到这个博物馆中的展示手法,而且认为是西国传入的新事物,此处我们就有必要了解动物标本剥制技术(taxidermy)在西方的发展史。

　　以字源来看,taxidermy 是从希腊文 taksis 和 derma 两字结合而来,其中 taksis 意指整理、布置,derma 就是表皮,taxidermy 指的是完整保存死去动物毛皮,将之整理并制成标本的技术,可以视之为是保存动物遗体的方法之一。不过,若与以香料药物为尸体防腐剂并制成木乃伊的手法相较,动物标本剥制术企图做到的是复原动物生时的形貌和姿态,也就是要"起死回生",而不只是保存其尸体。这类技术在十八世纪欧洲逐渐发展,但各家方法不一②,而且由于防止虫害的化学用料种类和剂量不固定,当时制作的标本极易变形、腐朽,不利长期保存。直到在法国国立自然史博物馆工作的动物学家杜弗黑讷(Louis Dufresne)确认砷皂(arsenic soap)可以长期防止虫害、妥善保存动物皮毛后,相关的技术才逐渐标准化。1803 年,在戴泰维勒(Jean-François Pierre Déterville)主编的《新自然史辞典》(*Nouveau dictionnaire d'histoire naturelle*)中,就可以看到杜弗黑讷所撰写的 Taxidermie 词条以及砷皂制作配方。1820 年他有关 taxidermy 的这篇文章单独成册出版,英国人注意到后很快将之翻译,在 1823 年出版英译

---

① 《创设博物院》,《申报》1875 年 11 月 4 日。
② 关于十八世纪下半叶相关的争议,见 Paul Lawrence Farber, "The Development of Taxidermy and the History of Ornithology", *Isis*, 68 (1977), pp. 550–566.

本,使得这种方法广泛流传,成为主流①。对于杜弗黑讷和他的同好来说,保存动物的毛皮,不只是为了科学研究的目的,有时也是为了它们所引起的美感经验。尤其是鸟类,由于其丰富多变的羽毛颜色以及优美的姿态,使得早期的动物标本剥制技术常以它们为对象,而此技术的渐趋成熟有助于标本的长期保存与数量累积,也因此促成鸟类学专科的建立②。

从十九世纪初开始,这样的技术逐渐在法国、德国、英国等地流传,美国的自然史学家在该世纪中期也陆续加入,但是如何制作成生动的立体动物标本仍属于各家独门绝活,制作过程中各环节的诀窍往往成为秘技,并不外传。这也是为何相关技术迟未标准化,也未普及的原因③。十九世纪中叶,透过万国博览会的公开展示和竞赛,使得该项技术渐趋精良和普及④。此外,成立于1880年的美国动物标本剥制师协会(The Society of American Taxidermists)的推动,使得此技术朝向标准化、专业化发展,而且逐渐取得社会认知度⑤。当时,许多田野

①杜弗黑讷并非第一个使用砷皂的标本制作者,但却是最早将标准配方公诸于世的人。另外有关此方法从法文被译成英文而在大西洋两岸广泛流传的情形,可见 L. C. Rookmaaker, P. A. Morris, I. E. Glenn, P. J. Mundy, "The Ornithological Cabinet of Jean-Baptist Bécoeur and the Secret of the Arsenical Soap", *Archives of Natural History*, 33, 1 (2006), pp. 146–158。

②Paul Lawrence Farber, "The Development of Taxidermy"。

③John Rawley, *Taxidermy and Museum Exhibition*, London/New York, D. Appleton, 1925, p. xv.

④万国博览会的展示结合了美术、科学、商业等不同目的,给予这类展品接触大众的机会,也往往是相关领域工作者仿效的对象。例如英国鸟类学家 John Hancock(1808—1890)所制作的一系列鸟类标本就在1851年于英国伦敦举行的万国博览会中极受瞩目。法国哺乳类动物专家 Jules Verreaux(1807—1873)本身也是有名的动物标本采集者和剥制师,他所制作的一件名为《遭到狮子攻击的阿拉伯信使》(Arab Courier Attacked by Lions)的标本展示就在1869年于巴黎举行的万国博览会获得金牌奖。这个标本随后被位于纽约的美国自然史博物馆(American Museum of Natural History)购藏,并且被借到美国不同博物馆展示,成为观摩对象,最后由位于匹兹堡的卡内基自然史博物馆(Carnegie Museum of Natural History)买走,保存至今。

⑤该协会的成立讯息可见 William Temple Hornaday, "The Society of American Taxidermists", *Science*, vol.os-1, 4 (1880), pp. 37–38。该协会成立后,在1880—1884年间于罗彻斯特、纽约、波士顿各地共举办了三次竞赛性的大型展览,其目的是让同好能够互相切磋标本剥制技术,提升水平,同时也提升该职业的社会认知度。

射猎的爱好者都会最基本的剥制和保存技术,到了十九世纪末,专门书籍如 *The Art of Taxidermy* 的出版与畅销,进一步将位于纽约的美国自然史博物馆的相关技术公诸于世,由此可见该技术社群已累积有一定数量的从业人员,对更精进的技术有所需求①。当时专业的动物标本剥制师认为,制作精美的动物标本不仅需要有解剖学的知识,也要有雕塑家的技术,其作品应该与艺术作品相提并论,而标本制作师应该与艺术家相类,而非仅是艺匠。但是这样的看法在十九世纪末仍未被广泛接受。

从当时国际上动物标本制作的发展来看上海亚洲文会博物院的状况,我们就可以理解为何在十九世纪末要在中国当地找到相关人才是会有困难的。从现有的历史文献中,我们无从得知第一任动物标本剥制师王树衡在该院服务多久,仅知在十九世纪九十年代初期,亚洲文会博物院再度面临欠缺标本管理人员之窘境。根据当时名誉院长 Henry Vosy-Bourbon 的年度报告,博物院一度想从澳洲或日本征求相关专家,但由于经费有限,一直无法觅得理想人才,因此更坚定了博物院应该自行培训中国当地人才的想法②。博物院在 1897 年又雇用另一位助手,但是这方面的人员配备一直不稳定③,直到 1907 年唐家兄弟的到来,事情才出现转机。

唐氏一家来自福建福州,唐启旺的父亲唐春营(1845—1916)本在闽江以渔猎为生,他有时会把捕获的鸟禽羽毛整理后卖到城内的洋行,以补贴收入,拉图许便是经由此渠道而与之结识。由于拉图许非常欣赏唐氏父子的捕猎身手,便进一步雇用他们在野外猎集动物标本,并传授他们保存和制作标本的技术。除了拉图许,同样以收集中华地区鸟类标本有名的里克特(Charles Boughey Rickett)和斯坦安(Frederick William Styan)也曾经在十九世纪九十年代中期雇

---

①该书在 1898 年出版,是由在该博物馆剥制部门服务许久的 John Stewart Rowley 写成,旋即成为该领域的人士必用的参考书。同一作者后于 1925 年写成 *Taxidermy amd Museum Exhibition* 一书,进一步示范动物标本与博物馆展示柜制作的各项必要步骤。

②Henry Vosy-Bourbon, "Honorary Curator's Report", *JNCBRAS*, ns., 27 (1895), pp. 222–223.

③见 Arthur de Carle Sowerby, "The History of the Shanghai Museum", *The China Journal*, XIX, 5 (1933), p. 221。文中提到的是 Mr. S. Chou,但未写出中文名。

用唐家兄弟到福建武夷山一代采集标本①。由于拉图许一直无法正确喊出唐启旺(1870—1932)的名字,唐干脆让自己唤他旺旺,唐也以此名扬声于外,所以后来中外文献皆以唐旺旺一名载之②。拉图许在 1925 年至 1935 年间出版了两厚册的《华东鸟类手册》(*Handbook of the Birds of East China*),其中收录中国沿海省份 750 个种和亚种的鸟类,书中所提及的模式标本(type specimen)有许多即是唐氏父子的采集成果。这位专研中国地区鸟禽的专家因此特别在该书第二册扉页上附上唐氏一家的照片(摄于 1897 年 9 月 30 日),让我们得以一睹这些田野工作的无名英雄之真面目③。

在亚洲文会博物院,唐启旺一直服务到 1921 年,因被新成立的厦门大学动物博物院挖墙脚而离开④。当时博物院院长一职由戴维斯义务担任,而实际上则是由甫至上海定居的兼任院长苏柯仁主事。唐旺旺离职后,苏柯仁聘用唐旺旺之子唐仁官(又名唐瑞芳)接替遗缺,并加强训练其标本制作技术,而唐仁官的弟弟和堂弟唐瑞玉、唐瑞耿则担任其助手,从旁学习⑤。唐仁官之子唐兆魁、唐兆杰后来也继承父业,继续在亚洲文会博物院服务。唐旺旺于 1932 年年初过世时,苏柯仁特别在他主编的《中国科学美术杂志》(*The China Journal of Science and Arts*)发表一篇纪念文,并附上唐之相片。文中提到,唐旺旺兄弟六人皆

---

①这三位当时被公认为研究中国鸟类的三大家,见 N. B. Kinnear, "Mr. C. B. Rickett", *Nature*, 3 June 1944, p. 677。

②上海市地方志办公室在网络上提供的简短数据,将其生卒年标为 1886—1933,见上海市地情资料库:唐旺旺(http://www.shtong.gov.cn/node2/node4429/node4432/node70711/node70715/node70723/userobject1ai54307.html, 2010/1/24 浏览)。但根据苏柯仁当年提供的资料,唐旺旺似是出生于 1870 年农历二月,见 Arthur de Carle Sowerby, "T'ang Wang Wang", *The China Journal*, XVI, 2(1932), pp. 57–59。

③John David Digues La Touche, *A Handbook of the Birds of East China*, London, Taylor and Francis, vol. 2, 1931–1934, frontispiece.

④有关该博物院简介,可参阅:《厦门大学七周纪念特刊》,厦门大学编译处周刊部,第 52 页。唐旺旺的侄子唐瑞惠也随他在该院工作。

⑤Arthur de Carle Sowerby, "The Personnel of the Shanghai Museum", *The China Journal*, XIX, 5(1933), p. 225.

成为田野自然标本采集者,而他的三个儿子也被培训为标本制作师①。从目前所得资料可知,北平静生生物调查所于 1928 年成立后,唐家第三代唐善康、唐瑞玉即到此机构担任标本制作员,同时也被派往不同地区协助采集标本②;"中央研究院"于 1929 年开始在南京筹备自然历史博物馆后,唐氏家族第三代的唐开品、唐瑞金也曾在此机构服务③。武昌高等师范学校(武汉大学前身)于 1929 年欲建立标本馆,便是请唐启旺的弟弟唐启秀主持其事,其子孙陆续加入经营,将武大标本馆建设成中国自然藏品最丰富的博物馆之一。若从唐春营算起,唐家在动物标本制作方面的技艺传承至今已有五代,在许多大学和科研机构都可见到唐家人的身影。而且,唐氏家族中多人成为生物学教授,例如在福建师范大学生命科学学院任教的唐兆和,是唐家第四代;在复旦大学的唐仕敏、上海师范大学的唐仕华,以及在华东师范大学生命科学学院任教的唐思贤则是第五代④。

　　根据二十世纪前期文会博物院的年度报告,有了专门技艺的唐氏兄弟不只是为该博物院工作,他们也接受当地喜爱射猎的运动家(sportsmen)的订单,把客户猎获的动物制成可观赏的标本。苏柯仁在 1927 年的报告中就提到唐仁官在博物馆为一些猎友将猎物制作成标本,其收入不仅足以支应他自

---

①唐启旺的三个儿子分别是:唐瑞芳(唐仁官)、唐开品、唐瑞玉。唐开品曾受雇于苏柯仁,到福建、江苏、安徽、浙江等地采集标本,中央研究院在南京成立后,唐开品于 1929 年开始受雇于该机构担任标本采集员和剥制员。见 Arthur de Carle Sowerby, "T'ang Wang Wang", p. 58。

②见陈胜崑:《中国科学社生物研究所之研究》,国立台湾师范大学历史研究所硕士论文,1984 年,第 215—216 页;胡宗刚:《静生生物调查所史稿》,山东教育出版社 2005 年版,第 81 页。

③见:《国立中央研究院职员录》,民国十八年(1929),第 29 页。

④见胡鸿兴:《唐家的鸟:记武汉大学生物系标本室高级工程师唐瑞昌》,《大自然》1981 年第 2 期;吴峥嵘:《百年"标本唐"》,《档案春秋》2007 年第 2 期;丘濂:《标本唐:一个家族的标本制作传奇》,《三联生活周刊》2010 年第 579 期;李祖凤:《标本世家的百年沧桑:六代人缔造的生物界传奇》,《知识家》2013 年第 1 期;袁菁:《崇明东滩,"标本唐"的身影》,《城市中国》2016 年第 75 期。2009 年,"唐氏动物标本制作技术"入选福建省第三批省级非物质文化遗产名录,即是唐兆和与女儿唐庆圆以工作单位名义申请的,见袁菁:《标本唐:旨意与意志》,《城市中国》2016 年第 74 期。

己的薪资,甚至可为文会增加收入①。在 1932 年的报告中,苏又提及此事。当时博物院所在的建筑物因老旧且遭白蚁侵蚀,故拆除后在原地重建。博物院在工程期间暂时关闭,将所有藏品另存他处,所以标本剥制师的工作量较少,苏柯仁认为接外单可以让剥制师本身赚些外快②。在 1935 年的报告中,苏柯仁具体提到了博物院中设有标本制作工坊(Taxidermist's Shop),并说明他们提供的服务,包括制作猎物标本、将动物毛皮制成地毯等,而若要将动物标本置于玻璃展柜中,则可选择无背景或有自然生态背景图的展柜。这些项目都有公开定价③。

除了为射猎者服务外,其他博物馆也可以订制。例如在 1934 年 6 月,亚洲文会博物院就曾帮震旦博物院把送来的一张象皮做成立体标本④,费用是三元⑤。这项在文会博物院看似稀松平常的大型哺乳类动物标本制作的工作,对于同时期其他博物馆来说其实是非常困难的。例如在同一年的《西湖博物馆馆刊》中,记载该馆一具蹩脚的大象标本遭到许多观众批评的情形,博物馆工作人员为此只好出面说明其制作过程如何不易⑥。两相比较之下,可以想见亚洲文会博物院训练出的剥制师技艺之高超,因此他们可能也是许多博物馆或研究机构亟欲争取的对象。在 1936 年的报告中,苏柯仁提到标本工坊的工作量大,那

---

①Arthur de Carle Sowerby, "Curator's Report", *JNCBRAS*, 59 (1928), p. iv.

②Arthur de Carle Sowerby, "Curator's Report", *JNCBRAS*, 63 (1932), p. v.

③Arthur de Carle Sowerby, "Curator's Report", *JNCBRAS*, 66 (1935), pp. vii. 苏柯仁于此提供的是该年度新调涨后的价格,例如小型鸟禽类标本要 1 至 2 元、大型鸟禽类要 5 至 7. 5 元、狐狸、山猪等中型哺乳类动物要 10 至 15 元,更大的就依尺寸大小,要价 20 至 50 元不等。至于像英国维多利亚时期许多崇尚射猎的上层阶级家庭喜欢用来做室内装饰的墙上兽首标本,价格则在 10 至 30 元之间。

④Arthur de Carle Sowerby, "Curator's Report", *JNCBRAS*, 66 (1935), p. vii.

⑤费用问题未见于年度报告,仅在苏柯仁与当时震旦博物院院长郑璧尔神父(Octave Piel)的往来书信中被提到。见上海档案馆,震旦大学档案 Q244—470。由于当时币制混乱,尚无从得知是否是以银元计。

⑥原壮、中旬:《本馆象标本制作的经过》,《西湖博物馆馆刊》1934 年第 2 期。

是因为当地中小学也向他们订制动物标本,作为教具①。到了1938年,苏柯仁在年度会议中表示,标本制作工坊成立后订单不断,足以应付博物院本身的开销,有时还有盈余。但是晚近因为受到战事影响,射猎者无法像以往一般自由地到野外射猎,因此工坊收到的订单数量不如前几年②。在工坊之外,博物院在1937年间还设置了一个小型礼品店(Museum shop),民众可在店内买到小型鸟类和动物标本,还有一些古董、钱币、艺术品等③。其营收据称可让其自给自足④,甚至逐渐可有盈余⑤。

事实上,从1933年博物院重新开幕后,动物标本剥制师的薪资就大幅提升。根据不完整的文会财务报告,其薪资在1875年是141.06两,1907年大约267元,到了1933年有647.5元,而1934年就跃升为1120.30元,1937年则有1260元,足见此技艺在当时的上海已经成为一种可赖以维生的专业⑥。

四、苏柯仁与博物院的黄金年代

这个博物院能从近于废弃状态变成可自负盈亏,这中间的功臣,除了前面提到的斯坦利之外,应属1922年进入该院工作的英籍探险家兼自然史学者苏柯仁。苏柯仁在1885年出生于山西太原,他的父亲是在中国布道逾四十年,曾任袁世凯儿子家教的浸礼会教士苏道味(Arthur Sowerby)。他的曾祖James de Carle Sowerby(1787—1871)为英国皇家植物学会(Royal Botanic Society)的创始

①Arthur de Carle Sowerby, "Curator's Report", *JNCBRAS*, 67 (1936), p. v. 根据曾在此博物院服务的唐子明老师提供的资料,当时在圣约翰大学生物系任教的朱元鼎教授、沪江大学生物系的郑章成教授,还有复旦大学生物系卢于道教授等都经常送来动物材料,要求制作成教学用的标本。其中朱元鼎、卢于道两位教授均曾担任亚洲文会博物院理事会理事。

②Arthur de Carle Sowerby, "Royal Asiatic Society Meeting", *The North-China Herald*, 25 Jan. 1939.

③Arthur de Carle Sowerby, "Curator's Report", *JNCBRAS*, 68 (1937), p. vi. ; "Royal Asiatic Society as Cultural Force", *The North-China Herald*, 30 June 1937.

④Arthur de Carle Sowerby, "Curator's Report", *JNCBRAS*, 69 (1939), p. xii.

⑤Arthur de Carle Sowerby, "Curator's Report", *JNCBRAS*, 70 (1940), p. vii.

⑥同一年(1937年)文会图书馆馆员薪资为1800元、暖气管理员300元、电梯服务员264元。

人之一；高曾祖 James Sowerby(1757—1822)则是英国植物学的奠基者之一，其
手绘的英国植物图谱与矿物图谱极富盛名①。苏柯仁在中国度过童年，能说流
利的中文②；在太原、芝罘等地受过教育，直到十五岁才被父亲送回英国接受高
中与大学教育。但他未完成大学学业即离开英国，前往加拿大探险，直到 1905
年才返华与家人团聚。1906 年—1907 年间，他曾在伦敦会创办的天津新学书
院(Tientsin Anglo-Chinese College)任教约一年半，并协助学校附设的博物院做
标本收集及整理工作③。1908 年年初寒假结束后，大约在一二月间，他与负责
英国贝福德伯爵东亚探险队(Duke of Bedford's Exploration in Eastern Asia)④的
美籍探险家安德生(Malcolm Playfair Anderson)正式会合，受其雇用，两人一同
前往西北野外考察，为大英博物馆收集东亚动物标本。在此行中，他担任安德
生的助手，向后者学习了更多捕捉和保存动物的精进技巧，还发现了一只前人

①苏柯仁姓名中的法文部分 de Carle 即来自其高曾祖母，即 James Sowerby 之妻 Anne de
　Carle，她是一位移民的法国卡尔文教徒之后代。此外，苏柯仁的祖母 Grace Séguier 是法国
　当时总理大臣 Pierre Séguier 的女儿，因此苏柯仁可说是来自一个具有英法双重背景的家
　族。关于其家族渊源，可见 Richard Raine Sowerby, *Sowerby of China : Arthur de Carle Sower-*
　by, Kendal, Titus Wilson and Son, 1956。关于其生平简介，还可见 Keith Stevens,
　"Naturalist, Author, Artist, Explorer and Editor and An Almost Forgotten President: Arthur de
　Carle Sowerby 1885-1954 President of the North China Branch of the Royal Asiatic Society
　1935-1940", *Journal of the Royal Asiatic Society Hong Kong Branch*, 38(1998), pp. 121-136。
②根据 Keith Stevens, "Naturalist, Author, Artist, Explorer and Editor and An Almost Forgotten
　President: Arthur de Carle Sowerby 1885-1954 President of the North China Branch of the Royal
　Asiatic Society 1935-1940", p. 122。
③天津新学书院创办于 1902 年，而其附设博物院创办于 1904 年，即一般所知的华北博物院，
　地址在当时天津法租界海大道 78 号，是中国少数在辛亥革命前成立的博物院之一。见中
　国博物馆协会编：《中国博物馆一览》，中国博物馆协会 1936 年版，第 52 页。有关此博物
　院初期的藏品内容，亦可见其出版的 *Guide to the Tientsin Anglo-Chinese Museum*。
④此探险队由贝福德伯爵(Herbrand Russell, 11th Duke of Bedford, 1858—1940)赞助，主要由
　大英博物馆哺乳类部门的 Oldfield Thomas(1858—1929)统筹，田野领队由美籍探险家兼自
　然史学者安德生担任，目标则是为大英博物馆自然史部门、伦敦动物学会等机构搜集东亚
　的动物标本。安德生在 1904 年至 1911 年间陆续前往日本、韩国、济州岛、库页岛、菲律宾、
　中国山东、直隶、内蒙古等地考察。贝福德伯爵本身即为伦敦动物学会主席，任期长达 37
　年(1899—1936)。

未见,经鉴定后以他的名字命名的跳鼠(*Dipus sagitta Sowerby*)①。历经这次田野考察后,他从一位自学的探险家变成一位专业的标本采集者,因为他进一步了解了欧洲自然史博物馆的收藏系统,使自己在田野的观察与采集工作能与博物馆的收藏需求顺利接轨。

在此之后,他与伦敦的自然史博物馆保持联系,但同时也接受其他探险队的邀请,其中最有名的一次是美国富商克拉克(Robert Sterling Clark, 1877—1956)在1908年组织的探险队。这支探险队于1908年8月至1909年9月间陆续在山西、陕西、甘肃等地进行黄土高原腹地考察②,行程中所收集的标本则多寄往史密森学会(Smithsonian Institution)所负责的美国国家博物馆(United States National Museum)动物部门保存和研究。在此之后,苏柯仁终生与克拉克维持良好的友谊。克拉克长期出资支持苏柯仁在中国各地的田野踏查工作,后者则把他途中所收集的动物标本都寄给位于华盛顿特区的这个博物馆。苏柯仁在此行之后陆续出版多本中国与周边的田野调查著作,奠定他在中国博物学领域的名声③。

他在1915年成为文会会员④, 亦曾于1917年前后为徐家汇博物院鉴定大

---

①他与这个考察队的初步接触与合作经历都写在他对该队领队安德生(Malcolm Playfair Anderson)的纪念文章中,见 Arthur de Carle Sowerby, "A Pioneer Naturalist in China", *The China Journal*, XXXI, 5 (1939), pp. 240-247。

②该考察队于1908年5月16日从山西太原开始工作,直至1909年9月12日宣告结束。但是苏柯仁是在1908年8月间才正式加入。关于此探险旅行,可见 Robert Sterling Clark, Arthur de Carle Sowerby, *Through Shên-kan : The Account of the Clark Expedition in North China, 1908-1909*, London, T. F. Unwin, 1912。此书有中文译本。

③例如:Arthur de Carle Sowerby, *Fur and Feather in North China*, Tientsin, Tientsin Press, 1914; Arthur de Carle Sowerby, *Sport and Science on the Sino-Mongolian Frontier*, London, A. Melrose, 1918; Arthur de Carle Sowerby, *The Exploration of Manchuria*, Washington, Government Printing Office, 1921; Arthur de Carle Sowerby, *The Naturalist in Manchuria*, Tientsin, Tientsin Press, 1922-1923。

④当时地址登记在天津,见 *JNCBRAS*, 1915年第46卷会员名单。

型哺乳类动物标本①。第一次世界大战期间,他在法国西北诺曼底担任中国劳工军团(Chinese Labour Corps)联络员。二十世纪二十年代初期重返中国后,他决定长居上海,并且从 1923 年年中开始兼任文会博物院名誉院长(Joint Honorary Curator)②,协助戴维斯处理斯坦利留下的工作。他于 1927 年成为正式的名誉院长,此后一直担任此职至 1946 年为止③。从 1935 年到 1940 年底,他还同时担任文会的会长。此外,他在福开森等人的大力支持下,于 1923 年开始出版《中国科学美术杂志》,其内容不只包含科学与美术报道与评论,也反映上海的时事与都市发展状态④。日军在 1941 年占领上海租界区后,苏柯仁遭到软禁,但他持续研究和写作工作,并将成果交给震旦博物院发表⑤。战后他继续住在上海,直到 1946 年秋,因长期的关节炎困扰而决定回英国休养⑥。后又因气候等问题,他辗转落脚于美国华盛顿特区,从 1949 年开始在美国国家博物馆

①他曾经发表相关研究成果数篇,例如: "Notes on Heude's Bears in the Sikawei Museum, and on the Bears of Palaearctic Eastern Asia", *Journal of Mammalogy*, 1, 5 (1920), p. 225; "On Heude's Collection of Pigs, Sika, Serows, and Gorals in the Sikawei Museum, Shanghai", *Proceedings of the Zoological Society of London*, 1917, pp. 7–26。

②见 Charles Noel Davis, "The Honorary Curator's Report", *JNCBRAS*, 54 (1923), p. viii。1932 年,苏柯仁将头衔从 Honorary Curator 改为 Honorary Director。

③博物院在 1941 年年底曾因战争而暂停活动,到了 1946 年才又勉强恢复运行。

④《中国科学美术杂志》(*The China Journal of Science and Arts*)发行于 1923—1940 年,为一英文刊物,目标是帮助在华的外国人了解中国文化,并报道当时进行中的各种科学、艺文、休闲活动。发刊时原为双月刊,每期有百余页,1925 年起改为月刊,每期约 60 页。由于原名太长,1927 年起英文名被缩短为 *The China Journal*,但封面中文名称一直维持原样,至 1935 年才更改为《中国杂志》。有关此刊物的简介,可见江冬妮:《东方文化的使者:〈中国杂志〉简述》,《都会遗踪》2011 年第 2 期;李天纲:《导论》,上海图书馆编:《中国杂志》,上海科学技术文献出版社 2015 年版,第 1—37 页。

⑤他在震旦博物院的刊物中发表了八份研究成果。见 Richard Raine Sowerby, 1956, p. 56。有关其研究内容的讨论,亦可见于他与数任震旦博物院主事者的书信往来,上海档案馆,震旦大学档案 Q244—470。

⑥他在离华前将他自己收藏的大量生物标本、古文物和丛书悉数捐赠给震旦博物院。他对此机构的重视与信任由此可见。震旦博物院也为他所捐赠的藏品另辟一个以他为名的陈列室:The Sowerby Hall。见 Joseph Dehergne, « Le fonds Sowerby », *Bulletin de l'Université l'Aurore*, 3, 24 (1945), pp. 812–815。

提供的办公室工作,直到 1954 年 8 月 16 日病逝为止。

　　对于文会而言,苏柯仁最大的贡献是说服工部局让文会拆除并重建会馆①,并且在文会因此负债之后,与其他主要会员一起持续向各界募款来还清债务。对于苏柯仁来说,会馆重建的意义之一,是博物院得以扩大,整体重新规划。1933 年 11 月 15 日重新开幕的博物院,配合多项活动的举行,果然引起中外报纸的注意②(彩图四)。

　　新启用的博物院展厅内最吸引人的,就是它有许多带有动物栖地背景的展柜,其中最重要的应属大猫熊(the Giant Panda)展柜③(彩图五)。这个展柜被安置在新展厅最底处,但是朝着展厅入口,这是最重要的位置,任何进入展厅的观众透过走道第一眼就会看到它④。当时国际动物学界对于大猫熊的知识相当有限⑤,世界上能够拥有大猫熊标本的自然史博物馆更是少之又少⑥。在谭卫道神父于 1869 年在穆坪获得一张猫熊皮与头骨,并将它们送到巴黎自然史博物馆鉴定之前,世上仅有极少数猫熊产区的人曾亲眼见过这种离群索居的动物。此后直到 1928 年前,仍极少有西方人曾经亲眼见过活的猫熊⑦。1928 年—1929 年,由罗斯福总统

①他与一些会员从 1924 年左右就开始倡议并规划此事,见 Arthur de Carle Sowerby, "The Honorary Curator's Report", *JNCBRAS*, 56(1925), p. viii。会馆在 1931 年 7 月开始拆除工程,10 月 20 日举行奠基仪式。新馆在 1933 年 2 月 23 日落成。

②博物院在开幕前一天先招待中西各报记者参观,开幕当天上午十一时三十分在该处三、四楼举行开幕礼,邀中外人士及该会会员前往观礼。下午四时三十分,在伍连德堂举行招待会,由院长苏柯仁讲演。《申报》与《北华捷报》都为此做了相关报道;在此因篇幅关系,不一一列举。

③其后展柜数量仍陆续增加,详细展品可见 Arthur de Carle Sowerby, *China's Natural History: A Guide to the Shanghai Museum* (*R. A. S.*), Shanghai, Royal Asiatic Society, North China Branch, 1936。

④"RAS as cultural center in Shanghai", *The North-China Herald*, 24 July 1935.

⑤关于学界对大猫熊知识的缓慢进展,可见亨利·尼克斯(Henry Nicholls),黄建强译:《来自中国的礼物:大猫熊与人类相遇的一百年》,新北市:八旗文化 2011 年版。

⑥苏柯仁在其文章中提到在 1928 年以前拥有猫熊标本的博物馆,见 Arthur de Carle Sowerby, "Hunting the giant panda", *The China Journal*, XXI, 1 (1934), pp. 30–32。

⑦Arthur de Carle Sowerby, "The panda or cat-bears", *The China Journal*, XVII, 6 (1932), pp. 296–299.

(Theodore"Teddy" Roosevelt)的长子(Theodore"Ted" Roosevelt)和次子(Kermit Roosevelt)任领队,由芝加哥菲尔德博物馆赞助者凯利(William V. Kelly)资助的一支亚洲探险队(Kelley-Roosevelts Expedition)在美籍华裔工程师杨杰克(Jack T. Young)与当地猎人的协助下①,成功地射杀一只大猫熊并将之运回美国,使芝加哥的这个博物馆成为美国第一个成功地到原产地猎获大猫熊标本的博物馆②。至于亚洲文会博物院所获得的大猫熊毛皮,则是来自杨杰克在1932年的另一次探险后的赠予③。在连中国人都还不太清楚大猫熊模样、属性和习性的时代,亚洲文会博物院的这个栖地展柜在当年自然是备受瞩目。不过,菲尔德博物馆之举引起美国许多自然史博物馆的跟进,导致二十世纪三十年代捕猎大猫熊风潮,致使原本数量就不多的猫熊面临绝种危机。观察到这个现象的苏柯仁于1938年开始在《中国杂志》呼吁中国政府应该立法,管制捕杀和出口大猫熊的行为④。

有了一系列的新展柜后,亚洲文会博物院更加注重其社会教育的功能。例如在1934年,他们在原有的英文展品标签和说明外,尽量附上中文翻译⑤。除此之外,该机构从1935年春开始,以上海当地的中、西学校的学生为主要对象,举办博物馆系列演讲(Museum's talks)的活动:1935年三月、四月间,每周三傍晚在博物院演讲厅举行,共举行了八次;1936年二月底至五月初,则举行了十二次⑥。其中,苏柯仁本人主讲的次数最多,而每一部门的名誉管理者(Honorary

---

①杨杰克之弟杨昆汀(Quentin Young)后来协助 Ruth Harkness 于 1936 年冬捕获一只幼年猫熊,使得这位美国女性成为将活体猫熊带到西方国家的第一人。有关此事,苏柯仁在其主编的杂志亦有一手报道,见 Arthur de Carle Sowerby, "A baby panda comes to town", *The China Journal*, XXV, 6 (1936), pp. 335–339。

②关于此次的探险之旅,可见罗斯福兄弟本身的叙述:Theodore Roosevelt, Kermit Roosevelt, *Trailing the Giant Panda*, New York, Charles Scribner's sons, 1929。

③"Proceedings of the annual general meeting", *JNCBRAS*, 64 (1933), p. iv.

④Arthur de Carle Sowerby, "Live giant pandas leave Hongkong for London", *The China Journal*, XXIX, 6 (1938), pp. 333–334;"Further Hunting of Giant Pandas Forbidden", *The China Journal*, XXX, 5 (1939), p. 313.

⑤Arthur de Carle Sowerby, "Curator's Report", *JNCBRAS*, 66 (1935), p. iii.

⑥讲题与讲员一览表,见附表二。

keeper)也加入演讲者行列。这类演讲大多有博物院内的展品来配合说明;当无实物可让观众观赏时,则辅以黑板画图讲解①。听众虽以学生为主,但也不乏成人。当时上海主要的中外媒体都曾报道此活动。例如1936年2月27日的演讲,题目与"北京人"有关,而翌日的《申报》即加以报道:"此项谈话,须数次始能讲竣……且用该院陈列品表证一切……有志学术者不可不往一聆,以增学识也。"②

　　有关北京人展柜内的展品来源。根据《北华捷报》的相关报道,1934年11月中,博物院收到北平地质调查所所长翁文灏委托胡适赠送给亚洲文会的北京人头盖骨复制品。博物院将该头骨与一个现代中国人的头骨,以及其他猿猴头骨并置于展柜内,以供参观者观察比较③。另外,博物院还委托当时在上海、香港、新加坡颇具知名度的W. W. Wagstaff & Sons雕塑公司制作一个北京人拟态展柜④。展柜所呈现的场景是:北京人在所居住的洞穴附近,拿着锐利的石器,与靠近洞穴的利牙猛兽对望。这个展柜于1935年3月在博物院正式展出,吸引了媒体的报道,也吸引上海地区不少民众前往参观⑤。苏柯仁在1936年的那场通俗演讲就以北京人为主题,配合两个展柜,向听众讲述人类起源、史前人类的生存环境,以及史前人类与其他动物之间的关系⑥。在1936年,由苏柯仁主编并出版的博物馆指南中也特别提到北京人的发掘故事,把当时与中国史前人

---

① "The Royal Asiatic Society North China Branch: Museum Lecture Series Completed", *The China Journal*, XXIV, 6 (1936), p. 389.

②《博物院谈话:中国元始祖先北京人》,《申报》1936年2月28日。

③ "Peking Man to Be Shown Here: Replica of Skull Donated to RAS Museum", *North-China Herald*, 14 Nov. 1934.

④ William Wheatley Wagstaff (1880—1962)为英国雕塑家,其专长领域包含建筑雕饰、石雕、金属类雕塑等。他于1920年定居上海,后来在两个儿子Donald和Alec的协助下,在上海成立自己的公司,并于香港、新加坡设分公司。亚洲文会博物院的这个北京人拟态展柜主要是由Donald Wagstaff制作并赠予博物院。

⑤ "Peking Man to Be Shown Here: Replica of Skull Donated to R. A. S. Museum", *North-China Herald*, 14 Nov. 1934; "Interest Growing in Shanghai Museum: Novel Attraction in Display of 'Peiping Man' in Cave", *North-China Herald*, 27 Mar. 1935; "R. A. S. as Cultural Centre in Shanghai", *North-China Herald*, 24 July 1935.

⑥ "Museum Lecture Series Completed", *The China Journal*, XXIV, 6 (1936), p. 389.

类有关的最新知识透过博物馆展示传播给大众(彩图六)。

综览当时上海民众参观博物院后的记叙,多数会提到这些带有动物栖地背景的玻璃展柜。例如在1938年的《上海青年》中,有作者特别提到:"如白熊,即大猫熊……其他如犀头、山羊、马熊、狸子、水獭……均装置在玻璃窗内,以树木石子等配合布置,形如真熊,很是自然,精巧极了。"①另如《科学趣味》所刊载的参观者印象:"四面都排满著特制的大玻璃橱,数百千种不同的鸟兽,都显著活动的姿态,旁边更衬托著天然的景物。处身其中,宛如走进了大自然中的鸟兽世界,充分地表现出各种动物,也都为了生存竞争而酿成残酷的战斗。其中如鹰隼的攫食小鸡小动物等,所以这不但是使我们能看到鸟兽的形状,就是鸟兽们的生存活动,也能了如指掌。"②

《北华捷报》认为,这类展柜能够将各类惟妙惟肖的动物标本置放在其原生的自然环境中展出,而当时在远东只有这家博物院拥有此种装置③。为何在二十世纪三十年代主管亚洲文会博物院的苏柯仁会选择以这样的方式来展示动物标本? 这样的展示背后又反映了什么样的观念? 为了回答这些问题,我们必须回溯这类展柜在当时自然史博物馆中出现的历程。

五、栖地展示方式的引进

关于这些报纸报道、观众感想中所提到的玻璃展示柜,在当时的中文语汇中并没有固定的指称词,苏柯仁自己在其英文书写中多是以 scenic case 或是 habitat group 来指称,有时也用 diorama 一词。英美博物馆界后来则统称这类装置为 habitat diorama(暂译为"栖地展示柜")④。对于博物馆来说,要制作一个具有栖地背景、主角标本、水木花草等前景的完整栖地展示柜,严格说来并不容易。这不仅需要较多的人力和经费,还需要结合以下几种知识和技术条件:1.制作静态或动态的拟真动物标本,尤其是能够呈现动物平日生活样貌的标本;2.背景画

①《晨光团参观博物院记》,《上海青年》1938年第38卷第23—24期。
②赵锦福:《上海博物院参观记》,《科学趣味》1940年第3卷第2期。
③ "RAS as Cultural Center in Shanghai", *The North-China Herald*, 24 July 1935.
④今日中国博物馆界习称之为"生态景箱"。

的制作,这需要擅长于透视和全景画的人才;3.对动物本身以及对相关栖地的知识,包括在野外的实际观察和对同一环境内其他物种的认识;4.对相关制作材料的掌握,亦即材料科学的知识。

　　一个质量精良的栖地透视展示柜往往可以达到幻觉效果,让观看者感觉仿佛亲临动物在野外的栖息地,看到它们正在活动的场景。在这样的制作中,拟真的动物标本是最主要的元素,然而并非世界上能够生产精美动物标本的自然史博物馆都会采取栖地透视展示柜的展出方式。例如在法国,其动物标本剥制术并不落后,甚至有一段时间领先各国,但由于其自然史博物馆被定位为从事比较研究和分类的实验室,因此以大众教育为要求的栖地透视展示装置在法国并不普遍。在英国,某些动物标本剥制师仍然将科学要求的标本和带有戏剧效果的艺术标本(例如在万国博览会展出者)分开看待,担心逼真呈现动物动作的场景设置会影响其科学价值,因此自然史博物馆的展示倾向于依循古典的同类动物系列陈列方式,即使有类似栖地装置的雏形,也未见大量发展①。

　　综观世界主要的自然史博物馆,在十九、二十世纪之交普遍使用栖地透视展示装置的地区有二:一是瑞典,这种装置约在 1893 年开始流行于该国的生物博物馆;另一是美国,该国在十九世纪后期所建立的自然史博物馆大多实行这种展示方式②。苏柯仁的展示概念多少受到美国模式的影响。他从 1908 年参加克拉克探险队之后,就持续与位于华盛顿特区的美国国家博物馆保持合作关系。二十世纪二十年代以后,他也与纽约的美国自然史博物馆派出的中亚考察团(Central Asiatic Expedition of the American Museum of Natural History)成员有书信往来——或互相帮忙鉴定标本,或互寄出版品,或是告知近况等等。曾任中亚考察团团长,也在 1935 年后担任该馆代理馆长的安得思(Roy Chapman An-

---

①Karen Wonders, *Habitat Dioramas*: *Illusion of Wilderness in Museums of Natural History*, Uppsala, Acta Universitatis Upsaliensis, 1993, pp. 41-42, 45. 另外值得说明的是,大英博物馆内的生物类标本长期与其他种类藏品保存于同一建筑体内,直到二十世纪八十年代初,位于南肯辛顿(South Kensington)区的展馆完成,才被独立分出保存与展示,但直到 1992 年,自然史博物馆名义上一直隶属于大英博物馆。这也是为何在国际自然史博物馆界,伦敦的自然史博物馆之地位一直无法与巴黎的国立自然史博物馆相提并论的原因。

②Karen Wonders, *Habitat Dioramas*, p. 9.

drews），甚至曾在两人往来的书信中认为苏柯仁就像是该馆在中国的"非正式代表"（an unofficial representative）①。

在美国十九世纪下半叶的自然史博物馆建立潮流中，较早成立的应该就是位于纽约市的这个自然史博物馆，时间是在美国内战结束后不久的 1869 年②。之后则是于 1884 年开放，位于威斯康星州的以自然史展示为主的米尔沃基公共博物馆（Milwaukee Public Museum）。位于芝加哥，由从百货业致富的菲尔德（Marshall Field）出资成立的菲尔德博物馆（Field Museum），则于 1890 年成立③。另外，位于华盛顿特区，史密森学会辖下的美国国家博物馆虽成立于 1880 年，但其中的自然物标本直到 1910 年才被独立出来而成立专门的自然史博物馆。在美国的这波自然史博物馆发展运动中，由于是以大众教育（popular public education）为宗旨，因此展品以立体、拟真的动物标本（mounted taxidermy specimens）为主④。当时渐趋成熟的动物标本剥制技术，便是这类博物馆得以蓬勃发展的一个重要条件。在此基础上，博物馆策展人员更加注重能够让观众亲近自然的展示手法，除了许多早期发展的博物馆原本就有的同类单件标本系列陈列的方式之外，以四周透明玻璃的大展柜呈现生物群组标本（biological group）的展示方式逐渐出现，并蔚为主流。到了十九世纪末，制作成本更高、展示与观看效果更好的栖地透视展示装置开始逐渐地被许多博物馆采纳。

在这些自然史博物馆里，纽约的美国自然史博物馆可算是制作栖地展示装置最多的机构⑤。例如在 1898 年到 1920 年间，该馆就设置了 32 个以鸟类为主的大型栖地透视展示柜。其中最有名的一个是 1902 年推出的鹈鹕岛鸟群装置（The Pelican Island diorama），呈现位于佛罗里达州的鹈鹕岛因栖地被破坏而导

---

① 见安得思于 1935 年 4 月 22 日写给苏柯仁的信件。此信保存于美国自然史博物馆之档案中。
② 美国最早的博物馆出现于十八世纪末，但直到内战结束后，才开始有较多博物馆陆续成立。见 Steven Conn, *Museums and American Intellectual Life, 1876–1926*, Chicago and London, The University of Chicago Press, 1998。
③ 即现在一般所知的芝加哥自然史博物馆。
④ Stephen Christopher Quinn, *Windows on Nature: The Great Habitat Dioramas of the American Museum of Natural History*, New York, Harry N. Abrams, 2006, p. 10.
⑤ 有关这个博物馆的栖地展示装置，见 Stephen Christopher Quinn, *Windows on Nature*。

致某些鸟的种类面临灭绝的危机。据说由于此栖地透视装置逼真,感动了当时的罗斯福总统(任期1901年至1909年),使他在1903年立法,在鹈鹕岛成立了美国第一个野生动物保护区(Wildlife Refuge)①。而这样的例子后来还发生过数次。可以说这样的展示装置大量出现于二十世纪前半期的美国,多少反映了当时兴起的生态保护观念。

由于许多动物标本剥制师本身也是常到野外捕猎的标本采集者,他们与以射猎为休闲活动的运动家多有往来,彼此成为互相支持的团体。后者经常自诩为运动家兼自然史学家(sportsman-naturalist),也标榜田野自然史学家(field naturalists)与书斋中或实验室中的自然史学家不同。在美国大西部开发之后,他们目睹一些野生动物或因为原有栖地遭到破坏,或因为遭到滥捕而数量大幅减少,因此成为生态保护的鼓吹者②。在十九世纪末的美国,罗斯福总统经常被认为是这方面的典范。他在十九世纪八十年代多次到美国西部进行探险和采集标本的旅行(collecting expeditions),并且将标本捐给各个自然史博物馆进行研究③。在他总统任期内,因为意识到野生环境因国家工业化、都市化等问题而遭到破坏,他因此积极推动保护野生环境的政策,任内共成立了5个国家公园、51个野生动物保护区、150个国家森林公园。也就是说,对这样的人来说,他们并不彻底反对捕猎,但是认为应该遵守运动家精神,而且应该制定相关法律来加

---

①Karen Wonders, "Exhibiting Fauna: From Spectacle to Habitat Group", *Curator*, 32 (1989), pp. 131-156.

②Karen Wonders, *Habitat Dioramas*, pp. 157-158.

③此类由富裕人士组成的采集远征行动后又扩展到美国以外的地区。例如罗斯福提议让史密森学会出面组成一个非洲远征旅行团,采集的标本全归国家博物馆管理。他在1909年卸任后实际进行了这样的非洲远征旅行。与他同行的有多位自然史博物馆界的标本收集人员,包括当时在芝加哥菲尔德博物馆的首席剥制师艾克力(Carl Akeley, 1864—1926)。艾克力后来转往纽约的美国自然史博物馆工作,并陆续有五次到非洲探险和采集标本的机会。虽然他在1926年死于刚果,但他为该馆规划的非洲哺乳类动物展厅于1936年正式开幕后,引领了美国大多数自然史博物馆设置非洲厅的风潮。见 Claudia Kamcke, Rainer Hutterer, "History of Diorama", in Sue Dale Tunnicliffe, Annette Scheersoi (ed.), *Natural History Dioramas*, Dordrecht, Springer Netherlands, 2015, pp. 18-19。

以规范,俾使捕猎者的行为不违背大自然的生态等①。

在这样的大背景下,在自然史博物馆工作的标本采集者往往认为自己的工作有双重的急迫性,不仅应该加速为濒临绝种的动物留下未来可供研究的标本,而且应该为尚未遭到改变的野生环境留下记录。栖地透视展示装置正好被认为可以响应这两个需求。除此之外,他们也认为博物馆有责任让更多群众认识大自然、爱护大自然。栖地透视展示装置正可透过视觉效果,让观者了解动物生前活动的环境,进而使他们景仰大自然,并兴起爱护之心。

苏柯仁虽人在上海,但与美国各自然史博物馆的人员多有往来②。文会大楼于1933年重建后,博物院得以扩大面积,从原来的两间大房,变成占据新大楼第四、第五两层楼,而这两层楼被设计为镂空互通,这种规划多少是师法欧美一些自然史博物馆的设计。例如美国自然史博物馆内从1909年就开始规划,至1936年才正式开幕的非洲哺乳类动物展厅也是采取这样的设计。虽然亚洲文会博物院在空间及预算上远远不如同时代的美国大型博物馆,但其展柜设置的方式呼应了当时美国最主流的展示方式。此外,苏柯仁自诩为运动家兼自然史学家的心态也频频反映在他当时所写的文章和所参与的活动中③(彩图七)。

在人口密集、快速都市化的上海,固定参与季节性射猎的运动家也一样观

---

①这样的论调在后世多少遭到不解与批评,见 Dana Haraway, *Primate Visions: Gender, Race, and Nature in the World of Modern Science*, New York, Routledge/Chapman & Hall, 1989。尤其是第三章。

②这点可从他为《中国杂志》撰写的科学动态类短讯中看出,另外在他与纽约自然史博物馆人员的往来书信中亦可看出。他是许多英美探险家和自然史博物馆工作人员经过上海必见的人,亚洲文会博物院也是这些人一定会参观的地方,例如当时哈佛大学比较动物学博物馆的职员就发表了参观的印象: Harold J. Coolidge, Jr., "Notes on a Visit to Natural History Museums in the Old World", *The Museum News*, 10 (1932), p. 6。

③例如他曾积极参与上海的保护鸟类运动,批评大量出口禽肉的外商公司。见张宁:《在华英人间的文化冲突:上海"运动家"对抗"鸟类屠害者",1890—1920》,《"中央研究院"近代史研究所集刊》2000年第34期。他在自己主编的 The China Journal 中有多篇短文反映出他对上海建立野生动物保护区等议题的关切,例如"Greater Shanghai as a Bird Sanctuary", *The China Journal*, XXIV, 3 (1936), pp. 116–117;"Game Sanctuaries and Their Importance", *The China Journal*, XXIV, 3 (1936), pp. 175–176。

察到都市扩张对动物自然栖地的破坏。苏柯仁似乎有意借由还原栖地生态的展示方式来让离大自然愈来愈远的城市居民亲近大自然,同时兴起保护自然的想法。不论他是否真的带动上海人保护自然的观念,但许多迹象显示,他在博物院的作为颇受当地民众肯定。一方面,参观过博物馆的民众会提到这些展柜带给他们的深刻印象;另一方面,苏柯仁所写的许多自然史领域的文章被选译成中文,刊载于大众科普期刊①。

　　根据一位带领学生参观该院的中学老师的说明,当时初中教育在一年级设有动物学一科,分上下两部分,上学期课程为脊椎动物,下学期为无脊椎动物,内容除简述各门代表动物之构造外,并稍及分类学。由于有些学校并无实物可供学生参考,该博物院便成为某些老师带领学生进行校外教学的地方,而学生的反应颇佳②。参观人数的记录事实上也见证了这个博物院当时受欢迎的程度。在博物院尚未改建前,年度参观人数已达六千多人。博物院于1933年底重新开幕后,每月有上千人前往参观,到了1936年至1937年间,年度参观人数已逼近二万五千人,1939年的纪录是四万五千人,而1940年有六万五千人参观了这个博物院③。

六、结语

　　创立于十九世纪七十年代的亚洲文会博物院在经历了初期的摸索、经营人力不稳定的情况后,逐渐确定其自然史博物馆的走向,而且在二十世纪初开始受到上海当地社会重视,不仅有固定的洋人观众,华人参观人数也明显增长。

---

①在1927年到1929年间,《自然界》一刊就陆续刊登了十四篇翻译自其作品的文章。另外还有如伍况甫译:《香港生物志》,《学生杂志》1939年第3期;朱锦成译:《科学史话:在中国的一个博物学的开拓者》,《新科学》1940年第4期;宋洁如节译:《中国艺术中之动物图案》,《世界文化》1940年第6期等。另外也有专册如伍况甫译,于1934年由商务印书馆出版的百科小丛书系列的《华北动植物一瞥》。《申报》也曾经刊登一位署名EL的记者对他的专访文章:《在博物学者的家中鉴赏了一个上午:访问苏阿德先生印象记》,《申报》1939年5月16日。
②高纯甫:《亚洲文会博物院脊椎动物标本纪略》,《华东联中期刊》1940年,第19页。
③参观人数的统计乃参考学会年度报告,其变化可见附表三。

尤其是在二十世纪三十年代初期重新整顿开幕后,其还原动物栖地的新颖展览方式,搭配科普演讲等活动,有效地吸引了许多学校师生,充分显现出博物馆不是一个置放死物、古物的地方,而是一个可以用生动方式进行研究和教学的地方。

另一方面,由于博物院注重大众教育的走向,需要专门的动物标本剥制师和标本管理者,无意中促成中国本地第一代动物标本剥制师的培育,将源于西欧的动物标本制作技术传入中国,并且在西人离去后,由唐旺旺一家族于中国当地科研机构继续传承相关技术,成为一种本土化的技术流传①。而从二十世纪三十年代博物院内采用的动物栖地展示装置,也可看出这个博物院当时走在时代前端的一面。透过生动的展示方式来激起保护生态的概念,不仅与北美当时最新颖的展示方式同步,也见证了当时西人对于中国当地生态多样性与生态危机的观察。

亚洲文会博物院的历史随着第二次世界大战爆发而在1941年年底遭到第一次中断②。"二战"后文会虽勉强维持,但情况已大不如前。博物院在苏柯仁因病离华后,改由原本专管古物部门的裴毕胜(Harry E. Gibson)主持。1949年政权转移后,文会改由中国人主持,勉强维持至1952年年中。根据上海市档案馆所藏文化局资料,亚洲文会博物院的藏品在1952年6月由上海市文化局接管,内容有两部分:生物标本共20 328件,历史文物及艺术品共6 663件。当时还留用了博物院干部四人,皆为制作动物标本的技术人员。后来,这些标本连同震旦博物院的部分藏品,一并成为当地政府于1956年11月开始筹建的上海自然博物馆的基础藏品③。这所位于上海延安东路260号的博物馆曾经被认为

---

① 在中国的动物标本制作一行中,有"南唐北刘"一说,有关北方刘树芳一支的缘起和流传,可参考吴峥嵘:《标本名家刘树芳及传人》,《世纪》2009年第2期;吴峥嵘:《沧桑清黎阁:中国北派标本世家刘树芳家族百年兴衰录》,未刊稿。

② 文会在1941年10月16日还办过一次公开演讲,见 The China Journal, XXXV, 1941, p. 201。

③ 上海市档案馆B172—1—220—3"上海市文化局关于报送全国博物馆工作会议所需材料的报告",日期为1956年3月13日。有关上海自然博物馆自1956年11月筹备以来至1990年代中期的概况,可参考中国博物馆学会编:《中国博物馆志》,华夏出版社1995年版,第285—286页。

是"二战"后上海居民的共同记忆,但在 2014 年 5 月 12 日,因为上海自然博物馆新馆即将开幕,此处馆址就此关闭①。在此前曾参观过该博物馆的人应该还会看到许多"标本唐"家族成员的作品,以及部分继承自二十世纪三十年代的栖地展柜,感受到亚洲文会博物院的余韵。

──────────

①有关这个博物馆关闭前的最后场景,见袁菁:《博物:生与死的规模(上)》,《城市中国》2016 年第 74 期。笔者于此要特别感谢徐家汇藏书楼徐锦华先生提醒我注意这篇文章,也感谢袁菁女士和吴峥嵘先生热心地提供我许多关于唐家晚近情况的资料。透过吴先生的费心安排,我有幸在 2016 年底与唐家后代唐子明、唐庆瑜、唐仕华先生见面,借其口述弥补了部分文献资料之不足,于此我要特别表达对三位唐老师的敬意与谢意。此外,胡芷嫣、林莉安、林韵丰三位助理协助搜集与整理资料,容我在此一并致谢。

附表一 亚洲文会博物院历任名誉院长一览表

任职时间	姓 名	职业、身份	备 注
1874—1876	William Burgess Pryer (1843–1899)	英国领事馆职员	
1876—1877	J. P. Martin（？–1877）	邮政局长	1877 年 7 月 7 日在任内去世,旋由 Fauvel 代理
1877—1879	Albert Auguste Fauvel (1851–1909)	海关关员	法国人。1879 年因调职而离开上海
1879—1883	De Witt Clinton Jansen (1840–1894)	礼查饭店负责人	接替提前离职的 Fauvel,并继续担任一任;但因继任的 Kingsmill 因故无法履职,故再延续一年
(1881—1882)	Thomas William Kingsmill (1837–1910)	建筑师	英国人。在年会被选出,但因故无法履职,由 Jansen 续任
1883. 2—1883. 11	H. L. Smith	医师	1883 年 2 月 27 日被推举,担任至该年 11 月,因离沪而提前离职,由新会员 J. W. Wilson 续任。
1883. 11—1884. 2	J. W. Wilson	不详	接任提前离职的 J. W. Wilson,仅任职到 1884 年 2 月
1884—1886	Frederick William Styan (1838–1934)	安达生洋行	1884 年 2 月开始担任该职
1886—1888	Herbert Elgar Hobson (1844–1922)	海关关员	英国人
1888—1891	Carl Alfred Bock (1849–1932)	外交官	瑞典人
1891—1894	De Witt Clinton Jansen (1840–1894)	礼查饭店负责人	
1894—1896	Henry Vosy-Bourbon	良济药房	法国人
(1896—1897)	F. A. de St. Croix	保顺洋行	英国人。于 1896 年 6 月年会被推举,但后来婉拒担任该职,导致职务悬宕,至 1897 年 1 月 13 日才由新会员 A. Vosy-Bourbon 担任

任职时间	姓　名	职业、身份	备　注
1897—1898	A. Vosy-Bourbon	良济药房	法国人。1898 年 3 月因离沪而提前离职,由 Robert H. Cox 续任
1898. 03. 23—1898. 06	Robert H. Cox	不详	仅从 1898 年 3 月任至该年 6 月年度换任时,但后继无人担任,至 9 月 2 日才由 E. R. Lyman 担任
1898—1901	Edmund Rensselaer Lyman (？ -1919)	上海格致书院教授	在 1901 年 6 月任期结束前因离沪而提前离职,由 Barchet 代理
1901—1902	Stephen P. Barchet	美国领事馆医生	1901 年 6 月被推举,担任至 1902 年 6 月年度换任时
1902—1904	Kurt Schirmer	不详	被推举时为新会员,似未提供博物馆年度报告
			1904—1905 年无博物馆年度报告,可能无负责人
1905—1921	Arthur Stanley (1869–1931)	工部局卫生处	英国人
1921—1927	Charles Noel Davis	工部局卫生处	英国人。1923 年即由 Sowerby 担任共同名誉院长
1927—1946	Arthur de Carle Sowerby (1885–1954)	中国科学美术杂志社社长	英国人。博物院在 1942—1945 年间因战争关闭
1947—1948	Harry E. Gibson	大来洋行	美国人

附表二　亚洲文会博物院系列讲座一览表

	日　　期	讲　　题	主讲人
1	1935 年 3 月 6 日	General View of the Museum 博物院简介	A. de C. Sowerby 名誉院长
2	1935 年 3 月 13 日	Mammals in the Museum 博物院中的哺乳动物	A. de C. Sowerby 名誉院长
3	1935 年 3 月 20 日	Chinese Coins 中国钱币	H. E. Gibson 古物部门负责人
4	1935 年 3 月 27 日	Some Chinese Birds 一些中国鸟类	E. S. Wilkinson 禽类部门负责人
5	1935 年 4 月 3 日	Fossils and What They Tell Us 化石及其讯息	A. de C. Sowerby 名誉院长
6	1935 年 4 月 10 日	Snakes and Lizards 蛇与蜥蜴	E. M. Buchanan 爬虫类部门负责人
7	1935 年 4 月 17 日	Butterflies and Moths 蝴蝶与飞蛾	A. de C. Sowerby① 名誉院长
8	1935 年 4 月 24 日	Chinese Fishes 中国鱼类	Yuanting T. Chu（朱元鼎） 鱼类部门负责人
9	1936 年 2 月 26 日	Peking Man, Our Oldest Ancestor in China 北京人：中国人最早的祖先	A. de C. Sowerby 名誉院长
10	1936 年 3 月 4 日	The Primates, or Great Apes, Monkeys and Lemurs 智人、猿人、猴子与狐猴	A. de C. Sowerby 名誉院长
11	1936 年 3 月 11 日	The Lager Mammals of China 中国的巨型哺乳动物	A. de C. Sowerby 名誉院长
12	1936 年 3 月 18 日	The Smaller Mammals of China 中国的小型哺乳动物	A. de C. Sowerby 名誉院长

①此场演讲原本安排昆虫部门负责人 S. Josefsen-Bernier 主讲，此人因故无法出席，改由 A. de C. Sowerby 讲授。

	日　期	讲　题	主讲人
13	1936 年 3 月 25 日	The Birds of China 中国的鸟类	A. de C. Sowerby 名誉院长
14	1936 年 4 月 1 日	The Reptiles and Amphibians of China 中国的爬行动物与两栖类动物	A. de C. Sowerby 名誉院长
15	1936 年 4 月 8 日	The Fishes of China 中国的鱼类	A. de C. Sowerby 名誉院长
16	1936 年 4 月 15 日	The Insects and Crustaceans of China 中国的昆虫与甲壳类动物	A. de C. Sowerby 名誉院长
17	1936 年 4 月 22 日	The Mollusks of China 中国的软件动物	A. de C. Sowerby 名誉院长
18	1936 年 4 月 29 日	Some Chinese Fossils 中国的化石	A. de C. Sowerby 名誉院长
19	1936 年 5 月 6 日	Chinese Archaeology 中国考古学	A. de C. Sowerby 名誉院长
20	1936 年 5 月 13 日	The Art of China 中国的艺术	A. de C. Sowerby 名誉院长

附表三 从学会年度报告看博物院之参观人数变化

相关年度	参观人数粗估和统计	资料出处（*JNCBRAS*）
1880	一年超过 300 人	1880 年第 15 卷, 页 xxii
1885	从参观人数可看出民众的兴趣增加	1886 年第 20 卷, 页 303
1887	参观者人数持续增加, 超过前期	1888 年第 22 卷, 页 297
1888	平均每个月有 300—400 人参观	1889 年第 23 卷, 页 49
1888—1889	1888 年 6 月 1 日—1889 年 4 月 30 日, 共 3237 人	1889 年第 23 卷, 页 299
1890	一年约 3040 人	1890 年第 24 卷, 页 327
1896—1897	华人参观者增多	1900 年第 31 卷, 页 201
1900—1901	去年华人参观者特别多, 尤其每天下午特别多	1901 年第 33 卷, 页 83
1906	华人参观者颇多	1906 年第 37 卷, 页 227
1907	每天有数百名华人参观者	1907 年第 38 卷, 页 268
1912	博物馆在华人间受欢迎的程度可能会令人惊讶	1912 年第 43 卷, 页 193
1916	参观者过多给博物馆带来困扰; 尤其是华人参观者太多, 也许要考虑分疏, 并且安排看守人	1916 年第 47 卷, 页 xii
1916	限制华人参观者每周两个下午的参观时间	1916 年第 47 卷, 页 xii
1917	限制华人参观者每周两个下午的参观时间	1917 年第 48 卷, 页 xi
1923	欧美籍参观人数尚可, 若有更多展品, 应该会吸引更多参观者	1923 年第 54 卷, 页 ix
1927	华人参观者人数持续增加, 可见博物馆响应了当地社会的期待	1927 年第 58 卷, 页 vi
1928—1929	当年度 6665 人参观。实际统计数字: 1928 年 7 月份 480 人 1928 年 8 月份 506 人 1928 年 9 月份 582 人 1928 年 10 月份 496 人 1928 年 11 月份 450 人 1928 年 12 月份 398 人 1929 年 1 月份 465 人	1929 年第 60 卷, 页 vi

续表

相关年度	参观人数粗估和统计	资料出处(*JNCBRAS*)
1928—1929	1929 年 2 月份 772 人 1929 年 3 月份 684 人 1929 年 4 月份 706 人 1929 年 5 月份 693 人 1929 年 6 月 19 日止 433 人	
1929—1930	大众的兴趣持续不减,反应在实际统计数字上: 1929 年 7 月份 358 人 1929 年 8 月份 502 人 1929 年 9 月份 560 人 1929 年 10 月份 370 人 1929 年 11 月份 495 人 1929 年 12 月份 408 人 1930 年 1 月份 387 人 1930 年 2 月份 750 人 1930 年 3 月份 702 人 1930 年 4 月份 719 人 1930 年 5 月份 654 人	1930 年第 61 卷,页 iv
1934	平均每月有上千人参观	1934 年第 65 卷,页 xviii
1935	参观人潮稳定	1935 年第 66 卷,页 iii
1936	参观人数持续成长,尤其孩童数量增加	1936 年第 67 卷,页 iv
1936—1937	有详细记录,1936 年 7 月是 778 人,到了 1937 年 5 月是 3229 人,其中在 1937 年 2 月达到高峰,有 3389 人参观;从年会报告的时间往回计算,不满一年的时间,已有 24 424 人参观;其中有许多是小学生,但也有不少大专学生	1937 年第 68 卷,页 v
1937—1938	1937 年年中的战事对博物馆活动有影响,但从 1938 年 1 月起,参观人数就持续增加,1938 年 11 月有 2623 人,12 月有 2171 人;尤其是大学生和研究者,由于其资源受影响,因此到学会用图书馆、博物馆的人增多	1939 年第 69 卷,页 x

续表

相关年度	参观人数粗估和统计	资料出处(*JNCBRAS*)
1939	过去 12 个月内有 45 000 人参观,大约每月平均 3755 人,其中巅峰是 5 月,有 8254 人;全年比 1938 年多了约 21 000 人	1940 年第 70 卷,页 v
1940	一年至少有 65 049 人次参观,比 1939 年多 20 000 人	1941 年第 71 卷,页 xiii
1946	1946 年共 23687 人次参观,平均每天 85 人,平均每月 2220 人。实际统计数字: 1946 年 1 月份 2584 人 1946 年 2 月份 2329 人 1946 年 3 月份 2358 人 1946 年 4 月份 2334 人 1946 年 5 月份 2791 人 1946 年 6 月份 1859 人 1946 年 7 月份 2658 人 1946 年 8 月份 1835 人 1946 年 9 月份 1024 人 1946 年 10 月份 2309 人 1946 年 11 月份 2295 人 1946 年 12 月份 2311 人	1947 年第 72 卷,页 92
1947	这年大约有 43 517 参观人数,是前一年的一倍;其中四月、五月人数最多	1948 年第 73 卷,页 i

参 考 文 献

一、中文文献

《博物院谈话:中国元始祖先北京人》,《申报》1936 年 2 月 28 日。

陈端志:《博物馆学通论》,上海市博物馆,1936 年。

《晨光团参观博物院记》,《上海青年》1938 年第 38 卷第 23—24 期。

陈胜昆:《中国科学社生物研究所之研究》,台湾师范大学历史研究所硕士论文,
　　1984 年。

《创设博物院》,《申报》1875 年 11 月 4 日。

戴丽娟:《从徐家汇博物院到震旦博物院:法国耶稣会士在近代中国的自然史研
　　究活动》,《"中央研究院"历史语言研究所集刊》2013 年第 2 期。

《在博物学者的家中鉴赏了一个上午:访问苏阿德先生印象记》,《申报》1939 年
　　5 月 16 日。

高纯甫:《亚洲文会博物院脊椎动物标本纪略》,《华东联中期刊》,1940 年。

《国立中央研究院职员录》,民国十八年(1929)。

亨利·尼克斯(Henry Nicholls),黄建强译:《来自中国的礼物:大猫熊与人类相
　　遇的一百年》,新北市:八旗文化出版,2011 年版。

胡道静:《上海博物院史略》,上海通社编:《上海研究资料续集》,上海书店 1992
　　年版。

胡鸿兴:《唐家的鸟:记武汉大学生物系标本室高级工程师唐瑞昌》,《大自然》
　　1981 年第 2 期。

胡宗刚:《静生生物调查所史稿》,山东教育出版社 2005 年版。

江冬妮:《东方文化的使者:〈中国杂志〉简述》,《都会遗踪》2011 年第 2 期。

雷孜智著,尹文涓译:《千禧年的感召:美国第一位来华新教传教士裨治文传》,
　　广西师范大学出版社 2008 年版。

李天纲:《导论》,上海图书馆编:《中国杂志》,上海科学技术文献出版社 2015
　　年版。

李祖凤:《标本世家的百年沧桑:六代人缔造的生物界传奇》,《知识家》2013 年
　　第 1 期。

《两颗头颅万里行》,《申报》1912 年 1 月 22 日。

丘濂:《标本唐:一个家族的标本制作传奇》,《三联生活周刊》2010 年第 579 期。

宋洁如节译:《中国艺术中之动物图案》,《世界文化》1940 年第 6 期。

苏精:《铸以代刻:传教士与中文印刷变局》,台北:台大出版中心 2014 年版。

上海市档案馆编:《上海租界志》,上海社会科学院出版社 2001 年版。

上海市档案馆,B172—1—220—3,"上海市文化局关于报送全国博物馆工作会

议所需材料的报告",日期为 1956 年 3 月 13 日。

上海档案馆,震旦大学档案 Q244—470。

王毅:《皇家亚洲文会北中国支会研究》,上海书店 2005 年版。

吴趼人:《吴趼人全集》第六卷,北方文艺出版社 1998 年版。

伍况甫译:《华北动植物一瞥》,商务印书馆 1934 年版。

伍况甫译:《香港生物志》,《学生杂志》1939 年第 3 期。

吴峥嵘:《百年"标本唐"》,《档案春秋》2007 年第 2 期。

吴峥嵘:《标本名家刘树芳及传人》,《世纪》2009 年第 2 期。

吴峥嵘:《沧桑清黎阁:中国北派标本世家刘树芳家族百年兴衰录》,未刊稿。

《厦门大学七周纪念特刊》,厦门大学编译处周刊部。

尹文涓:《中国丛报与 19 世纪西方汉学研究》,《汉学研究通讯》2003 年第 2 期。

袁菁:《博物:生与死的规模(上)》,《城市中国》2016 年第 74 期。

袁菁:《标本唐:旨意与意志》,《城市中国》2016 年第 74 期。

袁菁:《崇明东滩,"标本唐"的身影》,《城市中国》2016 年第 75 期。

原壮、中旬:《本馆象标本制作的经过》,《西湖博物馆馆刊》1934 年第 2 期。

曾昭燏:《博物馆》正中书局 1943 年版。

张宁:《在华英人间的文化冲突:上海"运动家"对抗"鸟类屠害者",1890—
　　1920》,《"中央研究院"近代史研究所集刊》2000 年第 34 期。

赵锦福:《上海博物院参观记》,《科学趣味》1940 年第 3 卷第 2 期。

中国博物馆协会编:《中国博物馆一览》,中国博物馆协会 1936 年版。

中国博物馆协会编:*Guide to the Tientsin Anglo-Chinese Museum*。

中国博物馆学会编:《中国博物馆志》,华夏出版社 1995 年版。

朱锦成译:《科学史话:在中国的一个博物学的开拓者》,《新科学》1940 年第
　　4 期。

上海市地情资料库:唐旺旺 http://www.shtong.gov.cn/node2/node4429/
　　node4432/node70711/node70715/node70723/userobject1ai54307.html(2010/
　　1/24 浏览)。

二、西文文献

"A Shanghai Jubilee:The Royal Asiatic Society", *The North-China Herald*, 18

Oct. 1907.

Box, Rev. E., "In Memoriam: Rev. Joseph Edkins", *The Chinese Recorder and Missionary Journal*, 1 June 1905.

Bridgman, Elijah Coleman, "Inaugural Address", *JNCBRAS*, 1858.

Clark, Robert Sterling, Arthur de Carle Sowerby, *Through Shên-kan: The Account of the Clark Expedition in North China*, *1908–9*, London, T. F. Unwin, 1912.

Conn, Steven, *Museums and American Intellectual Life*, 1876–1926, Chicago and London, The University of Chicago Press, 1998.

Coolidge, Harold J., Jr., "Notes on a Visit to Natural History Museums in the Old World, " *The Museum news*, 10 (1932).

Davis, Charles Noel, "The Honorary Curator's Report", *JNCBRAS*, 54 (1923).

Dehergne, Joseph, « Le fonds Sowerby », *Bulletin de l'Université l'Aurore*, 3, 24 (1945).

Fairbank, John *et al.*, *H. B. Morse, Customs Commissioner and Historian of China*, Kentucky, University Press of Kentucky, 1995.

Farber, Paul Lawrence, "The Development of Taxidermy and the History of Ornithology", *Isis*, 68 (1977).

Farber, Paul Lawrence, *Discovering Birds: The Emergence of Ornithology as a Scientific Discipline*, *1760–1850*, Baltimore, John Hopkins University Press, 1997.

"Further Hunting of Giant Pandas Forbidden", *The China Journal*, XXX, 5 (1939).

Haraway, Dana, *Primate Visions: Gender, Race, and Nature in the World of Modern Science*, New York, Routledge/Chapman & Hall, 1989.

Hornaday, William Temple, "The Society of American Taxidermists", *Science*, vol.os–1, 4 (1880).

"Interest Growing in Shanghai Museum: Novel Attraction in Display of 'Peiping Man' in Cave", *North-China Herald*, 27 Mar. 1935.

JNCBRAS, ns., 1 (1864).

Kamcke, Claudia, Rainer Hutterer, "History of Diorama", in Sue Dale Tunnicliffe, Annette Scheersoi (ed.), *Natural History Dioramas*, Dordrecht, Springer Netherlands, 2015.

Kinnear, N. B., "Mr. C. B. Rickett", *Nature*, 3 June 1944.

"Museum Lecture Series Completed", *The China Journal*, XXIV, 6 (1936).

La Touche, John David Digues, "The Collection of Birds in the Shanghai Museum", *JNCBRAS*, 40 (1909).

La Touche, John David Digues, *A Handbook of the Birds of East China*, London, Taylor and Francis, vol. 2, 1931–1934, frontispiece.

"Notes on Heude's Bears in the Sikawei Museum, and on the Bears of Palaearctic Eastern Asia", *Journal of Mammalogy*, 1, 5 (1920).

"Obituary", *JNCBRAS*, 62 (1931).

"Obituary: John David Digues La Touche, "*Ibis*, 77, 4 (1935).

Old Mortality (pseud.), "The North-China Branch of the Royal Asiatic Society", *The North-China Herald*, 30 Oct. 1873.

"On Heude's Collection of Pigs, Sika, Serows, and Gorals in the Sikawei Museum, Shanghai", *Proceedings of the Zoological Society of London*, 1917.

"Peking Man to Be Shown Here: Replica of Skull Donated to R. A. S. Museum", *North-China Herald*, 14 Nov. 1934.

Pickstone, John V., "Museological Science? The Place of the Analytical/Comparative in Nineteenth-Century Science, Technology, and Medicine", *History of Science*, 32 (1994).

Pickstone, John V., *Ways of Knowing: A New History of Science, Technology and Medicine*, Manchester, Manchester University Press, 2000.

"Proceedings", *Journal of the North China Branch of the Royal Asiatic Society* (*JNCBRAS*), XXX, 1903–1904.

"Proceedings of the annual general meeting", *JNCBRAS*, 64 (1933).

Quinn, Stephen Christopher, *Windows on Nature: The Great Habitat Dioramas of the American Museum of Natural History*, New York, Harry N. Abrams, 2006.

Rookmaaker, L. C., P. A. Morris, I. E. Glenn, P. J. Mundy, "The Ornithological Cabinet of Jean-Baptist Bécoeur and the Secret of the Arsenical Soap", *Archives* of Natural History, 33, 1 (2006).

Rowley, John Stewart, Taxidermy and Museum Exhibition, 1925.

"Royal Asiatic Society as Cultural Force", The North-China Herald, 30 June 1937.

Smith, Carl T., Chinese Christians: Elites, Middlemen, and the Church in Hong Kong, Hong Kong, Oxford University Press, 1985.

Stevens, Keith, "Naturalist, Author, Artist, Explorer and Editor and An Almost Forgotten President: Arthur de Carle Sowerby 1885–1954 President of the North China Branch of the Royal Asiatic Society 1935–1940", Journal of the Royal Asiatic Society Hong Kong Branch, 38 (1998).

Sowerby, Arthur de Carle, Fur and Feather in North China, Tientsin, Tientsin Press, 1914.

Sowerby, Arthur de Carle, Sport and Science on the Sino-Mongolian Frontier, London, A. Melrose, 1918.

Sowerby, Arthur de Carle, The Exploration of Manchuria, Washington, Government Printing Office, 1921.

Sowerby, Arthur de Carle, The Naturalist in Manchuria, Tientsin, Tientsin Press, 1922–1923.

Sowerby, Arthur de Carle, "The Honorary Curator's Report", JNCBRAS, 56 (1925).

Sowerby, Arthur de Carle, "Curator's Report", JNCBRAS, 59 (1928).

Sowerby, Arthur de Carle, "Curator's Report", JNCBRAS, 63 (1932).

Sowerby, Arthur de Carle, "T'ang Wang Wang", The China Journal, XVI, 2(1932).

Sowerby, Arthur de Carle, "The panda or cat-bears", The China Journal, XVII, 6 (1932).

Sowerby, Arthur de Carle, "The Personnel of the Shanghai Museum", The China Journal, XIX, 5 (1933).

Sowerby, Arthur de Carle, "The History of the Shanghai Museum", The China Journal, XIX, 5 (1933).

Sowerby, Arthur de Carle, "Hunting the giant panda", The China Journal, XXI,

1 (1934).

Sowerby, Arthur de Carle, "Curator's Report", *JNCBRAS*, 66 (1935).

Sowerby, Arthur de Carle, "Greater Shanghai as a Bird Sanctuary", *The China Journal*, XXIV, 3 (1936).

Sowerby, Arthur de Carle, "Game Sanctuaries and Their Importance", *The China Journal*, XXIV, 3 (1936).

Sowerby, Arthur de Carle, "Curator's Report", *JNCBRAS*, 67 (1936).

Sowerby, Arthur de Carle, *China's Natural History: A Guide to the Shanghai Museum (R.A.S.)*, Shanghai, Royal Asiatic Society, North China Branch, 1936.

Sowerby, Arthur de Carle, "A baby panda comes to town", *The China Journal*, XXV, 6 (1936).

Sowerby, Arthur de Carle, "Curator's Report", *JNCBRAS*, 68 (1937).

Sowerby, Arthur de Carle, "Live giant pandas leave Hongkong for London", *The China Journal*, XXIX, 6 (1938).

Sowerby, Arthur de Carle, "Curator's Report", *JNCBRAS*, 69 (1939).

Sowerby, Arthur de Carle, "Royal Asiatic Society Meeting", *The North-China Herald*, 25 Jan. 1939.

Sowerby, Arthur de Carle, "A Pioneer Naturalist in China", *The China Journal*, XXXI, 5 (1939).

Sowerby, Arthur de Carle, "Curator's Report", *JNCBRAS*, 70 (1940).

Sowerby, Richard Raine, *Sowerby of China: Arthur de Carle Sowerby*, Kendal, Titus Wilson and Son, 1956.

"R.A.S. as Cultural Centre in Shanghai", *North-China Herald*, 24 July 1935.

Roosevelt, Theodore, Kermit Roosevelt, *Trailing the Giant Panda*, New York, Charles Scribner's sons, 1929.

The China Journal, XXXV, 1941.

"The Library", *The North-China Herald*, 18 Apr. 1874.

The North-China Herald, 25 Sept. 1858.

"The Royal Asiatic Society North China Branch: Museum Lecture Series Completed", *The China Journal*, XXIV, 6 (1936).

Vosy-Bourbon, Henry, "Honorary Curator's Report", *JNCBRAS*, ns., 27 (1895).

Wonders, Karen, "Exhibiting Fauna: From Spectacle to Habitat Group", *Curator*, 32 (1989).

Wonders, Karen, *Habitat Dioramas: Illusion of Wilderness in Museums of Natural History*, Uppsala, Acta Universitatis Upsaliensis, 1993.

Wylie, Alexander, *Memorials of Protestant Missionaries to the Chinese*, (1st ed. 1867), Taipei, Ch'eng-wen Publishing Company, 1967.

技术与工程

法国中文印刷与汉字活字(18—19 世纪)*

米盖拉（Michela Bussotti）**

蓝　莉（Isabelle Landry-Deron）***　著

吴　旻　译

　　当欧洲人"发现"中国之时，意图复制中国的文字，很自然地想到运用活字印刷的方法。法国国家印刷局存有相当数量的东方活字，其中包括 18 世纪上半叶开刻于法国，并于 19 世纪初完成的"摄政王黄杨木字"，它们至今保存完好。研究这套汉字活字的历史，不仅涉及印刷的技术，而且可以了解欧洲汉学的肇启。

　　本文分为三个部分，首先将介绍 18 世纪法国制作的整套汉字木活字的有关情况，论及两部用这套汉字木活字印刷的书籍：傅尔蒙（Étienne Fourmont, 1683—1745）的著作与小德经（Chrétien-Louis De Guignes, 1759—1845）的字典，并将介绍作为该套活字的中国范本《谐声品字笺》。本文第二部分将略论意大利的情况，因

---

*作者在此特别向法国国家印刷局致谢，并感谢中国科学院自然科学史研究所与中国国家图书馆的各位同仁以及法国远东学院，使得本次演讲得以顺利进行。本文是正在法国国家印刷局进行的共同研究的阶段性成果，另有两篇相关法文文章已经在《通报》发表〔*T'oung Pao* 101, 4–5（2015）〕：米盖拉：《关于叶尊孝的〈汉拉词典〉以及市面上的词汇集：两个世纪当中意大利与法国的汉字印刷》（Michela Bussotti, « Du dictionnaire chinois-latin de Basilio Brollo aux lexiques pour le marché：deux siècles d'édition du chinois en Italie et en France », pp. 363–406）；蓝莉：《1813 年的〈汉法拉词典〉》（Isabelle Landry-Deron, « Le Dictionnaire chinois, français et latin de 1813 », pp. 407–440）。

**米盖拉，法国远东学院教授。

***蓝莉，法国社会科学高等研究院研究员。

为中文印刷的问题同时出现在罗马与巴黎，并且就在拿破仑远征意大利期间，叶尊孝(Basilio Brollo, 1648—1704)的《汉拉词典》被带回了巴黎，并成为 1813 年《汉法拉词典》(*Dictionnaire chinois, français et latin*)的范本①。本文最后将展示有关法国国家印刷局的汉字活字及其档案资料作为总结。

一、"摄政王黄杨木字"及其印刷品

(一)汉字木活字的保存地点

18 世纪法国制作的整套汉字木活字是独一无二的。自 2005 年起，这些术活字以及当时制作术活字的装置，就被保存在了国家印刷局搬迁后的制造厂址——诺尔省(département du nord, 59)的弗勒-昂-艾斯克比尤(Flers-en-Escrebieux)，靠近与比利时接壤的杜埃市(ville de Douai)。这个处于严密安保之下的地方，专门负责印刷官方文件(身份证、护照、驾照、《政府公告报》等等)，因此进出此处是被严格管控的。目前负责这套活字藏品的噶布勒夫人(Nelly Gable)，有着工艺大师的头衔。收藏汉字活字的地下室里同时还保存着希腊文、希伯来文等的钢制字冲(poinçons d'acier)。在搬迁之前，国家印刷局位于巴黎。17—18 世纪时，它就在卢浮宫内，但是汉字活字似乎是在位于 Vivienne 路的王家图书馆里镌刻的。

国家印刷局由法国国王弗朗索瓦一世(François 1er, 1494—1547)于 1540 年创立。之后，这个国家机构的名称随着时代不同而有所变化：在法国大革命之前，它一直是"王家"的；大革命时期它成为"国家"的；在拿破仑一世时期一度变为"皇家"的；波旁王朝复辟之后又回到"王家"；拿破仑三世时期再一次重返

---

①《汉法拉词典——出版发行受命于拿破仑大帝陛下，由对外关系部专员、法兰西学术院第一及第三室通讯院士德经先生编纂》(*Dictionnaire chinois, français et latin, publié d'après l'ordre de sa Majesté l'Empereur et Roi Napoléon le Grand; par M. De Guignes, résident de France à la Chine, attaché au Ministère des relations extérieures, correspondant de la première et de la troisième classe de l'Institut*)的扉页上标明该书由国家印刷局于 1813 年在巴黎出版发行(《À Paris, de l'Imprimerie impériale, 1813》)。可在法国国家图书馆网页上看到其收藏的原本：http://gallica.bnf.fr/ark:/12148/bpt6k6251473n。

"皇家";随着共和国的建立又一次成为"国家"的。因此,在档案中找到的各种
官方文献对它有着不同的称呼,但是实质上涉及的始终是同一机构。

　　法国王家印刷局是欧洲最早提出为东方语言(古希腊文、希伯来文、阿拉伯
文、叙利亚文等等)开创活字印刷计划的古老机构之一。汉字活字的镌刻开始
于 1715 年,正值奥尔良公爵腓力二世(Philippe d'Orléans, 1674—1723)摄政时
代,因此这套活字也被称为"摄政王黄杨木字"。黄杨是指镌刻活字所用的木料
(实际上用的是梨木)。这项工程一直持续到了 1740 年至 1742 年。相关的人
物有三位:比尼翁(Abbé Jean-Paul Bignon, 1662—1743)、傅尔蒙与黄嘉略(Ar-
cade Hoange, 1679—1716)。

图1　噶布勒夫人(法国国家印刷局成员)及地库内抽屉中收藏的
木活字
　　　　　　　　　　　　　　　　　　　　　　　　(米盖拉　摄影)

(二)有关人物

　　比尼翁曾是王家图书馆馆长与王家印刷局的局长,也是这套活字的设计
者。作为科学院、铭文学院、法兰西学术院(l'Académie française)成员与《学者
报》(Journal des Savants)主任,他是个非常有影响力的人物①。他来自一个国家

————————

① 1665—1790 年间发行的欧洲最古老的文学期刊。

高官世家蓬夏特兰家族(les Pontchartrain),路易十四的数位大臣都来自这个家族。尽管他本人是神职人员,但他支持王室创建隶属于学术机构的世俗汉学的想法。他一直拥护先后主事的大臣柯尔贝尔(Colbert, 1619—1683)以及卢瓦(Louvois, 1641—1691)的政策,力主为了王家机构(图书馆、印刷局及各种学院)的利益创建新知。是他一手拍板把镌刻活字的任务交给了王家学院的教授傅尔蒙来完成,并且在王家图书馆聘用了黄嘉略①。

　　傅尔蒙是位东方学家,是王家学院(即今天的"法兰西学院")的阿拉伯语教授,他开始时并不懂中文。他之所以被选中主持汉字活字的镌刻工作,就是因为在这个机构里并没有其他在俗的教授懂得中文②。当时,负责操作的刻工也不认得汉字,亦没有任何一家欧洲学术机构教授中文。今天看来这是很奇怪的事,但是当时的人却不认为这是不可克服的困难,因为当时的目的只是要将传教士的知识集中起来,而天主教传教士是自1583年以来唯一获准在中华帝国长期居留的人③。在黄嘉略去世之后,傅尔蒙仍独自一人执着于汉学研究④。从现有史料来看,那时并无任何一位从中国返欧的传教士来帮助他⑤。1733年,在王家学院他开设了欧洲公共机构的第一门中文课:《论语》前八章的阅读理解;而

---

① 参见傅尔蒙著作中比尼翁写给前者的信: Étienne Fourmont, *Meditationes sinicae*, Paris, Musier, 1737, pp. 137-138;许明龙:《黄嘉略与早期法国汉学》,中华书局2004年版;Cecile Leung, *Étienne Fourmont (1683-1745): Oriental and Chinese languages in Eighteen-Century France*, Louvain, Leuven University Press, 2002。

② 欧洲第一个中文教席正是创立于王家学院(即今天的法兰西学院),占据这一讲席的是雷慕沙(Jean-Pierre Abel-Rémusat, 1788—1832),他于1815年1月18日开讲第一课。

③ 即罗明坚(Michele Ruggieri, 1543—1607)与利玛窦(Matteo Ricci, 1552—1610),参见 Hsia Ronnie Po-Chia, *A Jesuit in the Forbidden City: Matteo Ricci 1552-1610*, Oxford, Oxford University Press, 2010;徐光台:《朝天记——重走利玛窦之路》,上海古籍出版社2012年版。

④ 参见 Cecile Leung, *Étienne Fourmont (1683-1745)*,《傅尔蒙身后的清单》, Appendix 2, p. 256.

⑤ 傅尔蒙与耶稣会士杜赫德(Jean-Baptiste Du Halde, 1674—1743)之间并未有过合作,后者编纂了《中华帝国全志》(*Description géographique, historique, chronologique, politique et physique de l'empire de la Chine et de la Tartarie chinoise*, Paris, Le Mercier, 1735; La Haye, Scheeuleer, 1736)。关于这一问题,参见蓝莉:《请中国作证:杜赫德的〈中华帝国全志〉》,商务印书馆2015年版,第363页。

这部《论语》正是用"摄政王黄杨木字"印制的①。他培养出了两位学中文的学生，一位是他的外甥勒戴索特雷（Michel-Ange Leroux-Deshauterayes，1724—1795），另一位就是德经；正是后者为我们提供了"摄政王黄杨木字"制作的有关历史情况②。

黄嘉略是那个时期东方学研究者的重要华人助手，他不仅给傅尔蒙，还给弗雷莱（Nicolas Fréret，1688—1749）等汉学家提供了大量信息③。他是 1703 年跟随巴黎外方传教会传教士来到巴黎的中国天主教徒。比尼翁聘用他的目的是想开始编写一部以偏旁部首检字的字典，以及为王家图书馆的中文藏书编目。该图书馆藏书总量仅次于梵蒂冈图书馆。1685 年赴华的法国耶稣会士"国王数学家"就曾接受过指令，要他将中文著作带回或是寄回巴黎④。之后，又有巴黎外方传教会同样寄返诸多中文著作。黄嘉略曾在五十多册藏书上留下了手写编号。他逝世于 1716 年，那时木刻活字的工程刚刚开始，然而他在提供中文著作有关各种汉文信息要素中起到了关键的作用，傅尔蒙后来也再次使用这些信息要素。

（三）工程的进展

据悉在 1720 年，有一份汉字偏旁部首表被呈给摄政王，然而我们未能找到相应原本。1722 年 4 月 14 日，傅尔蒙在法兰西铭文与美文学院

---

① Étienne Fourmont, *Linguae Sinarum mandarinicae hieroglyphicae Grammatica duplex, latine et cum characteribus Sinensium. Item Sinicorum Regiae Bibliothecae librorum catalogus, denuo, cum notiis amplioribus & charactere sinico, editus*, Paris, H. L. Guérin, 1742, pp. 336–338. Étienne Fourmont, *Réflexions critiques sur les histoires des anciens peuples Chaldéens, Hébreux, Phéniciens, Egyptiens, Grecs, etc. jusqu'aux temps de Cyrus*, Paris, Musier, 1735.

② Joseph De Guignes, *Essai historique sur la typographie orientale et grecque de l'Imprimerie royale*, Paris, Imprimerie Royale, 1787, pp. 73–76.

③ Danielle Elisseeff-Poisle, *Nicolas Fréret (1688–1749). Réflexions d'un humaniste du XVIIIᵉ siècle sur la Chine*, Paris, Collège de France, Mémoires de l'Institut des Hautes Etudes chinoises, 1978; Danielle Elisseeff-Poisle, « Les caractères chinois de Fourmont et l'édition des 214 clefs », in *L'Art du livre à l'Imprimerie nationale*, Paris, 1973, pp. 163–169.

④ Isabelle Landry-Deron, « Pour la perfection des sciences et des arts. La mission jésuite française en Chine sous le patronage de l'Académie royale », in Pierre-Sylvain Filliozat, *L'oeuvre des missionnaires en Asie*, Paris, Académie des Inscriptions et Belles-Lettres, 2011, pp. 77–96.

（l'Académie des Inscriptions et Belles-Lettres）现身，目的是介绍这项工程。1722 年 5 月的《文雅信使》（*Mercure galant*）杂志提及这一事件①，并且确信有 2 万 5 千个字已经刻好。1730 年 4 月，《学者报》报道，傅尔蒙再一次在铭文学院提及已刻好 5 万字。我们找到的有关账目会计资料尽管只到 1734 年，但是刻字工程应该一直延续到了 1740 年。傅尔蒙在世之时已经刻好的活字数目一直不很清楚。1744 年 12 月耶稣会士卜文气神父（Louis Porquet，1671—1752）在一封写于澳门的信中提到，活字数目有 12 万，下文中将会论及于此。我们可以说镌刻活字计划一开始就是想要制造数目巨大的活字（按照德经的话说是"异常惊人的"数量），很可能其目的是要使得这套活字在欧洲独占鳌头。"摄政王黄杨木字"镌刻了两种字号，大多数都是 40 号；24 号在数目上要少很多，并且较多舛错。

　　对于如何使用"摄政王黄杨木字"，傅尔蒙其实是野心勃勃的。1733 年 4 月的《凡尔登报》（*Le Journal historique sur les matières du temps*）就提到，傅尔蒙准备用它印制出版五部字典共计七十卷；但是在他生前一部也未能面世。

　　在傅尔蒙生前用这批活字印制的著作有：

　　1. 1735 年，《中国历代皇帝列表》中对于古代民族历史的"评论性思考"（第二卷第 441 页）。

　　2. 1737 年，其著作《中国沉思录》（*Meditationes sinicae*）中带有汉字的部分。

　　3. 1742 年，其著作《汉语文典》（*Linguae Sinarum Mandarinicae hierogliphicae Grammatica duplex*）中带有汉字的部分。

　　其中，《汉语文典》的两次印刷尤具历史价值：

　　1. 有他开设的第一门中文课中的 5 页，共计 215 个汉字，为《论语》的前数章（第 327—328 页以及第 336—338 页）。

　　2.有王家图书馆的中文书目（第 349—500 页）②，并带有中文书名（以及极少的作者名）。尽管这份目录充斥着错谬——这一点先有耶稣会汉学家，后有雷慕沙

①1672 年开始发行的月刊。

②《 Registre Journal des Assemblées et des Délibérations de l'Académie Royale des Inscriptions et Médailles 》，(s.d.)，17 février, 17 mars, 5 juin, 30 juin, 30 juillet, Cecile Leung, *op. cit.*, p. 218.

(Jean-Pierre Abel-Rémusat, 1788—1832)分别指出过——但它在当时仍是独一无二的,因为那时欧洲还没有人为任何一套藏书在公开出版的著作中印制带有汉字的目录。

(四)沉睡七十年之后的意外苏醒

在 1745 年中文目录问世以及博尔蒙逝世之后,用这套活字进行的印刷活动就暂时停止了。其中有很多原因:来自王室的资助骤然消失,人员的逝世,耶稣会的解散以及法国大革命。尤其是因为其字号(40 号)所带来的问题——这套活字只能应用于印刷较大的开本。1805 年,在拿破仑一世登基为帝之际,人们印制了101 种文字的天主教《主祷文》(Oratio Dominica),用来献给专门从罗马赶来巴黎为皇帝加冕的教皇庇护七世,其中就有用这套活字印制的中文版本①。三年之后的 1808 年 10 月 22 日,皇帝颁布谕旨,下令印制一部中文词典,并特别指定要用"摄政王黄杨木字"印刷。汉、法、拉丁三语词典于 1813 年面世。这项任务当时被交给小德经完成,他是上文提到的博尔蒙的学生德经的儿子。当时与他竞争这项任务的有曾主持上述中文主祷文印制的哈格(Joseph Hager, 1757—1819),还有1789 年开始在伦敦跟随华人学习中文的孟图奇(Antonio Montucci, 1762—1829)。然而,被选中的小德经本人既不是语言学家,也不是词典学家,又不是文献学家;他的父亲是他的中文启蒙教师。25 岁那年,他远赴亚洲并于 1784 年到达广州②。他在法国领事馆工作了 10 年,并跟随荷兰蒂钦(Isaac Titsingh, 1745—1812)使团前往北京(1794—1795)。小德经脱颖而出得益于其父的旧识、时任帝国图书馆东方手稿部主任的朗格莱(Louis Mathieu Langlès, 1763—1824)的支持。

标志着国家资助重新开启中文字典印制的事件是,在督政府时代,1796 年—1798 年意大利战役的战利品之一,原藏梵蒂冈图书馆的《汉字西译》被运往巴黎。这部手稿由意大利方济各会士叶尊孝 17 世纪末编纂于南

---

①*Oratio dominica CL linguis versa, et propriis cujusque linguae characteribus plerumque expressa, edente J. J. Marcel*, Paris, Imprimerie impériale, 1805. 见 *Pater noster* n°27。

②Henri Cordier, « Le consulat de France à Canton au XVIIIe siècle », *T'oung Pao*, IX/1 (1908), pp. 47–96; Henri Cordier, « Les correspondants de Bertin, secrétaire d'État au XVIIIe siècle. III: De Guignes », *T'oung Pao*, n.s., vol. XIV/5 (1913), pp. 497–536.

京,被认为是传教士留下的写得最好的双语词汇集。朗格莱将此书到达巴黎的消息发布在 1800 年的《百科全书杂志》(*Magasin Encyclopédique*)上。小德经一直因有抄袭之嫌而被人诟病,因为词典的书名页上奉承地提及他的名字,却对叶尊孝只字未提。当然,在前言里小德经还是提到了这位神父的。将意大利人的有关工作降低到次要地位可能出于皇帝的决定,因为他想要在与英国的竞争中,让法国赢得编纂第一部中文字典的荣誉。整个欧洲知识界都在等待着这一工具。马礼逊(Robert Morrison, 1782—1834)编纂的 6 卷本《华英字典》(*Dictionary of the Chinese Language*)中的第一卷则于 1815 年在澳门由英国东印度公司专属的印刷厂印制出版①。

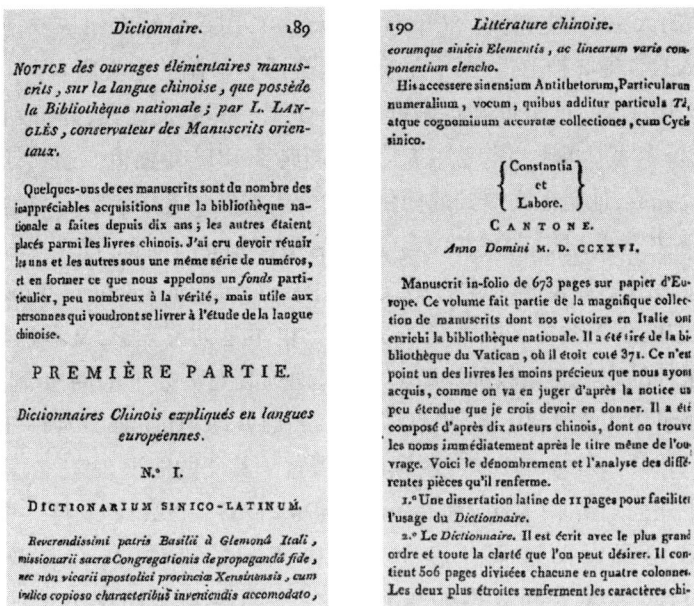

图 2　在 1800 年的《百科全书杂志》(*Magasin encyclopédique*, VIII–2)上发表了《汉字西译》抄本的介绍

---

① 马礼逊字典的详细出版信息: *A Dictionary of the Chinese Language, in three parts, by the Rev. Robert Morrison*, Macao, East India Company Press, Part I, vol. 1–3 (按部首排列) (1815), Part II, vol. 4–5 (按发音排列) (1822), Part III, vol. 6 (1823)。

(五)"摄政王黄杨木字"的制作

这套活字中的每一个都是立方体,阳刻,并且因使用的频率高低不同而带有深浅不同的墨痕。高频字都刻了两个甚或更多,以满足同一块板的排版需要。它们都依据偏旁部首整理收纳,根据 17 世纪末设置的 214 个偏旁部首排列,这也是被 1716 年的《康熙字典》所认可采纳的。每个抽屉都分为 10 行,可收纳 300 个至 350 个活字。收纳按照从下至上从左至右的次序,如位于左下方的 1 号抽屉,收纳了偏旁部首 1—8 的活字。原来共有 236 个这样的抽屉,目前的收藏共有 456 个抽屉,包括了以后补刻的活字,其中就有克拉普鲁特(Julius Klaproth, 1783—1835)为了刻印《〈叶尊孝拉汉字典〉补编》(*Supplément au dictionnaire chinois-latin du père Basile de Glemona*)而补刻的活字①。法兰西学院汉学教席、"满汉语言文学"的第一人雷慕沙与之合作了这部著作。

国家印刷局准许我们将活字从抽屉里拿出来以便研究。活字的侧面都标注了数字、记号,为的是方便不认识中文的工人在必要的使用之后还能将其重新收纳。活字侧面的数字与 1813 年词典中的一致。我们在研究中还曾将错误放置的活字重新归置到抽屉之中,例如偏旁部首 5 的活字就是我们自己取出并且重新摆放归置的。整理归置的原则是在刻字工程的最初就制定好的。黄嘉略教会了傅尔蒙和弗雷莱偏旁部首的用法。

德经曾在 1787 年说明这套活字的字模镌刻是仿照以韵检字的《谐声品字笺》(1677 年刊行)。1742 年的中文书目里确有这部字典(Fourmont X;Courant, Chinois 4656)②。为了方便西方人查阅,德经改变了原有册页的顺序,而代之以元音的排列:a、e、i、o、ou。根据现在的观察,我们认为的确是这部《谐声品字笺》被交给了画工,他摹写之后再交给刻工。出于对一致性的要求,德经坚持字体摹写有

---

①*Supplément au dictionnaire chinois-latin, du P. Basile de Glemona* (*imprimé en 1813, par les soins de M. de Guignes*) / *Publié d'après l'ordre de sa Majesté Le Roi de Prusse, Frédéric-Guillaume III, par Jules Klaproth*, Paris, Imprimerie Royale, 1819.

②Étienne Fourmont, *Sinicorum Regiae Bibliothecae librorum catalogus in Grammatica duplex*, p. 361;Maurice Courant, *Catalogue des livres chinois, coréens, japonais de la Bibliothèque nationale*, Paris, Ernest Leroux, 1900–1912, 4 vols.

同一来源。他盛赞不同字体摹写的比例相近以及刻工对于范本的忠实性。从《谐声品字笺》的字体与 1813 年字典印刷出来的字体点画之间的相似性之间，我们可以看到刻工的确是试图每笔每划均依据范本，当然仍有些明显的错误。

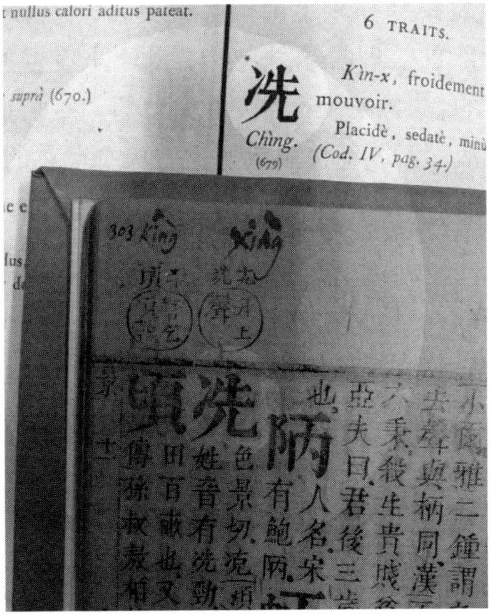

图 3　1813 年《汉拉法词典》的细节与《谐声品字笺》的细节比较　　　　　（米盖拉　摄影）

　　在早逝之前，黄嘉略还曾有时间为王家图书馆的中文藏书进行编目。他曾经为四部词典编号：梅膺祚（1570—1615）的《字汇》，第一部按笔划多寡检索的字典，成书于 1615 年；《字汇》的增补本《字汇补》（出版于 1666 年），包括部首检字部分《字汇数求声》；《正字通》以及《说文解字》。《谐声品字笺》应该是在 1716 年（黄嘉略去世之年）与 1742 年（傅尔蒙目录问世之年）之间入藏的，同时入藏的还有一本不全的《康熙字典》。为了编写 1813 年的字典，小德经提到他从北京带回一本汉/拉丁双语字典，但我们至今还不知道它是哪一本。

二、意大利文词典

　　18 世纪初作为制作活字的范本的中文字典都已经提及。就在傅尔蒙进行他的教育与出版计划之时，罗马教皇也在准备刻印汉字活字。他选定马国贤（Matteo Ripa，1682—1746）完成这项任务。马国贤是位那不勒斯传教士，曾在北京、在清廷里度过了十余年①，并在那里完成了第一套金属刻印的版画：因为这个他至今还相当有名②。他回到那不勒斯的时候带回一批年轻的中国天主教徒，要把他们培养成传教士并派回中国③。很可能是依靠这些人，1731 年他才能将为那不勒斯显贵阿真托公爵（Gaetano Argento）葬礼所作的诗集用中文书写并刻板印刷。同时，我们看到 1739 年一位法国人杜莫拉（Charles du Molard，1709—1772）旅行到了那不勒斯，他写信告知傅尔蒙，马国贤有着相当数量的书籍，其中就有叶尊孝的《汉字西译》④。

　　叶尊孝（Basilio Brollo da Gemona）生于 1648 年的意大利东北部，方济各会士，后被任命为陕西宗座代牧。1684 年他抵达广州之后一直在华居留，直至 1704 年逝世⑤。1690 年前后，他在南京准备编纂汉语—拉丁文字典。确切地说，应该是数部字典，因为它修订过几次：先是笔划检字，继而又根据读音；根据读音检字的后来又修订过一次。修订都是由叶尊孝及其继任者完成的。这部字典不同抄本的问题相当复杂，在此我们只是简单地介绍一下：有以笔划检字的；也有以读音检字的，但是同时也带有笔划检字的检索。这也就意味着，当小德经声称他的 1813 年字典有着以笔划检字的配置之时，实际上他手中可能已

---

①参见马国贤著，李天纲译：《清廷十三年：马国贤在华回忆录》，上海古籍出版社 2004 年版。

②关于马国贤铜板版画，参见韩琦《从中西文献看马国贤在宫廷的活动》，载于《18—19 世纪天主教在华的传教：马国贤与圣家书院》（M. Fatica, F. D'Arelli, *La Missione Cattolica in Cina tra i secoli, XVIII–XIX. Matteo Ripa e il collegio dei cinesi*, Napoli, Università Orientale, 1999, pp.74–75, 81），米盖拉《马国贤使用的印刷技术与 18 世纪的内府版本 ——《避暑山庄图》各种版本浅析》（尚未出版）。

③关于其生活与作品，Michele Fatica 教授研究的成果非常丰富，其中有很多文章，也有马国贤写的日记评注版本；参见马国贤著、Fatica 评注，第 9、14 册，1991、1996 年。

④Cecile Leung, *Étienne Fourmont (1683–1745)*, pp. 152–153, 272–275.

⑤关于叶尊孝的生活和作品，参见 Simonetta Polmonari, *Padre Basilio Brollo da Gemona in dialogo con la cultura Cinese*, Vicenza, LIEF, 2008。

经有了按照这种形式编纂的字典①。

《汉字西译》这部字典相当重要,因为它本身就是准备出版的,尽管最后没有成功。这部字典有数本保存在罗马。在记述马国贤生平的书中,我们得知教皇克莱门德十二世(Clement XII, Lorenzo Corsini)曾命马国贤将汉字添加进其中一本中("给予字典以灵魂"),后来马国贤命人在那不勒斯完成了此事。尽管教皇也曾希望马国贤镌刻汉字,但是后者一直没有完成,他更喜欢待在那不勒斯自己的学院里,而不是到罗马逗留一段时间②。

叶尊孝的字典在意大利收藏的历史也十分复杂。我们只提一下在梵蒂冈图书馆收藏的那一部。这一抄本据称完成于1726年,并且注明作于广州③。该书带有一条标注,提及了未完成的出版计划,其中便有马国贤的名字。经过多方查证可以证明,在拿破仑一世进行的意大利战争之后,就是这部手稿被寄到了法国。它也就是在小德经印制1813年字典之时,被描述为在巴黎能找到的各种字典中最好的一部。时任帝国图书馆东方手稿部主任朗格莱在《百科全书杂志》1800年第二期里对此书进行了一番描述(参见图2)。因此,1813年字典有着多种范本:首先是傅尔蒙为了活字字体的原型所使用的《谐声品字笺》;之后有内容被加以参考的叶尊孝的《汉字西译》。小德经在前言里曾提到他从《汉字西译》里借鉴的汉字有9 959个,之后他在自己的字典里将汉字总数扩充到14 000个。而他在前言里也提到,其补充部分则是主要借鉴了《正字通》④。

在编纂1813年字典之时,需要在傅尔蒙1715年至1746年制作的活字基础上增加更多的活字:据称这批补充的活字是由刻工德拉封(Delafond)制作的,然

---

① Michela Bussotti, 《Du dictionnaire chinois-latin de Basilio Brollo aux lexiques pour le marché: deux siècles d'édition du chinois en Italie et en France 》, p. 390.

② Michela Bussotti, 《Du dictionnaire chinois-latin de Basilio Brollo aux lexiques pour le marché: deux siècles d'édition du chinois en Italie et en France 》, pp. 375–378.

③ 然而实际上很可能是在意大利完成的版本。关于 Estr. Or. II,参见 Paul Pelliot et Takata Tokio, *Inventaire sommaire des manuscrits et imprimés chinois de la Bibliotheque Vaticane, a posthumous work*, Kyoto, Istituto Italiano di Cultura–Scuola di Studi sull'Asia Orientale, 1995, p. 63。

④ 见小德经1813年字典的前言,页 viii;明末张自烈按照214个部首检字编纂《正字通》字典。

而至今尚未发现任何可做佐证的档案文献。目前可以肯定的是,这位刻工之后为克拉普鲁特与雷慕沙编纂的《〈叶尊孝拉汉字典〉补编》与雷慕沙镌刻了汉字活字。根据《1839 年法国人及法国总年鉴》(*Almanach général des Français et de la France pour l'année 1839*)记载,确有一位木刻技工 Delafond,生活在 Saint Jean de Beauvais,但是我们未能确定二者是否为同一人。另外,为了印制 1813 年字典还专门镌刻了一些特殊活字:例如其标题,用的是 128 字号(字号:是每一个活字的大小高度,用数字表示,但是数字所代表的大小根据时代不同而有所变化),有人认为其系仿自现藏于佛罗伦萨的叶尊孝《汉字西译》最早的手稿书名页上的字体①(彩图八)。

三、对"摄正王黄杨木字"的研究及结论

(一)镌刻、整理与规模的问题

我们在此还想研究一下与传统中国方法相比,法国活字的特点与意义何在。关于这点,我们仅仅讨论木活字的镌刻和保存问题。在《农书》中,王祯(1290—1333)除了介绍他著名的转轮排字盘之外,还提到了他的"锼字修字法",即把板上刻好的字锯开成为单字。然而,在与"摄政王黄杨木字"更接近的年代里,根据金简著名的《钦定武英殿聚珍版程式》,则是把活字都归置在抽屉里,字块都在镌刻之前先锯好②。如果看一看现代的例子,特别是在浙江的南部,至今还在实践着传统的木活字技术,也都是先切割好字块,然后再刻字③。

---

① 见彩图八及网上 1813 年词典首页。该书首页可以跟佛罗伦萨 Medicea Laurenziana 图书馆收藏的叶尊孝的《汉字西译》Ricuccini22 抄本比较;关于其各自的特色,两位著者各执一词:抄本缮写的字的确与 1813 年词典的书名活字较为相似,但是目前没办法确认十九世纪初的法国工匠见过佛罗伦萨收藏的原本。

②〔元〕王祯:《造活字印书法》,《农书·农器图谱》第 22 卷,《四库全书》;〔清〕金简撰《钦定武英殿聚珍版程式》,《丛书集成初编》,上海:商务印书馆,1935 年至 1937 年。

③ 正如在联合国教科文组织非物质文化遗产网页上可以在线观看的影片、照片里看到的那样: http://www.unesco.org/culture/ich/fr/USL/limprimerie-chinoise-a-caracteres-mobiles-en-bois-00322

我们认为这种镌刻的方式是比较经济可行的,因为它尽可能减少了因反复操作而损坏活字刻面的可能性。

　　法国制作活字的过程却不是这样的,我们从保存至今的实物中可以看到:已经刻好字的木条尚未被切割开来成为单字。由此可见,法国工匠是先在模板上镌字线,后解分单字。故而法国印刷局收藏的活字,有部分从未被使用过。每一个刻好的字都被编号,而每一个木条上面都有刻工的签名(彩图九)。正是由于如此,只要足够耐心地比对编号,就可以还原所有木条的构成。有时候刻工的签名会给我们带来其他信息,例如这个木条上写着"第四偏旁部首的第二十三根'木棍'"(23e baston de la 4^{e}clé),由此我们得知当时这些木条被称之为"木棍"("bâton"古写为"baston",参见彩图十)。

　　傅尔蒙本人在自己作品里给出了刻工的姓名,如 Retsacher、Chambonneau、Blandin、Vassaut、St Loup 以及 Tessier(如图所示),还有画工 Gautier[1]。谈到刻工的签名和这些记录,我们稍微说一点题外话。在中国的雕版上我们同样发现有不同的签名方法:刻工的签名方法之所以不同,是因为用途不同:有些是为了掌控每人的工作质量,有些是为了计数以便计算相应报酬,还有的纯粹是"艺术家式的签名"。我们可以设想,在法国这些签名也是为了掌控质量和按件计酬。

　　傅尔蒙的学生、字典编纂者小德经的父亲德经,曾经一直管理着傅尔蒙的汉字活字,直到编纂字典时这套活字被再次使用。他先后出版了两部有关东方活字印刷术的著作,即 1787 年的《王家印刷局的东方及希腊活字印刷术史论》(*Essai historique sur la typographie orientale et grecque de l'Imprimerie royale*)与1790 年的《指导排字工人使用王家印刷局的东方活字进行排版的主要原则》(*Principes de composition typographique pour diriger un compositeur dans l'usage des caractères orientaux de l'Imprimerie royale*)[2]。德经本人并不认识中文,但是在他的书中却谈论了汉字活字,对此我们可总结出以下六点:

　　1. 每根木棍都刻有约 12 个字,只有在必须的情况下才能将它们切开,并且必

---

[1]Étienne Fourmont, *Catalogue de ses ouvrages (rédigé par lui-même)*, Amsterdam, 1731, p.71.

[2]这两篇著作都在巴黎王家印刷局出版发行。当时法国国家印刷局还叫王家印刷局(Imprimerie Royale)。

须一定要注意将它们都妥善放回抽屉,这是只有作者或是编辑才能做的工作。

2. 只有作者和编辑能够将选出的活字放置并排列在版面上,以便排字工可以排版印制。

3. 未来所有的一切都将从中国进口,那里的中文书籍要远比法国便宜;应该模仿中国人,要懂得雕版更适合他们的文字。

4. 目前可供使用的、法国镌刻的汉活字都比较大,因此它们只适合于在与拉丁字母一同排版的字典中使用;它们不能用于印制成篇的中文文本。

5. 傅尔蒙的活字范本为《谐声品字笺》,但是应当注意的是有两种不同字号的活字,分别取自《谐声品字笺》的两个不同部分。

6. 实际刻好的活字数目非常不确定,因为德经在 1787 年书中提到八万字,而在三年之后则说是十二万字。

由于德经坚持不随意移动活字,并且不到必要的时候不将刻好的木条切割开(参见彩图十一)。到了 18 世纪末,活字的收纳整理明显成了问题。而情况又进一步发展,因为到了 1813 年必须将木条都切割开来以便有足够活字来印制字典,而且还要加上新刻的活字,都一并收藏在抽屉里。我们今天看到的整理方式有几种不同的排列法,但都是以数字为基础的:这些标注的数字在印刷间里是必不可少的,因为有关人员都不认识中文,对于他们来说这是唯一的标识。在每一抽屉里,第一种分隔标志是在每一种偏旁部首的最后,会清楚写明:"第×种偏旁部首结束"(参见彩图十二,偏旁部首 14),之后是下一个偏旁部首(参见彩图十二,偏旁部首 15)。每一个活字都在纸上标有两个号码:上面的一个是 1813 年字典的编号,下面的一个也是连续编号的,很可能是傅尔蒙时代的编号。除了纸上的编号之外,每个活字还有其来源的编号,都用墨笔直接标注在木头上(参见彩图九),但是在已经切割好的活字抽屉里,并未遵循这种编号。直接标注在木头上的编号写在 1813 年的切割与使用之前,正如我们上文提及的那样,它们可以帮助我们找到木条的原始形态,并且在另外一边找到刻工的姓名(参见彩图九)。

在彩图十二的左边部分,可见部分木活字放置在抽屉内的情形。我们可从偏旁部首 14 结束与偏旁部首 15 开始的几个活字中看到部分细节。左上面图是活字刻字一面朝上,左下面图则是活字的侧面。我们看到每字都标有两种数字,其中一个与 1813 年《汉法拉词典》的汉字编号完全一致:如图中"汀"字上面和侧面,及 1813 年《汉法拉词典》第 667 号字(见红色箭头指示)。用蓝色箭头指示的连续编号,则可能是傅尔蒙时代的编号(参见彩图十二)。

(二)法国印刷局档案的初步研究

作为结论,我们回顾一下有关档案资料。这些史料确认了在拿破仑一世时代存在有组织使用活字政策的实施,尤其是 1811 年 10 月 9 日曾下令采购 500—600 个抽屉以便整理收纳汉字活字,而整理好活字正是使用它们的前提。与此同时,印刷局的东方部正在逐步建立完善,1813 年拿破仑一世颁旨决定为专业大学生增设 4 个职位①。而我们知道东方部在组建过程中是困难重重的。在 19 世纪末印刷局局长董尼奥勒(Henri Doniol,1818—1906)所著《国家印刷局的东方活字以及东方藏书的印制》(*La Typographie orientale à l'Imprimerie Nationale et la publication de la collection orientale*,1884) 当中,我们看到了上述专业人才的历史,而中文在其中只出现过一次。在 1825 年由当时的局长维勒布瓦(Étienne-Louis Villebois,1824 年至 1830 年任职)签署的条例之中的第 22 条规定,凡是显示出更高才干的学徒可以被指定处理中文或是日文工作②。

我们看到,德经在 1797 年与 1800 年曾给出不同的活字总数(8 万与 12 万)。而从 19 世纪初的出版物中可知活字总数在 11 万 9 千至 12 万之间,其中包括傅尔蒙时代的 86 417 个活字。这是据哈格所说,他在 1805 年用这些活字印制了《帝国徽章部所藏的中国纹章描述》(*Description des Médailles chinoises du Cabinet impérial de France*)③。根据 1808 年印刷局搬迁的统计清单显示,活字总

①见拿破仑一世 1813 年 3 月 22 日敕谕的第一条,这份包含 10 条旨意的敕谕目前藏于巴黎国家档案馆。该条旨意是对 De Massa 公爵 1812 年 12 月 23 日上书请求的回应。上述文献均在 Doniol 书中引用(参见关于 Doniol 书的注释)。

②Jean Henri Antoine Doniol, *La typographie orientale à l'Imprimerie Nationale et la publication de la collection orientale*, 1884, p. 31.

③J. Hager, *Description des médailles chinoises du Cabinet impérial de France, précédée d'un essai de numismatique chinoise, avec des éclaircissements sur le commerce des Grecs avec la Chine, et sur les vases précieux qu'on y trouve encore*, À Paris, De l'Imprimerie Impériale, 1805,文中提及十九世纪初的汉字活字有 230 抽屉。

量在 13 万个左右①。

在法国国家印刷局原有活字的基础上,陆续还有相当数量的活字增加,然而它们用于印刷的机会却并没有相应增加。根据 20 世纪 50 年代的档案,字号为"16 号"的活字数量可观,共有两套,均刻于四川,每套有 42 000 个活字;而字号为"40 号"的共有 123 620 个,镌刻于 1715 至 1813 年间。如以这份史料为基准,那么印刷局里中文木活字的数量达到 230 062 个,是东亚语言里最多的一种(其他东亚语言的木活字总量仅有 4 485 个)。

档案资料还为我们确认了一些已知信息:例如在 1812 年 6 月(字典尚未刊行),东方学家德萨西(Silvestre De Sacy,1758—1728,)曾经提出请求,要镌刻一些较小字号的活字以便印刷《中庸》。"40 号字"一直被人诟病,德经本人在 18 世纪末就已经抱怨活字的大小,因为这么大的字号只能被用于印刷字典。而确实在德萨西提出请求之后的第 5 年,即 1817 年,德拉封开始镌刻"24 号"活字。

在一份国家印刷局稍晚的档案资料(1847 年)中,提及在石印术中可以用红粉来复制:要复制某个图案时,我们用透明纸摹写好,然后涂上红粉并将之转移到石板上。由此我们想到藏于巴黎的《谐声品字笺》上遗留有一些红色印迹,也许那就是使用这种技术来复制需要镌刻的汉字时留下的。问题是红粉可以应用在透明纸和镂空纸上,原本却毫发无伤,所以留给我们的问题是弄清具体应怎样操作②。

本文只是对初步研究进行了简单介绍,我们还需要进一步的工作,才能完成全部研究课题:例如有关历史文献作品,涉及法国国家印刷的档案文献以及及保存完好的数万汉字木活字。在本文结束之际,我们想提一下这套活字的奇怪之处。不谈别的,尤为奇怪的是有些字刻得不够美观甚至有刻错的。那肯定会使人提出这样的疑问:这套活字究竟是刻得好还是不好? 这套活字固然是有着中文范本(那些古籍都藏于巴黎),但是之后却经过了多人之手,有画工的,尤其是刻工的,但这些人都不识中文,因此他们都不会特别关注将笔画是否摹写

①这是国家印刷局总长于 1808 年 3 月 4 日提交的一份报告,原件藏于巴黎的国家档案馆（AJ-7-2）。

②1812 年、1847 年的两件文献及关于印刷局库存活字的历史资料都藏于巴黎法国国家档案馆。

得很好。然而这套活字未被广泛使用的原因却不能归咎于它们刻制的工艺水平,而是应该归咎于它们的尺寸大小。并且,这套两三个世纪以前在法国制作的汉字活字,与其他活字,甚至是在中国本土制作的活字一样,使用起来并不是那么方便。但是,选择镌刻这套活字本身就不是出于印刷与传播的考量,而是为了获得成就感与赞誉,从时间与金钱上来看,这也根本不是一种经济活动。在法国,这套活字是在18世纪上半叶君主集权的背景下才会发生的制作,而它们又只是在19世纪初的帝国出版物中使用过一次,之后就没有下文了——正是因为如此这套活字才被完整保存下来,而它们的稀有性又是其价值所在。

德国工程教育之发展

——从开始到现在

柯尼希(Wolfgang König)* 著

孙 琢 译

18 世纪,德国的工程行业与法国相似,但规模要小得多①。大多数工程师任职于公共事业,最高端的是公路、桥梁及隧道建设这样的土木工程②以及军队中的职位。当时的德国尚未统一,在今天的德意志国境线之内存在着许多大小不一的王国、公国和领地,较小的主权国从国外聘用技术人员,而较大的主权国则在专门学校中进行培训。这些学校中有军事院校、矿业院校,如 1765 年成立的弗莱贝格矿业学院(Bergakademie),以及土木工程院校,如 1799 年成立的柏林建筑学院(Bauakademie)。国家层面之外,技术工作主要由手工匠人来做。手工匠人的工作和工程工作并没有严格的分野。

1800 年前后出现的挑战是英国工业革命。德国的政府官员们思索如何与英国进行贸易竞争,特别是在拿破仑战争之后国界开放的境况下。他们采取了两大策略:首先是从英国转移技术,其二是技术教育。当局清楚地意识到英国

---

*柯尼希(Wolfgang König),柏林工业大学教授。

①概述参见 Peter Lundgreen and André Grelon (ed.), *Ingenieure in Deutschland, 1770–1990* (Deutsch-französische Studien zur Industriegesellschaft 17), Frankfurt a. M., New York, Campus Verlag, 1994; Walter Kaiser and Wolfgang König (ed.), *Geschichte des Ingenieurs. Ein Beruf in sechs Jahrtausenden*, München, Wien, Hanser Verlag, 2006。该书亦有中文版:顾士渊译:《工程师史:一种延续六千年的职业》,高等教育出版社 2008 年版。

②Eckhard Bolenz, *Vom Baubeamten zum freiberuflichen Architekten. Technische Berufe im Bauwesen* (*Preußen/Deutschland, 1799–1931*), Frankfurt a. M., Peter Lang, 1991.

工业化发展缺少正式的工程教育系统,而他们确信德国的追赶进程只有通过在学校进行技术人员训练才能够实现。

这正是德国在 1821 年至 1836 年之间建立大量技术院校的背景,这些学校被称之为职业学校(Gewerbeschulen)或综合技术学校(Polytechnische Schulen)。重要的是,所有的学校都建立于德意志帝国的中心城市。然而,从德国的技术教育之始,关于工业进步的目标与现实之间即存在着相当的矛盾——这些学校的大多数受教育者从未参与过贸易和工业生产。对于大多数的技术学校而言,并没有证据显示其毕业生大量进入当时刚开始发展的那几个现代工业公司。

这种非常宏观的指导是笼统地为商人、公务员及其他与贸易和工业有关的从业者的教育而构想的,并不针对于工程师和企业家。从毕业生的职业来看,有农业人员、商人和药剂师。学校的院系依据公共事业的相关需求而设定,如建筑学系、工程学系、邮政学系、林业学系等。只有到了 19 世纪 40 年代,当贸易系被分为机械工程系和化学工程系,技术院校才开始提供现代意义上的工程教育。这些学校的毕业生大多进入某一种公共事业,这些行业需要工程师去完成传统性事务,诸如修建铁路、公路、隧道和水坝。

德国技术教育系统的最突出例外是在普鲁士。首先,建于 1821 年的普鲁士职业学院(Gewerbeinstitut)的培训主体上是在车间进行的①。为了能将其毕业生安置在适宜的岗位,这所学校与贸易和工业建立并保持着联系。其次,普鲁士与其他“联邦州”(Länder)的不同在于其将公共事业和私人工业的培训加以严格分离——想要进入公共事业的工程师必须在建筑学院(Bauakademie)学习,这种情况一直持续到 1879 年建筑学院与职业学院(Gewerbeakademie)合并为柏林高等技术学院(Technische Hochschule Berlin)。这样一来,19 世纪中叶,一个多样化和综合性的技术教育系统在德国应运而生。这一系统包括众多结构大相径庭的学校,而这正是政治分裂的反映。

在 1870 年至 1871 年德意志统一(Reichsgründung)之前,工业对于工程师

---

①Peter Lundgreen, *Techniker in Preußen während der frühen Industrialisierung. Ausbildung und Berufsfeld einer entstehenden sozialen Gruppe* (Einzelveröffentlichungen der Historischen Kommission zu Berlin 16. Publikationen zur Geschichte der Industrialisierung), Berlin, Colloquium Verlag, 1975.

和技术人员的需求很少。与英国的情况一样,工业公司自己对其工程师进行提升。技术人员在车间获得知识,有时还通过自学和在教育机构读夜校充实自己。我们可以估计,在德国,直到 19 世纪八九十年代,就职于公共事业的工程师和技术人员要多于私人工业。尽管如此,私人工业中的工程师数量仍是增加的,而这是以 1856 年德国工程师协会(Verein Deutscher Ingenieure)的创立为标志的,该协会与旧有的工程师协会相反,其来自工业界的成员多于公共事业①。

　　另外,德意志帝国建立之后,受到学校教育的工程师数量要多于受训于车间的工程师。此前,一些技术学校的学生数量非常少,以至于国家想要将其关闭,而在 19 世纪 80 年代和 90 年代,学生的数量增加了四倍,这其中相当一部分学生来自于外国。毕业生们在建筑、机械、钢铁以及化工业找到一个合适的职位似乎并非难事。大多数机械工程师在设计部门工作,这一部门是德国消费品工业的核心所在②。电气工程师③从事电厂以及其他设备的规划与建设,后来于 1903 年建立德意志博物馆(Deutsche Museum)的奥斯卡·冯·米勒(Oskar von Miller)正是如此④。

　　1850 年至 1900 年之间,研究与教学的学术地位在综合技术学校(Polytechnische Schulen)中得到提升⑤。这一发展的标志是综合技术学校于 1877 年至 1890 年之间获准改名为高等技术学院。作为高等技术学院,他们在 1899 年到 1901 年之间获得了授予博士学位的权利。这正是为高等技术学院谋求与大学同等地位的所谓"工程师解放运动"所取得的丰功伟绩。这一运动的最重要代

---

①Karl-Heinz Ludwig and Wolfgang König (ed.), *Technik, Ingenieure und Gesellschaft. Geschichte des Vereins Deutscher Ingenieure 1856-1981*, Düsseldorf, VDI-Verlag, 1981.

②Wolfgang König, *Künstler und Strichezieher. Konstruktions-und Technikkulturen im deutschen, britischen, amerikanischen und französischen Maschinenbau zwischen 1850 und 1930*, Frankfurt a. M., Suhrkamp Verlag, 1999.

③Wolfgang König, *Technikwissenschaften. Die Entstehung der Elektrotechnik aus Industrie und Wissenschaft zwischen 1880 und 1914* (Technik interdisziplinär 1), Chur, Gordon & Breach, 1995.

④Wilhelm Füßl, *Oskar von Miller 1855-1934. Eine Biographie*, München, C. H. Beck, 2005.

⑤Karl-Heinz Manegold, *Universität, Technische Hochschule und Industrie. Ein Beitrag zur Emanzipation der Technik im 19. Jahrhundert unter besonderer Berücksichtigung der Bestrebungen Felix Kleins* (Schriften zur Wirtschafts-und Sozialgeschichte 16), Berlin, Duncker & Humblot, 1970.

表就是德国工程师协会。

在此背景之下,综合技术学校和高等技术学院开始从那些以新人文主义理想为主导的八年制中学(初中和高中)中招生,尽管这些学校所提供的教育与技术相去甚远,数学和科学的课程亦不及技术中学。在工程师教育吸收了新人文主义观念的同时,"现实主义"教育这一迥异观念的兴起得到了促进。"现实主义"学校教授更多的数学、科学以及现代语言以取代古典语言。在 1890 年和 1900 年的两次学校会议上,普鲁士政府宣布理科中学(Oberrealschulen)和实科中学(Realgymnasien)与传统的人文高中(Humanistische Gymnasien)享有平等地位。这是工程师解放运动在博士学位授予权(Promotionsrecht)之后取得的第二大成功。

正如高等技术学院从大学和人文高中吸取了教育理想一样,技术学科也从自然科学和数学中获得科学方法论的水准。工程被视为立于科学与工业交界处的应用自然科学。这种情况导致了技术的"过度理论化",从而加深了高等技术学院中所教授的机械理论与工业中机械制造实践之间的鸿沟。高等技术学院之所以接受这种情况,是因为这赋予了他们一些与数学与自然科学有关的社会声望。

总结起来,在 1865 年之前是由国家官僚机构制定技术教育的目标。1865年之后,高等技术学院的教师们接替了这一决策性角色。随着高等技术学院继续提高其入学门槛及教学的理论标准,来自工业界的批评却更加普遍。19 世纪八九十年代,工业界的雇主、管理者和工程师开始参与到这一辩论中。他们抱怨高等技术学院的学制过长,以至于毕业生们虽在机械理论、物理学和数学上受到良好教育,但在经济和生产技术上却十分差劲,因此,一个高等技术学院的毕业生要花费数月乃至于数年才能在工厂独立工作。这样的毕业生或许很适合在绘图或设计部门工作,却绝不是在车间工作的恰当人选。针对这些批评,涉及教学、研究和体制的改革开展起来,特别是在 19 世纪九十年代尤多,而这一改革极大改变了高等技术学院和整个工程教育系统。

针对高等技术学院的"过度理论化"及其对数学与理论科学的强调,批评者们对演示、观察、实验等方法加以提倡,而这些正是高等技术学院所欠缺的。这些高等院校只具备小型的机械车间,主要用来制作教学所用的演示装置。教学指导主要包括理论讲座,涉及模型使用的演示以及设计中的演练。而对于工程实践中所出现的问题,学生们则仅能通过参观工业企业这一方式来获知。

实验室对改善高等技术学院的教学与研究状况是极其重要的。从 19 世纪 60 年代后期开始,高等技术学院设置了材料检测机构。这些机构对土木工程是重要的,而对于机械工程则远远不够。因此,从 19 世纪 80 年代,工程学教授要求建立机械实验室①。1876 年美国费城博览会和 1893 年的芝加哥世界博览会使得德国的教授们急欲找出美国机床工业高水准的原因。芝加哥世博会之后,他们认为这种高水准首先源于美国工程学院机械实验室所进行的教育和研究活动。在这一情况下,1895 年,德国工程师协会接受了工程学教授们的要求,计划为德国所有的高等技术学院建立机械实验室。此后,德国工程师协会的诉求通过德国各个州的政府迅速得以实现。政府在科学与技术整体上的支出有所增加,尽管其中绝大部分进入了高等技术学院,但这种情况使得他们感到自己相对而言颇受重视。

新的实验室首要是为教学目的而建立的,但他们也有助于让高等技术学院成为更好的研究场所。从 19 世纪中期开始,教师们开始将研究定义为技术院校的一项任务,但直到 19 世纪末,工业界和政府官僚机构仍将高等技术学院视为培训机构而非研究场所。的确,在 1900 年以前,高等技术学院的工程学教授所完成的研究是极少的,教授们被认为更应该作为顾问与工业公司和公共事业的技术部门开展合作。这意味着研究与开发是在公司内部进行的,而研发有时得到了教授指导。彼此频繁的往来则促进了这种合作。在德国,工业企业的高层职位被那些接受过技术教育的管理者所占据,这一事实使得教授们可以相对容易地将他们的毕业生安置在这样的公司中。而这些联系的最初影响是在高等技术学院中建立适当的研究机构,从而工业界与高等技术学院约在 19 世纪和 20 世纪之交的时候加快了合作的脚步。高等技术学院机械工程实验室的建

———————————

①Wolfgang König, *Der Gelehrte und der Manager. Franz Reuleaux（1829–1905）und Alois Riedler （1850–1936）in Technik, Wissenschaft und Gesellschaft*（Pallas Athene 49）, Stuttgart, Franz Steiner Verlag, 2014; Martin Feuchte, *Praxisorientierte Technikwissenschaften. Zur Gründung des Maschinenbaulaboratoriums am Züricher Polytechnikum und das Werk Aurel Stodolas*（Technikge-schichte in Einzeldarstellungen）, Berlin, VDI-Verlag, 2000.

立是弥合理论与实践之间鸿沟的先决条件。这时建立具体的工程科学方法论就成为可能,其核心在于利用那种应用于工业的机械进行系统实验。

这一发展致使工程学教授职位的聘用也发生了改变①。在 19 世纪,大多数教授都是从高等技术学院的初级教学岗位上提拔起来的。而到了 1900 年,除去博士学位和执教资格之外,在工业界的经验成为任命工程科学教授的一项重要标准。对高等技术学院而言,这一发展本身并不是没有问题,特别是使得学校越来越难聘用到那些能够在工业界得到更高薪水的高精人才。

机械实验室在其教育功能上的成功不亚于科研。工程教育变得更为切合实际,这一改变减少了来自工业界的批评。此外,高等技术学院为新生引入了一年实习,这意味着在录用之前,毕业生必须在工业界作为无薪酬的实习生工作一年。教授们相信,这一年的实习正是德国工程教育高质量的一个成因。

改革的另一方面是通过有关制造技术和经济的讲座与实践来丰富工程学习。这对那些进入设计部门的毕业生无疑是有帮助的。除此之外,它开辟了一个新的职业领域,特别是在"效率运动"(Rationalisierungsbewegung)的背景之下,工程师们开始取代工头和技工管理与指导生产②。另有一些工程师则被聘用为在工业竞争中变得日益重要的营销人员。

19 世纪,高等技术学院的理论升级致使工程教育出现了一处空白③。另外,已有的较低水平的技术学校则转化为普通中学。这一空白部分上被私立技术学校所填补,最初是在建筑业,其后也发生在机械工业。19 世纪 80 年代至90 年代,那些开始认真投入技术教育推广的实业家们要求各州更多地参与进

---

①Wolfram C. Kändler, *Anpassung und Abgrenzung. Zur Sozialgeschichte der Lehrstuhlinhaber der Technischen Hochschule Berlin-Charlottenburg und ihrer Vorgängerakademien, 1851 bis 1945* (Pallas Athene. Beiträge zur Universitäts- und Wissenschaftsgeschichte 31), Stuttgart, Franz Steiner Verlag, 2009.

②Günter Spur, *Produktionstechnik im Wandel. Georg Schlesinger und das Berliner Institut für Werkzeugmaschinen und Fertigungstechnik 1904–1979*, München, Wien, Carl Hanser Verlag, 1979.

③Gustav Grüner, *Die Entwicklung der höheren technischen Fachschulen im deutschen Sprachgebiet. Ein Beitrag zur historischen und angewandten Berufspädagogik* (Habilitationsschrift Technische Hochschule Darmstadt), Braunschweig, Westermann, 1967.

来。事实上,大约在 19 世纪和 20 世纪之交,出现了许多由州和城市建立的技术学校。但是在第一次世界大战之前,私立技术学校比处于政府掌控之下的技术学校拥有更多学生。这些私立技术学校按照工业需求迅速调整其课程,并试图通过提供其他学校没有的科目来吸引学生,例如,他们的课程很早即包括汽车和飞机技术的讲座。

最初,中等技术学校(Technische Mittelschulen)的体系是非常多样化的。在这些学校,入学要求是不同的,课程和学时长短也是如此。其后,政府、工业界、工程师协会以及其他工程协会对此加以讨论并颁布了中等技术学校的总体标准。因而,中等技术学校发展为工程学院(Ingenieurschulen)并最终演变为高等专科学校(Fachhochschulen),而高等专科学校与技术大学(Technische Universitäten)一同组成了如今德国工程教育独特的两级系统。

尽管我们并没有给出确切数字,但总体而言,我们可以估算出在第一次世界大战之前有 100 000 到 150 000 工程师在德国工作。其中,20%出自高等技术学院,80%出自高等专科学校。这意味着从人口的人均角度来说,德国培训的工程师要多于其他欧洲国家。当时的人们谈论着这种供过于求,而毕业生们则难以找到他们的第一份工作。在这一背景下,学术工程师组织试图将高等专科学校的毕业生排除在工程行业之外。例如,他们竭力为"工程师"这一头衔寻求法律保护,而高等专科学校的毕业生们的头衔应该是"技术员"。然而,面对工业工程师的强烈反对,他们的企图失败了。

下面,让我大致描述一下工程行业在 20 世纪的进一步发展。两次世界大战之间的那段时期,德国保持着学生数量庞大的供给推动型工程教育体系[1],20 世纪 30 年代的工程师数量估算起来在 200 000 到 250 000 之间。然而,工作岗位的数量并未相应增加。结果,特别是在 20 世纪 20 年代的经济危机期间,与许多其他职业群体一样,工程师们遭受大规模失业;到 20 世纪 30 年代纳粹重整军备才增加了工程工作的机会。

---

[1] Bettina Gundler, *Technische Bildung, Hochschule, Staat und Wirtschaft. Entwicklungslinien des Technischen Hochschulwesens* 1914–1930. *Das Beispiel der TH Braunschweig* (Veröffentlichungen der Technischen Universität Carolo-Wilhelmina zur Braunschweig 3), Hildesheim, Olms Verlag, 1992.

直到 20 世纪中期,工程师与工程组织仍与政治关系紧张①。技术专家治国论的思想在这一行业中十分普遍②。工程师们在理论和实践中都将效率和优选视为不可或缺的因素,总的来说,他们将其自身视为社会的最佳领导者。另一方面,他们排斥政治党派和利益团体之间的讨价还价。毫无疑问,议会中的工程师数量是极少的。在德意志帝国的议会,工程师占 0.5%,在魏玛共和国议会占 1.4%。现在,工程师在联邦共和国的议院中所占的比例大为提高,甚至比工程师在总人口中的比例还高;但是必须要提到的是,其他职业群体,如法律工作者和教师,占有更高比例。

很多工程师乐于接受国家社会主义,他们认为这一运动战胜了讨厌的议会体系③。武器军备、高速公路(Autobahnen)建设以及民用产品的制造④,诸如大众收音机(Volksempfänger)和大众汽车(Volkswagen),为工程工作提供了新的机遇;像工程师弗里兹·托特(Fritz Todt)则试图爬上纳粹领导层的顶端⑤。这样一来,工程师们深深卷入了纳粹种族主义政治与战争。

第二次世界大战后直至今日,德国工程教育的两级体系得以保持:一级是高等技术学院与技术大学,另一级则是工程学校和高等专科学校。1970 年和 1971 年的《工程法》规定所有的工程师必须在开始职业生涯之前完成学校和大学教育。这样一来,从 19 世纪开始就已经在德国工程行业中占据主导的学校文化获得了垄断地位。如今,工程师的数量约在 700 000 到 1 000 000 之间。来自大学的工程师和来自高等专科学校的工程师比例从 1900 年的 1∶4 变为 1∶1,其中约有 10% 为女性。工程师的工作领域具有很大差异,其中之一即是集中

---

①Konrad H. Jarausch, *The Unfree Professions: German Lawyers, Teachers, and Engineers 1900 -1950*, New York, Oxford, Oxford University Press, 1990.

②Stefan Willeke, *Die Technokratiebewegung in Nordamerika und Deutschland zwischen den Weltkriegen. Eine vergleichende Analyse* (Studien zur Technik-, Wirtschafts- und Sozialgeschichte 7), Frankfurt a. M., Peter Lang, 1995.

③Karl-Heinz Ludwig, *Technik und Ingenieure im Dritten Reich*, Düsseldorf, Droste Verlag, 1974.

④Wolfgang König, *Volkswagen, Volksempfänger, Volksgemeinschaft. "Volksprodukte" im Dritten Reich. Vom Scheitern einer nationalsozialistischen Konsumgesellschaft*, Paderborn, Schöningh, 2004.

⑤Franz W. Seidler, *Fritz Todt. Baumeister des Dritten Reiches*, München, Herbig, 1986.

于设计和研发。

　　总结起来,德国的两级制工程教育在 19 世纪应运而生且至今仍然适用,这种体系无疑在为工业和公共事业提供所需的技术支持力。在我看来,这种体系的成功基于两个方面①:首先是德国工程师培训的横向结构,本质上来说,在此我所指的是众多的技术学校。1910 年,有 11 所高等技术学院、三个矿业学院以及各种各样的高等专科学校。这种横向结构的根源在于 1871 年之前德国的分裂以及每个州都在为其自己的技术教育系统而奋斗。即使是在德意志统一之后,德国的各个州仍保有其文化自主权,结果,德意志帝国这一最初的政治弱点反而成为其技术教育体系优势的来源。不同技术学校之间的竞争提升了该体系的整体质量。我想要提出的第二个要素在于德国系统的纵向结构。对此,我指的是技术教育系统至少纵向分化为两个分支:高等专科学校这一分支和高等技术学院这一分支。

　　总之,德国技术教育中的这些纵向和横向要素构成了一种复杂多样的结构,而这种结构满足了科学的工程、私人工业以及公共事业的各种不同需求。德国技术教育的系统或范例不会在任何意义上体现出简单与有序。系统的和谐在技术教育与工业需求中也是不存在的。正如我所说的,德国系统是竞争力量与矛盾化需求的结果,其成功并不是规划与秩序的胜利而在于异质性。

---

①Wolfgang König, "Technical Education and Industrial Performance in Germany: A Triumph of Heterogeneity", Robert Fox and Anna Guagnini (ed.), *Education, Technology and Industrial Performance in Europe, 1850–1939*, Cambridge, Cambridge University Press, 1993, pp. 65–87.

中国工程科学先驱詹天佑

王　斌* 著

提起中国近代的铁路工程师，人们几乎无一例外地都会想到詹天佑。他最为人称道的业绩是主持修筑中国人自建的第一条干线铁路——京张铁路，也因此享有"中国铁路之父"的盛名。有关詹天佑的研究著述颇丰，比较有代表性的包括杨铨的《詹天佑传》①、王金职的 *Memoir of Tien Yow Jeme*②、凌鸿勋与高宗鲁合编的《詹天佑与中国铁路》③、詹同济等人编著的《詹天佑生平志》等④。这些著作，基本上以他主持京张铁路建设为重点内容。本文通过简述詹天佑留学美国、任教学堂、修筑铁路、创建学会、主持铁路技术委员会等经历，展现他在中国工程科学开创过程中扮演的重要角色。

一、留学美国

詹天佑，字眷诚，1861 年 4 月 26 日（清咸丰十一年三月十七日）出生于广东广州府南海县。其祖籍徽州婺源⑤，祖上经营茶叶生意，后举家南迁广州。詹天佑的

———————

* 王斌，中国科学院自然科学史研究所副研究员。
① 杨铨：《詹天佑传》，《中华工程师学会会报》1919 年 6 卷 5—6 期。
② 该文最初刊于 1919—1920 年《美国土木工程师会会刊》（*Transactions of the American Society of Civil Engineers*, Vol. LXXXIII)，后收录于凌鸿勋和高宗鲁所编《詹天佑与中国铁路》。
③ 凌鸿勋、高宗鲁：《詹天佑与中国铁路》，台北："中央研究院"近代史研究所 1977 年版。
④ 詹同济等：《詹天佑生平志》，广东人民出版社 1995 年版。
⑤ 今属江西省。

父亲名叫詹兴洪。詹天佑为家中长子,幼年就读于私塾,勤奋好学,性格沉毅。

詹天佑十岁那年即 1871 年,由容闳首倡的留美教育计划经曾国藩和李鸿章联名上奏朝廷后获得批准,清政府开始在上海和香港等地招考幼童。詹兴洪的一位朋友谭伯邨,常往来港澳做生意,他听说了消息,认为那是一条很好的出路,遂说服詹家送詹天佑报考留洋,并将其四女儿许配给詹天佑。詹天佑赴香港应试,顺利考取。

按留学计划,将分四批、每批 30 名,共招收 120 名幼童,逐年派赴美国。包括詹天佑在内的首批 30 名幼童,先在上海出洋局预备学堂进行为期三个月的中英文补习教育与强化训练;三个月后,幼童们全部考试合格,于 1872 年 8 月赴美。容闳在美国教育界朋友的帮助下,将幼童每 2 至 4 人一组,分配到马萨诸塞州(以下简称麻省)和康涅狄格州(以下简称康州)的美国家庭里居住生活[1]。幼童们先补习语言,一年多后都越过语言障碍,进入美国学校正式学习。

1873 年詹天佑入康州西海汶(West Haven)海滨男生学校(Seaside Institute for Boys),学习两年多。1875 年,他进入新海汶(New Haven)山房高级中学(Hillhouse High School),1878 年毕业,总成绩为全校第二。1878 年他入耶鲁大学谢菲尔德理工学院(Sheffield Scientific School)土木工程系学习,学制 3 年。该学院本科生的入学条件包括:不低于 15 岁,有前任教师或负责人出具的道德品质的合格证明;入学考试科目包括英文、美国史、地理、拉丁文、算术、代数、几何、三角[2]。詹天佑就读的土木工程系课程如表 1 所示。他成绩优异,数学成绩尤其突出,在一、二年级时,两次获得数学奖学金与奖章。大学最后一年,他在新海汶的海陆联运码头作实地调查,对港口使用的一种巨型起重机做数理分析,写成毕业论文《大型码头起重机研究》(*Review of Large Wharf Crane*)。1881 年 6 月 29 日,詹天佑从耶鲁大学毕业(彩图十三),获学士学位[3]。

---

①石霓译注:《容闳自传——我在中国和美国的生活》,百家出版社 2003 年版,第 183 页。
②*Yale University Catalogues (1878-1879)*, pp. 62-64(耶鲁大学图书馆藏).
③詹同济等:《詹天佑生平志》,广东人民出版社 1995 年版,第 20 页。

表1　谢菲尔德理工学院土木工程专业课程表(1878—1879年)

学　期	课　程	备　注
第一年上学期	德文、英文、数学(解析几何)、物理、化学、基础绘图	1.第一学年为必修公共课,第二、三学年为专业课。
第一年下学期	语文、物理、化学、数学(球面三角和力学原理)、自然地理、植物学、政治经济学、绘图	2.所有专业都要求英文写作、练习。
第二年上学期	数学(函数基础理论、方程式、微分学)、测量(野外)、绘图、德文、法文	3.准备毕业论文为三年级的任务。
第二年下学期	数学(积分学、理论力学)、绘图(阴影、透视法、传动装置、地形学)、测量、德文、法文	
第三年上学期	野外工程学(铺设曲线、铁路定线包括计算路基土方、铁路工程师田野手册)、土木工程(材料、桥梁及屋顶的抗震、石材切割)、地质学、矿物学、法文	
第三年下学期	土木工程(桥梁及房屋、建筑材料学、拱顶和墙体的稳定性)、力学(基础力学、蒸汽机)、水力学(水力学、液压发动机)、绘图、天文学、地质学、矿物学、法文	

来源:*Yale University Catalogue (1878-1879)*, pp. 66-67,耶鲁大学图书馆藏。

　　詹天佑毕业当年即1881年7月,清政府下令撤回全部留美学生,此时他们当中只有詹天佑和欧阳庚二人完成了大学学业。留美教育计划中止的原因,首先是守旧派指责留学生在衣着打扮、言谈举止、思想观念等方面的日益西化,视其为离经叛道;其次是美国军事院校拒收中国学生,而清政府派遣幼童留美的主要目标是培养现代化的军事人才,所以这一目标未能达成;此外,还有美国当时的排华运动等[1]。多方面的原因最终导致留美教育计划的中止。1881年8月至9月,留美学生分三批回国。

---

①凌鸿勋、高宗鲁:《詹天佑与中国铁路》,台北:"中央研究院"近代史研究所1977年版,第14—18页。

二、任教学堂

留美学生回国一个月之后，被清政府分派到洋务派创办的企业和学堂，如天津电报学堂、上海大北电报公司、福州船政学堂、唐山开平煤矿、江南制造局、上海机器织布局等。詹天佑、欧阳赓等 16 名留美学生被分配至 1866 年创办的福州船政学堂，进入后学堂（亦称"驾驶学堂"）学习航海驾驶。他们接受了这种"回炉"式的学习安排，仅用不到一年时间就完成了原本规定两年半修完的英文、算术、几何、三角、代数、航海、天文、地理、气象等课程，于次年毕业。詹天佑在毕业考试中名列第一名。毕业后，詹天佑与同学们一起，到福建水师的"扬武"号军舰实习。1884 年 2 月，他被福建船政大臣何升调回船政学堂后学堂任教习。同年中法战争爆发，"扬武"号在海战中被法舰鱼雷击沉，詹天佑的四位留美同学以身殉国，福建水师全军覆没。

海战失败后的 1884 年 10 月，新任两广总督张之洞调令詹天佑即刻前往广州实学馆任职。位于珠江黄埔岛上的这座实学馆由前任两广总督张树声于 1882 年创立，是广东省一所新式陆海军学校。詹天佑在此担任英文教习，得到一致认可。1886 年起，他奉命勘测绘制广东沿海图与海防险要地形图，参与修筑沿海炮台。1887 年，张之洞仿天津北洋水师学堂和福州船政学堂之例，奏请将广州实学馆改为广东水陆师学堂，水师习英文，陆师习德文，并附设海图馆。詹天佑除继续担任英文教习外，还兼任海图馆教习[1]。1886 年，詹奉命完成第一幅广东《沿海险要图》。1889 年张之洞"奉敕撰进"两册《广东海图说》，虽其卷首未提詹天佑之名，但或系詹天佑调查成果之一部分[2]。

三、主持铁路建设

詹天佑等留美学生回国的当年即 1881 年，中国自办的第一条铁路唐胥

---

[1]詹同济等:《詹天佑生平志》,广东人民出版社 1995 年版,第 33 页。
[2]凌鸿勋、高宗鲁:《詹天佑与中国铁路》,台北:"中央研究院"近代史研究所 1977 年版,第 22 页。

铁路(唐山至胥各庄铁路)建成。这条铁路是李鸿章为解决唐山开平煤矿的运煤需要而奏准修筑的。最初拟建窄轨铁路以节省成本,但在主持该路建设的英国工程师金达(C. W. Kinder, 1852—1936)的坚持下,采用了标准轨距。金达还利用废旧矿井设备,制造了中国第一台蒸汽机车即"龙号"机车,又名"中国火箭号"。起初,由于清廷担心火车头会震动清朝皇室东陵,只准用骡马拉车,1882年才准用机车牵引。这段铁路成为后来关内外铁路(即京奉铁路)最早的一段。

　　1888年,詹天佑在留美同学、任职于开平矿务局的邝孙谋(1863—1925)的推荐下,北上天津,进入中国铁路公司任帮工程师,先是负责塘沽至天津铁路的铺轨工作,之后又随铁路的延伸继续工作在关内铁路上。1892年,在英国、日本和德国工程师的打桩努力相继失败后,詹天佑采用气压沉箱法,成功解决了关内铁路滦河大桥的基础工作,初露锋芒,并于1894年入选英国土木工程师学会(Institute of Civil Engineers, England),成为该会的第一位中国工程师①。关内铁路建成后,詹天佑又继续投身到关外铁路的建设中。但中日甲午战争的爆发,使关外铁路建设中断,詹天佑被调往天津至卢沟桥铁路建设工程。1898年,关外铁路继续修筑,詹天佑又被调往锦州首段,升任驻段工程师。1900年八国联军攻占北京后,关内外铁路被英、俄两军占领,直至1902年交还中国。詹天佑奉派接收关外铁路,仅用一个多月就使该路恢复通车②。由于他表现突出,直隶总督兼督办铁路大臣袁世凯保荐他"免选本班以道员选用"③。

　　1902年冬,慈禧太后为方便她和光绪帝到西陵祭祖而下旨修筑西陵铁路,英法为争夺筑路权而相持不下,袁世凯遂决定由中国自办,并命詹天佑担任总工程师。该路由京汉铁路高碑店(河北新城)起,至易县梁各庄(亦称新易铁路),长43公里。詹天佑仅用4个多月时间,主持修竣西陵铁路,获朝廷嘉奖,升任选用知府。西陵铁路是中国人主持建成的第一条铁路④。这条铁路的成功

---

① 经盛鸿:《詹天佑评传》,南京大学出版社2001年版,第95页。
② 詹同济等:《詹天佑生平志》,广东人民出版社1995年版,第54页。
③ 凌鸿勋、高宗鲁:《詹天佑与中国铁路》,台北:"中央研究院"近代史研究所1977年版,第29页。
④ 詹同济等:《詹天佑生平志》,广东人民出版社1995年版,第56页。

修筑,也成为京张铁路建设的前奏。

京张铁路连接北京和张家口,具有重要的军事和经济意义,英国和俄国也都极力争夺该路的建设权。1905年,袁世凯奏请提取关内外铁路余利,修筑京张铁路,并强调京张铁路"作为中国筹款自造之路,亦不用洋工程司经理,自与他国不相干涉"①。同年,袁世凯任命詹天佑为会办兼总工程师(彩图十四),后来詹天佑升总办仍兼总工程师。京张铁路于1905年10月动工。詹天佑在袁世凯和梁如浩等人的全力支持下,调集了一批中国自己的铁路工程师,如沪宁铁路工程师颜德庆,关内外铁路工程师邝孙谋、陈西林、沈琪、俞人凤、柴俊畴和翟兆麟②,此外还有张鸿诰和徐文泂等15名山海关铁路学堂毕业生③。铁路所用机车车辆主要购自英美及唐山机厂,钢轨主要购自汉阳铁厂,枕木多购自日本,石料取自铁路沿线,水泥基本上购自德国和唐山启新洋灰公司。

京张铁路途经关沟一带,须穿越崇山峻岭,全线共要开凿4条隧道,其中以八达岭隧道最为艰巨,也是全线的重点工程。在詹天佑领导下,八达岭隧道采用凿井法和两端开凿法并进,通过精确测量确定隧道中线和水平线,确保了隧道贯通,并首次将拉克洛炸药用于国内的隧道开凿。为缩短隧道长度,在青龙桥路段采用"人"字线路,即用延长线路长度的方法降低线路坡度,同时提高八达岭隧道的高度,从而使隧道长度由初测的1800米缩短至1091米。八达岭隧道工期仅有18个月,于1908年10月完工。1909年9月,全长201公里的京张铁路全线通车。这条铁路的成功修建使中国工程师开始获得人们的信任,也振奋了民族精神。

京张铁路修建期间,詹天佑还奉邮传部命令,先后赴郑州和济南,分别勘察京汉铁路黄河大桥的稳固问题和津浦铁路黄河大桥的选址;兼任张绥铁路(张家口至绥远铁路)总工程师,筹备和主持张绥铁路建设;担任洛潼铁路(洛阳至

①廖一中、罗真容:《袁世凯奏议(下)》,天津古籍出版社1987年版,第1153页。
②邝孙谋为詹天佑留美同学,其余5位均为天津武备学堂铁路工程班1892年首届毕业生。
③经盛鸿:《詹天佑评传》,南京大学出版社2001年版,第157—158页。

潼关)工程顾问。京张铁路建成后,他又兼任川汉铁路和粤汉铁路总工程师。中华民国建立后,他担任汉粤川铁路督办。总之,他一生都在为中国铁路建设事业辛苦奔波。

四、创建中华工程师学会

中华工程师学会,原名中华工程师会,其创始可追溯至民国元年。1911 年辛亥革命爆发时,詹天佑正在广东主持粤路修筑。他以坚定的意志率领全体路工人员坚守岗位,保障粤路建设照常进行;而当时其他铁路基本都停工停运,很多工程师避难于上海。民国元年,三个工程技术团体先后成立:一是詹天佑等在广东创立的广东中华工程师会,二是颜德庆、濮登青和吴健等在上海成立的中华工学会,三是徐文泂等在上海发起的中华铁路路工同人共济会。后两个学会会长颜德庆和徐文泂,均邀请德高望众的詹天佑先生为名誉会长,而后才得知广东已有中华工程师会之设。鉴于三个学会宗旨相同,经征求三会会员意见,一致同意合并组建新的中华工程师会。1913 年,中华工程师会在汉口举行成立大会①,选举詹天佑为会长,颜德庆、徐文泂为副会长。学会颁布了《中华工程师会简章》,规定学会宗旨为"统一工程营造,发达工程事业,日新工程学术"②。学会最初的工程学科包括土木、机械、水利、电机、矿冶、兵工、造船七个学科,后来增加了窑业、染织、应用化学和航空四科。1915 年 7 月,中华工程师会更名为中华工程师学会。1913—1923 年,是中华工程师学会迅速发展的时期,学会人数由 148 人增至 537 人(表 2),与当时的中国科学社并驾齐驱,成为当时国内人数最多、规模最大的学术团体之一③。

---

①学会成立之初,因詹天佑等重要领导成员都在武汉工作,故会所也设在武汉。1916 年 10 月,学会迁往北京。
②《中华工程师会简章》,《中华工程师会报告》1913 年第 1 期。
③张剑:《科学社团在近代中国的命运——以中国科学社为中心》,山东教育出版社 2005 年版,第 66 页。

表2　中华工程师学会历年会员人数统计

年　份	1913	1914	1915	1916	1917	1918	1919
人　数	148	249	260	280	320	400	430
年　份	1920	1921	1922	1923	1924		
人　数	460	498	509	537	505		

来源:《中华工程师学会会报》历届常年大会报告

中华工程师学会在联络国内工程技术人才、推动工程科学的研究与发展方面,具有开创性意义。学会主要通过出版会报和学术著作、邀请学术名流演讲等方式,来促进学术交流与发展。其中又以会报的出版为其最重要的学术活动,并贯穿学会发展的始终。自1913年11月至1930年12月,《中华工程师学会会报》①共发行17卷204期,主要刊登研究性论文、概论或评述性文章、工程进展报告及调查报告等。学术著作的出版,集中于学会成立早期,主要有詹天佑主编的《京张铁路标准图》《华英工学字汇》《京张铁路工程纪略》等。其中,《京张铁路标准图》是詹天佑主持修筑京张铁路时所绘,共102幅图,包括京张铁路的线路、桥涵、隧道、车站、房屋、水塔、车辆限界等49项内容,是中国自行制定的第一套工程标准设计图。《华英工学字汇》是詹天佑积20年研究所得,将收集的工程名词,与多位工程师反复讨论、几经校对而编著的中国第一部工程学术语中英对照词典。《京张铁路工程纪略》则是詹天佑根据京张铁路各段建设报告编成的,是京张铁路工程建设的一部简史。1921年起,学会举办了十多次学术演讲活动,邀请本会会员或非本会的学界名流到会演讲,演讲者包括地质学家翁文灏、物理学家夏元瑮、美国桥梁专家华特尔(Dr. J. A. L. Waddell)、法国桥梁专家梅朗冶(M. Mesnager)和英国桥梁专家韦尔末(H. Wilmer)②等。

1919年詹天佑先生去世,由于缺少了这位工程界领袖人物的号召,中华工程师学会的发展受到很大影响;加之成立于美国的中国工程学会于1923年转到国内发展后,以其强劲的发展势头吸引了绝大部分工程界人士加入,致使中

①会刊为月刊。1912年初名《中华工程师会报告》,1913年改名《中华工程师会会报》,1915年改为《中华工程师学会会报》。

②《桥梁经济学研究会纪事》,《中华工程师学会会报》1921年8卷8期。

华工程师学会的人数不升反降,而中国工程学会则不断壮大,迅速超过并取代中华工程师学会在国内工程界的领导地位。1931年中华工程师学会与中国工程学会合并组成中国工程师学会,以中华工程师学会初创之年即民国元年作为中国工程师学会创始之年。合并以后,中国工程师学会稳步发展,到1945年时会员已有近万人。1949年新中国建立后,中国工程师学会停止工作。后来,一些随国民党迁往台湾的工程技术人员于1951年3月在台湾"复会"①。

五、主持铁路技术工作

中国自晚清开始兴建铁路,由于当时铁路多为外国借款所筑,并按各借款国铁路标准建设,导致各路从轨道、桥梁到机车车辆均标准不一,严重影响铁路联运和铁路作为一个网络系统的发展,给生产、运输和经济发展造成诸多困难。清末,政府开始进行统一铁路技术标准的工作。1903年,商部奏定《铁路简明章程》二十四条,其中第十三条规定"两轨相距须照英尺实宽四尺八寸半"②。1905年,商部因各省铁路渐次增多,命詹天佑起草各省铁路通行程式,詹天佑拟定程式六项。同年10月,商部令各铁路详查规制上报,据以厘定铁路轨道标准。1906年,詹天佑再次就铁路工程标准上呈商部③。随后,商部审定铁路车轨图式。后来,清政府设置邮传部统辖路电邮航四政,邮传部将前商部所定图式,分别咨行各省铁路总理及各铁路总办,一律转饬工程师遵照所颁车轨图式等办理,以统一路政。1911年,邮传部颁布《中国铁路轨制章程》,这是中国第一部全国铁路技术标准,但未及施行就爆发了辛亥革命。

民国建立后,詹天佑被任命为交通部技监,主持全国铁路的技术工作。1917年,北洋交通部设立铁路技术委员会,派詹天佑任会长,集合交通部及各路局技术专家,并延聘中外铁路专家,共同商讨铁路技术标准的统一问题。1919年詹天佑去世后,由副会长沈琪接任会长一职。1922年,由铁路技术委员会议

---

① 房正:《中国工程师学会研究(1912—1950)》,复旦大学出版社2011年版,第79—80页。
② 宓汝成:《中国近代铁路史资料(第三册)》,中华书局1984年版,第927页。
③《总办京张铁路候补承参詹天佑前呈商部说帖》,《交通官报》宣统二年(1910)正月第七期。

决的 13 项规范由交通部公布实施。该规范多取法于美国,其要点如下:1.采用国际度量衡标准;2.轨距按 1903 年已规定的 1 435 毫米;3.轨条重量,干线为 85磅/英码(43 千克/米),支线为 60 磅/英码(30 千克/米);4.桥梁载重,干线为美国古柏式 E-50 级,即机车动轮轴重为 50 000 磅(22.7 吨),支线载重为 E-35级,即机车动轮轴重为 35 000 磅(15.9 吨);5.客运机车采用美国太平洋系列(Pacific,代号 PF,轴式 2-3-1),货运机车采用美国密卡杜系列(Mikado,代号MK,轴式 1-4-1)[①]。这 13 项规范"为我国统一铁路技术标准工作之开始"[②]。规范公布之后,得到了一定程度的贯彻执行。

1919 年 2 月,詹天佑奉命参加西伯利亚铁路监管委员会,为技术部的中国代表。当时,中国的目标是要争回对中东铁路的控制权。詹天佑受命之时,已感身体不适,但既已受命,他只得抱病赴会,颜德庆、俞人凤随同赴会,另有刚从耶鲁大学土木工程系毕业归国的次子詹文琮陪同照料。中国代表极力争取中东铁路驻兵权和管理权,詹天佑在技术部与各国代表多所折冲,一个月开会十余次,并于隆冬往来海参崴、哈尔滨等地,最后终因过度劳累而病倒。4 月 15 日詹天佑离开哈尔滨前往武汉就医,24 日在汉口辞世,享年 59 岁。临终前,他惦念的依然是中华工程师学会、西伯利亚铁路监管会代表的人选和汉粤川铁路。

六、詹天佑对中国工程科学的贡献

詹天佑作为晚清留美幼童之一,在美国系统接受了从小学、中学到大学的完整教育。当时美国的工程教育已经较为发达,在耶鲁大学的学习为他日后从事工程事业打下了坚实的基础。詹天佑回国那年即 1881 年,中国自办的第一条铁路唐胥铁路建成。然而那时,铁路尚未被清廷完全接受,更未开始在中国大规模兴建,官僚士大夫鲜有把铁路当做正事认真对待的,故给留美学生们分配工作时,并未把铁路纳入考虑范围。詹天佑先后进入福州船政学堂和广东实学馆学习和教学,做着与铁路无关的工作。

---

①这两个系列的机车性能优良,以后逐渐成为中国铁路的主要机车。
②凌鸿勋:《中国铁路志》,台北:世界书局 1963 年版,第 46 页。

直到1888年,在留美同学邝孙谋推荐下,詹天佑参与天津至塘沽铁路建设,从此开始了铁路生涯。美国工程教育的知识基础,加上在关内外铁路的工程实践,让这位中国工程师迅速成长。修筑滦河大桥,他初露锋芒;主持收回关外铁路并迅速修复通车,引起袁世凯的关注;建成新易铁路,他获得当权者的赏识与器重;京张铁路的成功修建,"给百年积弱,面临巨变前的中国,恢复了相当程度的民族自信心"①,开创了中国工程事业的新篇章。中国铁路工程专家萨福均写道:

> 当京张铁路着手修筑之时,中国工程师在铁路工程界上取得任何重要位置之人为数无多。当时兴修之路皆有借款关系,总工程师咸属外人,所有重要位置咸而不畀予中国工程师。虽其中甚多干练之才,大多数犹只处于练习经验之地位而已。……京张铁路完成以后,中国工程师之能力,便受到普遍之承认……因而踏进在中国工程师历史上新的时期。从此时起,所有中国以本国资财而修筑的铁路,如宜归、广韶、张包、株萍、沈海、吉海、呼海等路之重要职位,皆由中国工程师所担任,同时在借款各铁路上,中国工程师亦取得较为重要之地位。②

詹天佑从事铁路工作凡31年,其所曾服务之路有关内外、新易、洛潼、沪宁、道清、萍醴、津浦黄河桥工、潮汕、京张、张绥、粤汉、川汉、中东等路。可以说,当时中国修建的每一条铁路,都和他有不同程度的关联。各路之组织形态,有国有借款、国有自办、商办、国际银行团、国际合作等。其国际折冲之对象,有英、美、德、法、比、俄、日、意等国。正如凌鸿勋先生所言,"先生之铁路生活其范围之广,空间之大,性质之杂,问题之繁,无可伦比"③。詹天佑先生的一生就是中国铁路早期发展历程的缩影。

---

①凌鸿勋、高宗鲁:《詹天佑与中国铁路》,台北:"中央研究院"近代史研究所1977年版,第1页。
②萨福均:《三十年来之铁路工程》,中国工程师学会编:《三十年来之中国工程》1948年版。
③凌鸿勋:《詹天佑先生年谱》,凌鸿勋、高宗鲁:《詹天佑与中国铁路》,台北:"中央研究院"近代史研究所1977年版,第148页。

如上文所述,詹天佑对于中国工程事业的贡献,不仅在于铁路建设方面,他创建的中华工程师学会在整合国内工程技术人才、推动工程学术的交流发展方面,同样起到了开创性作用;他在主持铁路建设和全国铁路技术工作时,为统一工程技术标准也做出了重要贡献。

七、詹天佑的性格特点与人格魅力

(一)服从安排,踏实勤勉

1881 年清政府撤回全部留美学生时,詹天佑是仅有的两位完成大学学业的留学生之一。他能在一群优秀的留学生中脱颖而出,除了天资聪慧,也少不了勤奋与刻苦。当时,有 6 名学生选择留在美国。詹天佑遵守了出洋前与清政府签订的保证书,与绝大多数留学生一起返回中国。回国后,留学生们被分配到不同的工作岗位,有部分留学生因对工作和生活不满而返回美国,詹天佑则服从了安排,勤勉工作。1888 年,他终于得到机会投身铁路事业,先是在关内外铁路上踏实工作了数年,随后被委以重任,主持修筑新易铁路和京张铁路,成就了"中国铁路之父"的盛名。

纵观詹天佑的一生,他始终秉承服从安排、恪尽职守的原则,即使在外部条件看起来不利于个人发展之时,他依然坚守岗位,从不懈怠。正如他在《敬告青年工学家》一文中对青年学子提出的期望:"以服从为要义,力祛骄矜;以勤慎为方针,务求深造。"①无论被安排到何种岗位,他都勤勤恳恳,脚踏实地,出色地完成每一项任务,也因此得到当权者的赏识和信任,从而得到更多施展才华的机会。

(二)意志坚定,思虑周全

在主持修筑新易铁路时,由于此前清政府与英法反复交涉而耽误了时间,

---

① 詹天佑纪念馆编:《詹天佑文集——纪念詹天佑诞辰 145 周年》,中国铁道出版社 2006 版,第 63—64 页。

修路工期只剩下四个多月,当时又正值隆冬,困难较大。詹天佑以顽强的意志力投入到筑路当中,每日工作达 15 个小时。当时河水冻结,施工和运输极为困难,詹天佑有针对地采取了一些应急措施,如借关内外铁路的旧钢轨用于站线之上,采用木结构的临时便桥,等等。在他的周密部署下,新易铁路按期完工。在慈禧太后和光绪帝谒陵结束后,詹天佑将临时便桥加固为正式桥梁,原枕木因运料不及而致铺置间距较大处,均按工程要求重新补足。

　　而后主持修筑京张铁路,詹天佑更是承受了前所未有的巨大压力,因为这是第一条完全由中国自筹资金、全部由中国工程师修建的干线铁路。面对外国工程师的质疑和嘲讽,他率领全体中国路工人员,以巨大的爱国主义热情、坚定的勇气和"奋不顾身的努力"①,克服一个个技术难关,圆满完成了京张铁路的修建。

　　詹天佑不仅是卓越的工程师,还是优秀的工程管理专家,对人性有深刻的认识。在《敬告青年工学家》一文中,他专门谈到包工问题:"至于管理包工人等,尤必格外详慎。盖包工者,本属营业性质,无不以利为归,其目的所属,固不在谋公益也。而其为人又多狡猾善辩,对于经验较浅之工程管理者,恒存尝试之心,复能鼓其如簧之舌,逞一方面之理由。若不深察其性质,慎己之行为,鲜不受其愚弄也。然而详慎云者,非犹豫之谓也。若把握不定,遇事踌躇,或因人言而轻更办法,则己之短处,适为人所窥破,其下更得施其蒙混之狡谋。及至偾事,人不我谅,必自损其名誉焉。就御下而言,过放任则自失尊严,过苛刻则人怀怨望。必也,兼用恩威,善于操纵,不假事权于人,不轻信左右,小心翼翼以为之,则鲜有偾事者也。"②从他对包工问题的看法,足见他的谨慎和周全。

(三)淡泊名利,胸怀坦荡

　　詹天佑对做事与做官有清楚的认识和选择。1910 年他第二次担任学部留学生考试主试官时,曾对留学生讲道:"我们留学外国,获得了一些知识技能,要

---

① 《詹天佑致下关沪宁铁路工程师颜德庆》,《詹天佑文选》,北京燕山出版社 1993 年版,第 51 页。

② 詹天佑:《敬告青年工学家(1918 年 2 月)》,詹同济:《詹天佑文选》,北京燕山出版社 1993 年版,第 41 页。

做一点事贡献国家。如要做官,就不能做事;想做事,万不可做官。而且做惯官的人一旦没有官做,精神便会十分痛苦"。但同时,他也承认"官不可做,又不可无。在现在中国里,没有经过朝廷给予你一个官职,就没有地位,没有人把重要的事给你做"①。

詹天佑的女婿王金职对詹天佑有如下褒扬:"在他多年的辛劳岁月中,他从未出现判断失误。尽管他是一个自信的人,但对于异疑总能持开放态度,乐于接受建议并予以考虑。他从未食言,总是按时出现在办公室、会议或其他社会职责中。在他与早年跟随他一起奋斗的人们之间,有一种深刻而忠诚的情感。在老一辈的中国工程师中,他一直是领袖,他们总会向他寻求意见和帮助。他光明磊落,为人坦诚,不计较个人利益。他在任何时候都是一位真正的君子,对所有人彬彬有礼,道德高尚。……对于反对他的人,从不心存怨恨或鄙夷;对于位居其上之人也从不心生妒忌。"②

1919 年 6 月,中华工程师学会会长邝孙谋、京绥铁路局长丁士源率领所属呈请交通部,为詹天佑设立铜像。1920 年,中国收回中东铁路主权。1921 年,按詹天佑生前眷念京张铁路并在京终老天年之愿望,将其灵柩移至北京西郊。1922 年 4 月 24 日,在青龙桥车站举行詹天佑铜像揭幕典礼。1982 年,按詹氏后人愿望,詹天佑先生墓由北京西郊迁至青龙桥车站重建,背靠长城,面向青龙桥车站及京张铁路。1987 年,铁道部詹天佑纪念馆于八达岭落成,供国人纪念和瞻仰这位中国铁路之父。

---

① 詹同济:《詹天佑大江南北主持筑路文献资料集》,四川大学出版社 1992 年版,第 11 页。
② J. G. Wong, "Memoir of Tien Yow Jeme",凌鸿勋、高宗鲁:《詹天佑与中国铁路》,台北:"中央研究院"近代史研究所 1977 年版,第 210 页。

参 考 文 献

Yale University Catalogues（1878-1879）.（耶鲁大学图书馆藏）

Statistics of the Class of Eighty-one, Sheffield Scientific School of Yale College, New Haven, Hoggson & Robinson, Printers, Atheneum, 1881.

京张路工摄影,1909 年,耶鲁大学图书馆藏。

《中华工程师学会会报》1914 年第 3 期,1919 年 6 卷 5—6 期,1921 年 8 卷 8 期。

《交通官报》,宣统二年(1910)正月第七期。

凌鸿勋、高宗鲁:《詹天佑与中国铁路》,台北:"中央研究院"近代史研究所 1977 年版。

詹同济等:《詹天佑生平志》,广东人民出版社 1995 年版。

石霓译注:《容闳自传——我在中国和美国的生活》,百家出版社 2003 年版。

经盛鸿:《詹天佑评传》,南京大学出版社 2001 年版。

宓汝成:《中国近代铁路史资料(第三册)》,中华书局 1984 年版。

张剑:《科学社团在近代中国的命运——以中国科学社为中心》,山东教育出版社 2005 年版。

廖一中、罗真容:《袁世凯奏议(下)》,天津古籍出版社 1987 年版。

凌鸿勋:《中国铁路志》,台北:世界书局 1963 年版。

萨福均:《三十年来之铁路工程》,中国工程师学会编:《三十年来之中国工程》,1948 年版。

房正:《中国工程师学会研究(1912—1950)》,复旦大学出版社 2011 年版。

徐启恒、李希泌:《詹天佑和中国铁路》,上海人民出版社 1957 年版。

詹天佑:《敬告青年工学家(1918 年 2 月)》,詹同济:《詹天佑文选》,北京燕山出版社 1993 年版。

詹同济:《詹天佑大江南北主持筑路文献资料集》,四川大学出版社 1992 年版。

核技术、科学合作与国际组织

——重审铀核三分裂与四分裂的发现

刘　晓[*]　著

　　20世纪被称作核世纪,许多国家竞相开展核科学研究乃至发展核武器,中国核科学与核工业的发展也是该国际背景下的一环。在以往的中外交流研究中,中国核科学和核工业更多地与美国和苏联联系起来——留美科学家的贡献和苏联的技术援助,以及美苏的核讹诈等[①],而中英两个大国之间的联系往往被人忽视。近年来,笔者开展系列研究,从留英科学家、中科院的早期布局、核政策与核外交等多个层面,展示中国发展核科学与核工业过程中英这扇窗口的重要作用,从而为中国核科学史研究提供新的视角。

　　在20世纪五六十年代的中英科技交流中,钱三强(1913—1992)是一位关键性人物。他作为法国弗雷德里克·约里奥-居里教授(Frédéric Joliot-Curie, 1900—1958,以下简称约里奥)的学生和同事,最早来到"二战"中的英国考察,向西塞尔·鲍威尔教授(Cecil F. Powell, 1903—1969)学习核乳胶技术,并将研究领域转向铀裂变的机制问题,成为中国当时少有的以铀为研究对象的实验物理学家。他是英法左翼科学家发起成立的世界科学工作者协会(World Federation of Scientific Workers,以下简称世界科协)的早期核心成员,为中华人民共和国对西方国家的外交开辟了渠道。回国后,他不仅在中国科学院建院初

---

[*]刘晓,中国科学院大学科学技术史系教授。

[①]这方面专著及论文非常多,代表性的主要有: J. Lewis & Xue Litai, *Imagined Enemies: China Prepares for Uncertain War*, Stanford University Press, 2006;沈志华:《苏联专家在中国1948—1960》,新华出版社2009年版。

期发挥组织设计作用①,还直接领导近代物理研究所,短短几年内将其建成我国核物理研究的中心。在国际舞台上,钱三强也比较活跃,不仅多次访苏,还利用参加世界科协、世界保卫和平大会等机会与欧洲国家交往。

1937年,在北平研究院工作的钱三强通过中法教育文化基金会留学法国巴黎,得到约里奥-居里夫妇的共同指导,他于1940年完成博士论文,但因"二战"滞留法国。习惯上,钱三强一直被视为留法科学家。然而,战后钱三强的科研方向却更多地受英国的影响,他前往英国考察学习,利用核乳胶技术进行铀核多分裂研究,其方法和选题都来自英国科学界。他在英国期间还联络、结识中国学者,如王大珩、李熏、彭桓武、杨澄中等许多人,1949年以后他们在钱三强的邀请下来到新成立的中国科学院特别是近代物理研究所工作,发挥核心骨干作用。因此,深入探讨钱三强与英国科学界的交往,对我们理解他的科学贡献和参与国际合作事宜具有重要意义。

关于这段历史,钱三强本人在《重原子核三分裂与四分裂的发现》②中曾有详尽的描述。该书系钱三强口述,黄胜年执笔③,书中对多裂变发现的科学价值及有关核分裂的科学脉络进行了较为全面的介绍,但没有提及钱三强同期参与的政治活动,个别细节回忆也比较模糊。2010年以来,笔者主持"老科学家学术成长资料采集工程"中的"何泽慧院士"项目,又与葛能全先生一起完成"钱三强院士"的采集工程项目,两个项目均分别出版传记④,并整理了采集到的全宗资料。在这些资料基础上,笔者前往英国布里斯托尔大学(University of Bristol)档案馆、剑桥丘吉尔档案馆,以及巴黎居里档案馆等地搜集到大量书信和文献,现尝试对这段历史进行较为综合的描述,进而揭开中英核科技交流史的帷幕。

---

① 刘晓:《中国科学院建院初期的科研机构调整工作》,《中国科技史杂志》2013年第3期。
② 钱三强:《重原子核三分裂与四分裂的发现》,科学技术文献出版社1989年版。
③ 黄胜年(1932—2009),核物理学家,中国科学院院士,曾长期在钱三强、何泽慧领导下工作。
④ 刘晓:《卷舒开合任天真——何泽慧传》,中国科学技术出版社2013年版;葛能全:《魂牵心系原子梦——钱三强传》,中国科学技术出版社2013年版;葛能全:《钱三强年谱长编》,科学出版社2013年版。

一、核乳胶技术在英国的发展

原子核物理的发展与探测技术关系密切,早期主要使用盖革计数器及威尔逊云室。1935 年日丹诺夫(A. Jdanov)曾制备了几种乳胶,用于探测质子和 α 粒子。自 1938 年起,鲍威尔与海特勒(W. Heitler)等开始利用核乳胶研究宇宙射线和加速器的质子束。1939 年,鲍威尔与胶卷商伊尔福公司(Ilford)的布洛赫(O. Bloch)博士合作,研制过一种增加溴化银用量的乳胶,但实验效果不明显[1]。"二战"后,鲍威尔继续与依尔福公司代表奇尔顿(L. V. Chilton)合作,使用剑桥大学的加速器粒子轰击,终于在 1945 年 11 月,得到一种"远胜于之前所有乳胶"的核乳胶,可以探测 α 粒子甚至质子,而且,非专业人士也可以用显微镜观察[2]。很快,核乳胶照相技术以其简便持久、精确直观等明显优势,在核物理领域获得广泛的应用。

与此同时,加拿大蒙特利尔的德莫斯(Pierre Demers)从 1945 年 5 月起,也利用商业乳胶板探测裂变碎片和 α 粒子,到 9 月,已能探测到微弱的质子径迹[3]。

核乳胶技术的进展也引起了曼哈顿工程的英方负责人查德威克(James Chadwick,1891—1974)的注意,他安排利物浦大学的罗特布拉特(J. Rotblat,1908—2005)负责汇集各方进展,还曾利用情报系统了解德国的有关研究状况[4]。英国供应部成立了以罗特布拉特为组长,有鲍威尔等人参与的小组,小组与依尔福和柯达照相公司签订合同,由它们为原子研究提供乳胶[5]。依尔福公

----

[1] 尹晓冬、张冬珊、刘战存:《鲍威尔对核乳胶方法的发展和对介子的发现》,《大学物理》2015 年 34 卷第 4 期。

[2] Letter from C. F. Powell to Rotblat, 1945-11-14, Cambridge, Churchill Archives, RTBT.D. 136.

[3] P. Demers, "Emulsions for Recording Tracks of α Rays and of Fission Fragments", 1945-7-5, Cambridge, Churchill Archives, RTBT.D.136.

[4] "Photographic Technique", Cambridge, Churchill Archives, RTBT.D.73-D.75.

[5] "Powell Biography", Bristol University Archives, dm517.1.

司于1945年12月1日接受合同,安排专人专款从事核乳胶研究,并获得购买显微镜的许可。新的乳胶制成后即送到剑桥的李弗西(D. L. Livesey)处检测。1946年5月,鲍威尔、奥恰里尼(G. Occhialini, 1907—1993)、李弗西、奇尔顿等联合发表题为《一种探测快带电粒子的新乳胶》的论文[1],这就是依尔福公司生产的对 α 粒子和质子都灵敏的 C_2 乳胶。李弗西致信罗特布拉特,称该乳胶非常实用。罗特布拉特也回信赞同,认为 C_2 乳胶在性能上有了重大提升[2]。

　　从当时标有"秘密""绝密"的报告可见,核乳胶技术是一项由军方支持的项目,涉及到研究成果的保密问题。罗特布拉特曾致信鲍威尔,建议其暂缓发表最新成果,而思想左翼的鲍威尔回信,明确表示不愿意推迟发表。他说:

　　　　我们渴望这个系(布里斯托尔大学物理系)作为至少是一个核物理分支的中心,得到国际上的承认。目前,许多来自各地的科学家学习我们的方法。我想,这样一个中心的存在是符合国家利益的。[3]

　　而且,由这些科学家做出的成果,也无理由不让他们发表论文。正是在鲍威尔的开放心态下,布里斯托尔大学物理系吸引了越来越多的科学家,声望甚至接近"二战"前的剑桥大学。

二、"二战"后英法科学家恢复交流

　　1944年8月,巴黎获得解放。在过去的四年中,法国被德国占领,英国科学家也忙于战时与军事相关的任务,英法两国科学家的工作都被打断了。为了恢复"二战"后英法间的学术交流,1945年年初两国成立了一个科学联络机构,法

---

[1]C. F. Powell, G. P. S. Occhialini, D. L. Livesey etc., "A New Photographic Emulsion for the Detection of Fast Charged Particles", *Journal of Scientific Instruments*, 1946, pp. 102–106.

[2]Correspondence between Rotblat and Livesey, 1946-5-30, 1946-6-3, Cambridge, Churchill Archives, RTBT.D.190–D.191.

[3]Letter from C. F. Powell to Rotblat, 1946-3-5, Cambridge, Churchill Archives, RTBT.D.136.

方主任罗森布鲁姆(S. Rosenblum)就是居里实验室的成员①。"二战"后布里斯托尔大学物理实验室(H. H. Wills Physical Laboratory)成为英国物理学研究中心之一,罗森布鲁姆即率先前往,与鲍威尔等一起工作数月,为返回巴黎用大永久磁体研究铀和钍发射的 α 粒子团做准备工作。当时,他决定选用核乳胶技术作为粒子探测手段②。

1944 年年底,经约里奥推荐,钱三强升任法国国家科学研究中心研究员。1945 年 6 月,钱三强受法国科研中心派遣,参加法国科学代表团(Mission Scientifique Français)前往英国,到"各实验室实习数月",通信地址为伦敦卡尔顿花园 1 号(No. 1 Carlton Garden)③。他曾到伦敦大学帝国学院拜见了小汤姆逊教授(G. P. Thomson,1892—1975),了解该实验室核物理方面的研究情况;不过他想进入实验室从事研究工作的愿望没有实现④。他还前往伯明翰,与老同学王大珩见面。这位同学思想进步,曾是钱三强政治上的启蒙者。王大珩 1938 年留学英国,1942 年进入昌司玻璃公司(Messrs. Chance Brothers)工作。活跃的思想和相对宽裕的经济条件,使得王大珩成为留英中国学者的核心人物之一,通过他,钱三强结识了不少中国学者。

1945 年 9 月 25—27 日,布里斯托尔大学物理系组织召开了英法宇宙线会议,这是"二战"后该领域恢复的首次国际会议,该会议得到英国文化协会(British Council)和法国政府的协助。包括约里奥–居里夫妇、俄歇(P. Auger)在内的 15 名法国科学家前往出席会议,钱三强也加入该团前往参会;英国的布莱克特(P. Blackett,1897—1974)、狄拉克(P. Dirac,1902—1984)、小汤姆逊等著名科学家出席会议;廷德尔(A. Tyndall,1881—1961)、莫特(N. Mott,1905—1996)、鲍威尔以及罗森布鲁姆则作为实验室内部科学家参会。莫特在致辞中表达了希望:科学工作者们致力重建被战争严重破坏的国际合作,这对增长知

---

①钱三强:《重原子核三分裂与四分裂的发现》,科学技术文献出版社 1989 年版,第 42 页。

②Correspondence with C. F. Powell, 1945-10-20, Cambridge, Churchill Archives, RTBT.D.136.

③钱三强致何怡贞的信,1945 年 9 月 10 日。手稿。

④葛能全:《魂牵心系原子梦——钱三强传》,中国科学技术出版社 2013 年版,第 136—137 页。

识和人们间的理解有着决定性的意义①。

会上,鲍威尔介绍了核乳胶探测重带电粒子的方法,以及待解决的主要技术问题,以便提升乳胶的质量。钱三强的报告是《γ 射线的结构》。他的实验是研究镭 D(核素 210Pb)的 γ 射线,用威尔逊云室测量光电子的能量范围。会议的讨论阶段,钱三强展示了何泽慧用磁场中的膨胀云室发现的正负电子弹性碰撞的照片。如图所示,从左下角飞入的正电子在旋转一周后与负电子碰撞,负电子带走大部分能量继续前进,但旋转方向发生了改变。后来,发表于《自然》(Nature)杂志的会议报道将其誉为一项"科学珍闻"②。

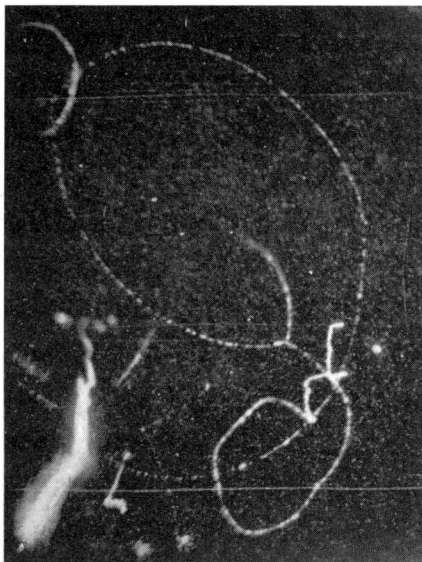

图 1   何泽慧发现的正负电子弹性碰撞的照片③

①"Cosmic Rays:Anglo-French Conference in Bristol", *Nature*, 156 (1945), p. 543.

②*Ibid.*

③Ho Zah-Wei, "Elastic Collisions Between Positrons and Electrons and Annihilation of Positrons", *Report of an International Conference on Fundamental Particles and Low Temperatures*, held at the Cavendish Laboratory, Cambridge, on 22–27 July 1946.

　　因为钱三强在 1942 年滞留里昂期间,曾研究过 α 粒子在照相底版上的作用,并于 1943 年发表《用照相乳胶记录带电粒子》(L'enregistrement des particules ionisantes par l'émulsion photographique)为题的论文①,会后,伊莱娜建议钱三强留在布里斯托尔,跟随鲍威尔学习核乳胶技术。

　　从 1945 年 9 月到 11 月,钱三强在布里斯托尔大学停留了近两个月。当时,核乳胶的制造在依尔福公司进行,技术并未公开,钱三强掌握的是运用核乳胶做实验的技术,并学习到一些诀窍②。

三、何泽慧的跨国科学之旅

　　1936 年,何泽慧(1914—2011)赴德国留学,在柏林高等工业大学攻读弹道学,1940 年获工程博士学位。毕业后何泽慧先到西门子公司弱电流实验室工作,1943 年 11 月,前往海德堡,在威廉皇帝医学研究院物理研究所的博特(Walther W. Bothe, 1891—1957)教授指导下从事原子核物理的实验研究。1945 年初,她发现了正负电子几乎全部交换能量的弹性碰撞现象。转向原子物理研究的何泽慧与在巴黎居里实验室的钱三强开始了频繁“短信”(战时通信不能超过 25 个字)交流,艰苦的异国生活,共同的研究领域,使得两个人的感情升温。随着盟军在西欧的节节胜利,1945 年 3 月底美军占领海德堡,博特的实验室被查封,何泽慧则被限制离境。5 月,德国投降,8 月,日本投降。举世欢腾之际,两人的爱情也逐渐成熟,在伦敦的钱三强向何泽慧求婚,将两人的“未来生活及工作”完全联系在一起③。

　　摆在何泽慧面前的首要问题,是如何尽快离开美军占领下的海德堡。在对日战争结束前,钱三强曾有邀何泽慧到英国或游学美国的计划,但日本投降后,两人决定先在巴黎相聚,然后尽快回国。在布里斯托尔大学的国际宇宙线会议上,钱

①Tsien San-Tsiang & Pierre Cüer, « L'enregistrement des particules ionisantes par l'émulsion pho-tographique », *Cahier de Physique*, no. 14, 61 (1943).

②钱三强:《谈谈我从爱国主义思想转变为马克思主义思想的实践过程》,《自然辩证法研究》1991 年第 1 期。

③钱三强致何怡贞的信,1945 年 9 月 10 日。手稿。

三强展示了何泽慧的工作,这让与会的约里奥-居里夫妇对她也有所了解。

11月,钱三强结束在英国的访问返回巴黎,立即请求约里奥出面,联系美国驻法国使馆人员,商讨何泽慧到巴黎的事宜。约里奥致信美国使馆人员,写道:何泽慧小姐是中华民国的科学工作者,现在博特海德堡的实验室工作,非常想到巴黎来。她是钱三强的未婚妻,钱在居里实验室和法兰西核化学实验室工作多年,非常出色并受到我们的尊重。约里奥表示,只要何泽慧能来巴黎,他的实验室愿意接收,并提供资助。使馆人员回信说,外国人进入法国,只需法国内政部门同意,如需要工作合同,则通过法国劳工部门取得即可,美国军队和使馆方面并不阻拦。这样,在约里奥的帮助下,何泽慧到巴黎的障碍消除了①。

12月初,何泽慧即动身前往巴黎,动作之快甚至令钱三强措手不及。钱三强在回忆中写道:"这年冬天的一天,我正在巴黎寓所,她突然来了,随身只带了一个小箱子。使我惊讶的是,打开箱子一看,里面除了许多邮票之外,就是那些云室照片和曲线图等实验资料。她这次是先来看看,在巴黎逗留的时间不多。"②这次两周的行程除了看望钱三强,何泽慧还要联系中国驻法国使馆,因1940年中德断交,她与使馆的联系一直中断。

何泽慧此行最重要的事情是拜访约里奥。临行前,海德堡的同事根特纳(W. Gentner,1906—1980)写了一封亲笔信,向约里奥推荐何泽慧。根特纳是博特的助手,1933年曾到居里实验室工作。德军占领巴黎后,根特纳作为德方代表,来到居里实验室监督加速器的建造,与钱三强等人共事。他反对纳粹,同情法国的抵抗运动,得到约里奥-居里夫妇的信任,但不久他即被纳粹撤换回德国。"二战"后他曾担任马普学会的副主席,并在1974年到访过中国,与何泽慧见面。

根特纳在信中介绍何泽慧的工作:"带这封信给您的何小姐,是一位中国物理学家,在柏林由盖革指导完成博士论文,并在我们海德堡的研究所利用云室做了两年研究。……我对何小姐非常了解,如您能向她展示一下实验室,并提

---

① Correspondence between Joliot and C. A. Page, 1945-11-20, 1945-11-27, Paris, Curie Archives.

② 钱三强,《重原子核三分裂与四分裂的发现》,科学技术文献出版社1989年版,第43页。

供一些必要的帮助,我将非常感谢。"①

信中明确说明,何泽慧是在盖革教授(Hans Geiger,1882—1945)的指导下完成的博士论文;因何泽慧的博士论文涉及军工研究,当时的博士论文未明确注明导师。这是目前发现的第二份证明何泽慧的导师为盖革教授的材料。

短暂的巴黎之行结束后,何泽慧返回海德堡,结束那里的工作。1946年3月,她离开了这个学习和工作了近十年的国度,前往巴黎与钱三强相聚。何泽慧还带上了博特教授写给约里奥的信,表达感谢和推荐:

十分尊敬的同事先生!

您这么友好地愿意为博士何小姐提供一个在您那里工作的机会,为此,请接受我最真挚的谢意。我深信,她被您的研究队伍所接纳,这将十分有益于她进一步的科学训练。博士何小姐还带去了她未发表的研究手稿,这是她在海德堡的工作。她很乐意给您看这些研究,同时也愿意为您提供有关这些研究的任何信息。只要对您来说,这些研究合适,并且存在发表的可能,她就有资格在那里发表这些研究。

研究主题的选择当然是全权由您做主。我仅希望能够提一点建议,即您自己的计划不会排斥博士何小姐继续尝试正电子碰撞,因为在我看来,这些实验有极大的理论意义。

我希望您也同我一样,会觉得博士何小姐是一个愉快的合作伙伴。向您备受尊敬的妻子致以诚挚的祝福以及问候。

您一直忠诚的

博特②

此后的故事为大家所熟知,1946年4月8日,星期一,何泽慧与钱三强到巴黎中国驻法国大使馆办理了结婚手续。当晚,他们在巴黎的"东方饭店"举办了

---

①Letter from Gentner to Joliot, 1945-11-30, Paris, Curie Archives.

②Letter from Bothe to Joliot, 1946-3-12, Paris, Curie Archives. 感谢朱慧涓博士将档案从德文翻译成中文。

简朴而隆重的结婚晚宴,约里奥-居里夫妇双双出席。约里奥先生发表了热情洋溢的讲话:"钱三强先生和何泽慧女士,都是学原子核物理的,这种结合,将来一定会在科学事业中开花结果。大家都知道,居里先生和夫人,开了一个先例;我和伊莱娜也受了'传染',我们感到这种'传染'对科学是非常有利的。"婚后,何泽慧便和钱三强一起,在法兰西学院原子核化学实验室和居里实验室从事原子核物理的实验研究,开始了共同的科学生涯。

四、共赴剑桥

1946 年 7 月 22—27 日,钱三强与何泽慧两人共同赴英国剑桥,参加英国物理学会和卡文迪许实验室联合举办的国际基本粒子与低温会议(International Conference on Fundamental Particles and Low Temperatures)。这是"二战"后国际物理学界的首次大型会议,约有 300 名学者参加,美国、苏联、中国、印度、巴西等国 100 名外籍学者与会。此前稍早的 7 月 15—19 日,皇家学会在伦敦举行牛顿诞辰 300 周年纪念会(因战争推迟了两年),赵元任、吴大猷和周培源代表"中央研究院"和教育部参加。此次会议后,吴大猷和周培源两人继续参加剑桥的会议。参加剑桥会议的其他中国学者还有留英的彭桓武、胡济民、梅镇岳,来自美国的胡宁。这是中国物理学家在海外的难得聚首(彩图十六)。

在两次会议之间的周末,即 7 月 20—21 日,来自英、中、法、美、捷克、加拿大、印度、南非、澳大利亚等 14 个国家的 18 个科学组织的代表召开了世界科协成立大会,世界科协正式在伦敦成立,英国科学工作者协会主席布莱克特主持会议①。周培源代表中国科学工作者协会(主席为竺可桢,秘书长涂长望)参加会议并做简短发言,李约瑟作为联合国教科文组织科学部的兄弟观察员(Fraternal Observer)也出席大会并发言②。成立大会选举了执行理事会,执行理事会由个人会员(individual member)和地区代表组成。个人会员包括主席、副

---

① "World Federation of Scientists: With Object of Promoting Peace", *Manchester Guardian*, 1946, July, 22.

② *Report of the International Conference to Inaugurate the World Federation of Scientific Workers*, Paris, Curie Archives.

主席、司库、秘书长等主要领导人员,以及两名普通会员(ordinary member)。地区代表由大会决定,有6—8名。首届执行理事会中,钱三强作为一般会员,涂长望作为地区代表(远东区)被选入。3天后召开的执行理事会会议推举约里奥为协会主席①,苏联物理化学家谢苗诺夫(N. Semenov,1956年诺贝尔化学奖获得者,但很快去职)与英国贝尔纳(J. D. Bernal,1901—1971)当选副主席②。

接下来的剑桥会议上,何泽慧关于正负电子弹性碰撞的研究报告《正负电子的弹性碰撞及正电子的湮灭》获准在会上宣读,并被作为唯一一篇中国学者的论文载入会议报告文集③。为了表示对科学的共同追求,她再次请钱三强代为宣读该报告。大家看了钱三强的投影照片和所作的介绍,对正电子与负电子相遇而不湮没的现象,都感觉到新奇(彩图十七)。

就在这次会议上,剑桥大学卡文迪许实验室的李弗西(D. L. Livesey)报告了他和格林(L. L. Green)用核乳胶板研究原子核裂变的工作④。他们用刚刚改进的依尔福 C_2 核乳胶板,通过将其溴化银浓度提高到 X 光底片的近4倍(是普通照相乳胶的8倍以上),得到较为连续的带电粒子径迹。他们先将乳胶板在乙酸铀酰溶液中浸泡,干燥后用回旋加速器上产生的中子对其轰击1—3个小时,然后经处理就可以在显微镜下观察裂变的径迹。报告投影了裂变碎片在乳胶里留下径迹的一些照片。裂变的两个碎片方向相反,径迹呈一直线。中间部分黑而浓密,两个末端的银颗粒比较稀。由于核乳胶板能够同时记录大量的裂变径迹,因此能够从中发现一些稀有现象。报告在最后展示了产生三个带电粒子的裂变,即三叉形状的径迹,其中一个质量较轻,报告人认为这是一个裂变碎片发射出的 α 粒子。报告称,约在400例裂变中会有一个这样的事件。

①Pierre Biquard, Frédéric Joliot-Curie, *The Man and His Theories*, Paris, Pierre Seghers, 1961, p. 110.

②World Federation of Scientific Workers, 1947, Paris, Curie Archives.

③Ho Zah-Wei, "Elastic Collisions Between Positrons and Electrons and Annihilation of *Positrons*", *Report of an International Conference on Fundamental Particles and Low Temperatures*, held at the Cavendish Laboratory, Cambridge, on 22–27 July 1946.

④D. L. Livesey, "Fission Fragment Tracks in Photographic Plates", *Report of an International Conference on Fundamental Particles and Low Temperatures*, held at the Cavendish Laboratory, Cambridge, on 22–27 July 1946.

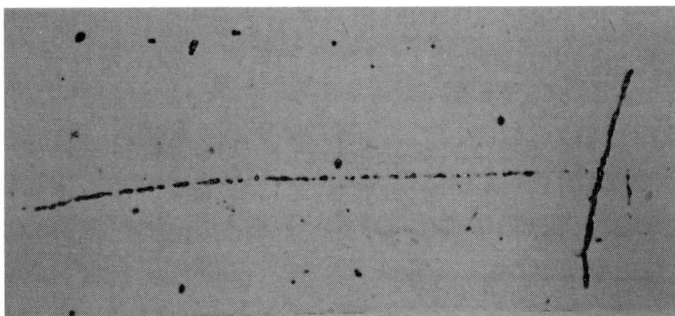

图 2　李弗西展示的径迹照片

　　鲍威尔也同意李弗西的观点，他和奥恰利尼在 1947 年出版的《照片中的核物理——照相乳胶中的带电粒子径迹》一书中收入了李弗西的这张照片，在图片说明中他仍认为，细长径迹是二次分裂，与第一次无关，并且很可能是 α 粒子①。钱三强注意到这个问题，他的研究兴趣开始逐渐转向铀核的分裂机制研究。

五、交流中的发现

　　实际上，钱三强从布里斯托尔回巴黎后，并未立即着手利用核乳胶从事研究工作，因为当时核乳胶技术还不够完善。但钱三强与鲍威尔从此建立了密切的联系，鲍威尔向钱三强及时提供最先进的乳胶，这是钱三强与何泽慧能够做出发现的物质保证。通过现存布里斯托尔大学档案馆中钱三强与鲍威尔的通信，可以清晰还原这一学术交流和科学发现的过程。

　　最早一封通信，是 1945 年 12 月 29 日在钱三强离开布里斯托尔一个月后写给鲍威尔的，他表达了感谢，并推荐一位年轻的同事沙士戴勒（R. Chastel）前往鲍威尔处学习核乳胶技术②。此后，受约里奥-居里夫妇委托，钱三强领导由沙

①C. F. Powell & G. Occhialini, *Nuclear Physics in Photographs, Tracks of Charged Particles in Photographic Emulsions*, Oxford, Clarendon Press, 1947, p. 76.

②Letter from Tsien to Powell, 1945-12-29, Bristol University Archives, dm1137. E43.

士戴勒、微聂隆(L. Vigneron)和法拉吉夫人(H. Faragi)组成的小组。他们的第一项工作,是钱三强从剑桥回来后于 7 月 29 日完成的《为测量α射线射程用的新型照相乳胶片的标定》(Étalonnage d'une nouvelle plaque photographique pour la mesure des parcours des rayons α)[1]。研究指出,利用标定依尔福公司刚刚出品的半色调浓缩(Half-Tone Concentrated)C_2乳胶板[2],可以通过测量径迹的长度和颗粒密度来确定粒子的质量和能量。这为在法国率先用核乳胶开展研究工作奠定了基础。

1946 年 10 月初,鲍威尔到巴黎参加会议并讲学,钱三强热情接待。鲍威尔将李弗西在剑桥展示的照片交给他,并随后寄送尚待发表的 3 篇回旋加速器照射的粒子散射论文,以及最新的乳胶材料[3]。鲍威尔离开巴黎后,钱三强立即着手利用核乳胶开展铀分裂的研究工作。何泽慧、沙士戴勒和微聂隆都加入进来。利用法兰西学院的加速器,在 10 月份,钱三强小组就找到多个三分裂事例。为了弄清问题,需要测量三条径迹的长度、深度和角度,根据能量守恒和动量守恒,定出粒子的质量和能量。乳胶中径迹微小,一般只有 $20\mu m$ 长,必须用高倍显微镜测量,钱三强小组获允使用伊莱娜的显微镜。长时间测量非常辛苦,不仅眼睛很累,还会引起头痛和全身疲劳。从事这种工作需要有坚强的毅力和耐心,只有那些具有敏锐和细致观察力的人,才能捕捉到这些稀有事件。无疑,何泽慧找到得最多。

他们注意到这些三叉径迹,在大多数情况,三条径迹在同一平面上(共面),其中两条径迹短而粗黑,第三条径迹细而长,颗粒较稀。利用能程关系和动量守恒,用他们发展的回归计算方法,他们计算出三个碎片的质量和能量,得出较重的两个碎片质量分布与二分裂的碎片质量分布相近;第三个碎片(轻粒子)的质量有一个谱,分布在核子质量数 A = 2—9 之间,最大概率在 A = 5 处。同时,

[1]Tsien San-Tsiang *etc.*, «Étalonnage d'une nouvelle plaque photographique pour la mesure des parcours des rayons α», *Comptes Rendus de l'Académie des Sciences*, 223, pp. 571–573.

[2]由于乳胶定影时,未经过作用的溴化银颗粒析出,乳胶变薄,必须精确测定乳胶的收缩因子,对实测径迹进行正确的修正,这对测定径迹长度和角度很重要。

[3]Letter from Powell to Tsien, 1946-10-11, 1946-10-15, Bristol University Archives, dm1137. E43.

他们得到三个碎片能量分布,两个重碎片的能量分布与二分裂的类似,其平均值为58和76 MeV;第三个粒子的射程分布在15—45厘米范围内,最大概率在28厘米,表明能量分布很宽。

如按α粒子(A=4)计算,其能量范围为10—25 MeV,最大概率在18MeV。这表明第三个粒子能量远高于天然放射性的α粒子能量。这类三叉径迹事件现称为小三分裂。另一类的三叉径迹事件,它的第三条径迹比较粗而短,看起来它不能归为α粒子,而是一个比α重的原子核,如在一例实验中计算出其质量为A=32,这是一个质量相当重的原子核。这类三叉径迹事件现称为大三分裂。

经过实验结果与理论分析的比较,肯定三叉径迹是同时发射的三个裂变碎片。钱三强致信鲍威尔,认为经过分析,将其解释为"三分裂"要比"二次分裂"更为合理,最轻粒子质量在3—20之间,并不必然是α粒子①。

到11月1日,钱三强在给鲍威尔的信中声称已证实李弗西照片中的α粒子是在铀分裂过程中发射出来的,并向鲍威尔询问核乳胶的成分,以便于进行计算②。

11月7日,鲍威尔致信钱三强,寄送此前他发表的论文《一种探测快带电粒子的新乳胶》③。11月18日,利用该文提供的乳胶数据,钱三强小组经过计算后发表《俘获中子引起的铀的三分裂》④,正式提出三分裂观点。

更为激动人心的是1946年11月22日晚上,何泽慧在用显微镜观察照射后的C_2核乳胶板时,发现了一个四分叉的径迹,它们几乎在同一个平面上。次日,经与钱三强分析讨论,他们认为这是首例四分裂现象。钱三强看到并确定这一事例后,立即将照片送给老师约里奥-居里夫妇,并在照片右上方写道:献给我们的导师约里奥-居里夫妇;钱三强,何泽慧;巴黎,1946年11月23日。照片下方则是:俘获一个慢中子引起的铀的四分裂。12月23日,以何泽慧为第一作者

---

①Letter from Tsien to Powell, 1947-1-9, Bristol University Archives, dm1137. E43.

②Letter from Tsien to Powell, 1946-11-1, Bristol University Archives, dm1137. E43.

③Letter from Powell to Tsien, 1946-11-7, Bristol University Archives, dm1137. E43.

④Tsien San-Tsiang *et al.*, « Sur la tripartition de l'uranium provoquée par la capture d'un neutron », *Comptes Rendus de l'Académie des Sciences*, 223, p. 986.

的《铀四分裂的实验证据》发表①。

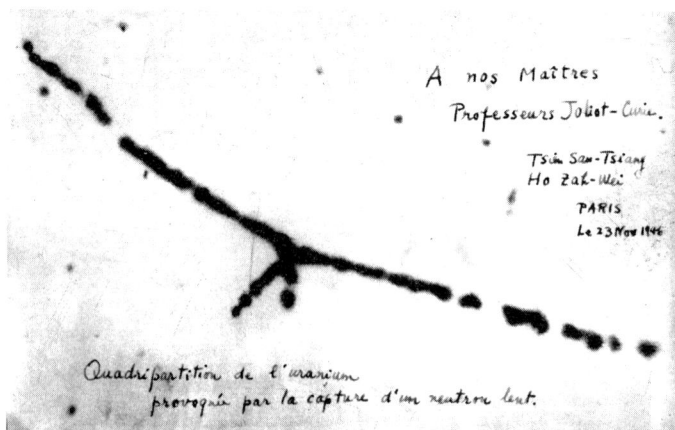

图3　钱三强给约里奥–居里夫妇的四分裂径迹照片（巴黎居里档案馆藏）

　　四分裂出现的概率,比三分裂还要小得多。根据观测,四分裂与二分裂之比小于 $2×10^{-4}$,是一种稀有现象。尽管观测事例极少,但通过测定分析与理论做比较,还是能肯定其存在。

　　几乎与此同时,也是1946年11月,鲍威尔的小组首次发现了两例 π-μ 蜕变,最终证明 π 介子的存在。1950年,因发展核乳胶技术以及发现 π 介子,鲍威尔获得诺贝尔物理学奖。有意思的是,利用高倍显微镜观察核乳胶中的粒子径迹这项非常辛苦和枯燥的工作,女士似乎更具有优势。何泽慧不仅三分裂事例找到得最多,还发现了所有的两例四分裂。鲍威尔更是创造性地组织了包括其夫人在内的多名女士利用显微镜工作,她们被称作"扫描女士"（scanning girls）。所不同的是,何泽慧是经过科学训练的研究人员,能够在论文上署名甚至位居前列,但鲍威尔小组的观测女士,都是非专业人员,没有在论文上署名的权利（彩图十八、十九）。

①Ho Zah-Wei, Tsian San-Tsiang, L.Vigneron & R.Chastel, « Preuve Expérimentale de la Quadri-partition de l'Uranium », *Comptes Rendus de l'Académie des Sciences*, 223, pp. 1119–1121.

《铀四分裂的实验证据》发表后,1947 年 1 月 1 日,钱三强将四分裂的照片寄给鲍威尔,并在背面致谢,注意此处何泽慧的名字在前:

　　向鲍威尔博士,致以最深的谢意!
　　何泽慧、钱三强,1947 年 1 月 1 日巴黎
　　首例铀核俘获慢中子产生的四分裂,11 月 22 日发现于巴黎法兰西学院核化学实验室①。
　　(彩图二十)

　　1947 年 1 月 9 日,钱三强向鲍威尔写了满满两页的长信,表达感谢。他写道:"我附寄给您一张首例四分裂的照片,仅此聊表我极其诚挚的感谢,因您在布里斯托尔实验室的热情接待。没有那些愉快的日子,我们关于三分裂和四分裂的工作不可能开展……我已经在《法国科学院周报》上发表了两篇文章……文中我都提到照相板是在您的发明和指导下制作的。"②

　　1947 年 2 月 3 日,忙于宇宙线研究的鲍威尔回信钱三强,称其已经在报纸上(News Chronicle)得知该发现的消息,而且报纸上写明钱三强曾在布里斯托尔访问过一两个月,因此鲍威尔称他们也得到了"反射过来的光荣"(reflected glory)③。

　　在 1947 年 1 月 9 日的信中,钱三强还写道:"在进行三分裂工作的期间,我们还发现了三例(原文如此——作者注)四分裂事例。首例是我的夫人发现的,当时我正出席世界科学工作者联合会的会议。"

　　根据这一线索,经查阅档案后得知,1946 年 11 月 22—23 日,世界科协的第二次执行理事会在巴黎召开。稍后印发的一本介绍联合会的小册子的扉页上④,就印有当时开会的照片。这张照片亦存于钱三强的个人照片中,但被误为

---

①Photo from Tsien to Powell, 1947-1-1, Bristol University Archives, dm1137. E43.
②Letter from Tsien to Powell, 1947-1-9, Bristol University Archives, dm1137. E43.
③Letter from Powell to Tsien, 1947-2-3, Bristol University Archives, dm1137. E43.
④World Federation of Scientific Workers, 1947, Paris, Curie Archives.

钱三强参加法兰西学院学术讨论会①。实际上,这是一次有中国学者作为国际组织核心成员参加的会议(彩图二十一)。

当时由于内战爆发,受国民党政权监视,涂长望无法出国参会,于是请在联合国教科文组织科学部任副组长的冶金学家叶渚沛(1902—1971)代表他参加执行理事会。而钱三强作为深受约里奥信任的学者,以普通会员的身份进入执行理事会。执行理事会中有两名中国代表,既显示了该组织对"二战"后中国大国地位的重视,也为中国在该组织中发挥积极作用打下了基础。

六、回归自由的中国

在钱三强 1945 年赴英期间,北京大学校长胡适访问伦敦时曾约见钱三强,邀其到北大工作。1946 年剑桥会议期间,周培源也邀请钱三强到清华大学任教。当年 11 月 21 日,清华大学校长梅贻琦向钱三强发电报,询问他能否于 1947 年 3 月回国,并寄出正式邀聘文函和路费。1946 年 11 月 25 日,钱三强回复梅贻琦电报:"接受聘邀到清华物理系任教。"②但三分裂特别是四分裂的发现,已引起了各国的注意,如卡文迪许实验室的李弗西也对钱三强的工作感到好奇,他和格林还于 1947 年 3 月专程赶到巴黎,了解实验情况。当然,也由于面临国际同行的质疑和竞争,因此后续工作短期之内无法结束,故钱三强后又决定推迟到暑假回国。

钱三强在 1947 年 1 月 9 日给鲍威尔的信中写道:"我已经应召在这个夏天回国……我始终记着在离开布里斯托尔前关于我回国后的科学合作的谈话。我希望我们为一个更为健康、更为理性的世界而工作,那时科学领域的国际合作将有关键地位。"③

四分裂的发现还给何泽慧带来一个意外的收获,北平研究院向她发出了任

①如葛能全:《魂牵心系原子梦——钱三强传》,中国科学技术出版社 2014 年版,第 87 页;《钱三强与中国原子能事业》,中国原子能出版社 2013 年版,第 30 页,均作"参加法兰西学院学术讨论会合影"。
②葛能全:《钱三强年谱长编》,科学出版社 2013 年版,第 81 页。
③Letter from Tsien to Powell, 1947-1-9, Bristol University Archives, dm1137. E43.

职邀请。1946年,李书华(北平研究院副院长)、竺可桢(浙江大学校长、中国科学工作者协会主席)、赵元任等在巴黎参加联合国教科文组织第一次大会(First General Conference of the UNESCO),钱三强作为中国自然科学方面的代表,也出席了11月19日的开幕会[1],并多次与中国代表参与讨论会议事务。此次会议直到12月10日结束。12月12日,钱三强与何泽慧夫妇陪同李书华、竺可桢、赵元任等参观巴黎的各实验室,在约里奥的核化学实验室,他们两位向客人展示了四分裂工作。竺可桢在日记中写道:

> 钱三强夫妇近得照片,证明以 Neutron(中子)打 Uranium(铀),可分成四瓣,已由钱太太证明,实为重大发现,最近将登 Comptes Rendus(《法国科学院周报》)。据钱云,Joliot(约里奥)已允将该室全部蓝本送给,以备在中国设立。

　　"二战"后国内各大学术机构掀起"原子热",都在争聘人才,北平研究院早就有建立原子学研究所的计划。尤其听到约里奥愿意提供实验室的蓝本(当时曾进行过接触的美国、印度等都向中国保密),李书华当即聘请钱三强为原子学研究所所长、何泽慧为专任研究员。1947年1月1日,钱三强在法国《原子》(Atoms)杂志上发表科普文章《1946年11月22日法兰西学院的一项发现——铀裂变的新方式》。作者简介栏中称,钱三强不久将回中国,继续从事核物理研究,并与夫人何泽慧一起组建北平研究院的一个研究所。当然,因钱三强已应允清华大学,加之梅贻琦找李书华商量,他只能兼任这个所长。因此,何泽慧便成为北平研究院原子学研究所的唯一专任研究员。中国科学院成立后,钱三强在该所的基础上组建近代物理研究所,该所成为我国原子物理学的研究中心,何泽慧则始终伴随着这个所的成长、演变,奉献了一生。

　　和鲍威尔一样,约里奥也反对保密科研成果:"我们遵循国际科学界的准则和传统,决定立即公开发表它。我们反对某些国家把基础科学研究列入保密范

---

[1]竺可桢:《竺可桢日记》,1946年11月19日,《竺可桢全集》(第十卷),上海科技教育出版社2006年版,第254页。

围的做法,反对独占各国都做出贡献的知识成果。"①1947 年 7 月 10 日,钱三强、何泽慧等完成了长达 26 页的《铀裂变的新模式——三分裂和四分裂》②,分两次发表在《物理学报》上。此时,钱三强升任法国国家科学研究中心的研究导师,开始指导研究生,何泽慧也有孕在身,他们无法按原计划回国。但两人商定,等孩子生下来一段时间后,就尽早回国。

1948 年 4 月 29 日,钱三强、何泽慧和不满半岁的女儿离开巴黎回国。行前,钱三强致信鲍威尔教授道别:

> 最近我决定回国,希望我们在北平新设立的实验室,还能和您保持联系。在走之前,我不得不向您致以最深的感谢,谢谢您的友谊和指导。
>
> 我想,不仅我自己受益于您的经验,在照相技术、有关两种介子发现的所有科学家都会感谢您。我为您骄傲,不仅从科学的角度,更从广大进步人士的角度。
>
> 我们希望在不远的将来,能有机会邀请您和我们亲爱的朋友奥恰里尼,到自由中国去召开有关您的发现的学术会议。③

从钱三强与鲍威尔之间的通信可见,两人的交流已不限于学术,更重要的是他们的政治观点志同道合。鲍威尔在获得诺贝尔奖以后,以其广泛的国际交往、温和的左翼政治观点,活跃于科学家的政治舞台。1951 年,他与李四光一起当选世界科协副主席;1952 年担任英国科学工作者协会主席,并于 1957 年接替约里奥担任世界科协主席。1956 年,世界科协第 16 届执行理事会暨成立十周年纪念会在北京举行,鲍威尔以执行理事会主席身份访华④。他还与罗特布拉

---

① 钱三强:《重原子核三分裂与四分裂的发现》,科学技术文献出版社 1989 年版,第 74 页。

② Tsien San-Tsiang, Ho Zah-Wei, R. Chastel et L. Vigneron, « Nouveaux Modes de Fission de l'Uranium:Tripartition et Quadripartition », *Journal de Physique*, Série VIII, 8(1947), pp. 165-200.

③ Letter from Tsien to Powell, 1948, Bristol University Archives, dm1137. E43.

④ 刘晓:《科学家的社会责任——西塞尔·鲍威尔教授的亚洲行》,《中国科技史杂志》2016 年第 3 期。

特一起,成为帕格沃什系列会议主要的实际发起者和推动者①。他在 1967 年担任帕格沃什会议主席,被誉为科学界的政治家(statesman of science)。他十分关注中国的科学发展,并在国际会议上为新中国尽快恢复联合国席位而呼吁。

结　语

本文通过原始材料,不仅补充和修正了原有当事人的回忆,还发现了许多关键的细节。这些细节丰富了科学研究的关键节点,补充科学家们的重要社会政治活动,如钱三强在英国的游历、与鲍威尔通信带来的科研进展、参加世界科协成立以及执行理事会会议、何泽慧从德国到法国的经过、两人被北平研究院聘用等。这些材料填补了先前科学家经历中的空白点。而且通过两人在国外与左翼科学家交往、与国共两方面人员接触的史实,为我们了解“二战”后国际组织的发展提供了很多相互印证的材料。

钱三强与何泽慧在巴黎共同发现和证实的三分裂和四分裂现象,揭示了裂变的一种新模式,反映了裂变反应的复杂性和多样性,为研究裂变断点的原子核特性提供了一个独特的探针,对研究裂变动力学的特性有重要意义。正如约里奥在 1947 年春季于巴黎举行的一次国际会议上宣布这项发现时所说,这个发现“是国际合作的产物”。没有约里奥积极倡导的“二战”后英法间的科学交流,没有钱三强在布里斯托尔跟随鲍威尔的学习,没有何泽慧从德国前往法国,这一发现将无从谈起。而且,钱三强和鲍威尔之间始终保持着密切的联系,得到过鲍威尔的最新资料和指导。遗憾的是,钱三强回国以后,与鲍威尔之间的通信自此中断,这在当时回国科学家中是普遍的现象。也许我们对这一历史现象应予以反思。

20 世纪中期,核武器的研制成功,以及“二战”结束后两大国际阵营的形成,核物理学家参与国际政治的热情空前高涨,这一时期许多知名物理学家的科学交流、科学发现是与政治活动紧密联系在一起的。英国作为处于美苏之后

---

① “帕格沃什运动”(Pugwash Conferences on Science and World Affairs)是罗素、爱因斯坦等著名科学家在 20 世纪 50 年代中叶发起的反对核武器和战争的科学家国际和平运动。

的第三核大国,成为东西方科技和政治交流的重要舞台。世界科协在英国成立,"帕格沃什运动"从英国发起;而且,1949 年后,英国是第一个承认中华人民共和国的西方大国,这使得中英之间的交流一直能够持续,"中央研究院"和中国科学院相继与皇家学会保持官方往来。以钱三强为代表的中国科学家把握住历史机遇,积极利用这些国际组织和渠道,开展对外学术交流,这对 20 世纪50 年代后期中国突破美苏的封锁具有重要意义。

致谢:本文资料为作者 2014 年在李约瑟研究所访学(李氏基金)期间搜集,写作中得到张焕乔院士、葛能全先生、王扬宗教授、钱思进教授提供资料和修改意见,朱慧涓博士翻译德文信件,特此致谢!

参 考 文 献

一、中文文献

刘晓:《卷舒开合任天真——何泽慧传》,中国科学技术出版社 2013 年版。

刘晓:《中国科学院建院初期的科研机构调整工作》,《中国科技史杂志》2013 年
　　第 3 期。

刘晓:《科学家的社会责任——西塞尔·鲍威尔教授的亚洲行》,《中国科技史杂
　　志》2016 年第 3 期。

葛能全:《魂牵心系原子梦——钱三强传》,中国科学技术出版社 2013 年版。

葛能全:《钱三强年谱长编》,科学出版社 2013 年版。

钱三强:《重原子核三分裂与四分裂的发现》,科学技术文献出版社 1989 年版。

钱三强:《谈谈我从爱国主义思想转变为马克思主义思想的实践过程》,《自然辩
　　证法研究》1991 年第 1 期。

钱三强致何怡贞的信,1945 年 9 月 10 日。手稿。

《钱三强与中国原子能事业》,中国原子能出版社 2013 年版。

沈志华:《苏联专家在中国 1948—1960》,新华出版社 2009 年版。

尹晓冬、张冬珊、刘战存:《鲍威尔对核乳胶方法的发展和对介子的发现》,《大学物理》2015 年 34 卷第 4 期。

竺可桢:《竺可桢日记》,1946 年 11 月 19 日,《竺可桢全集》第十卷,上海科技教育出版社 2006 年版。

二、西文文献

Biquard, Pierre, *Frédéric Joliot-Curie, The Man and His Theories*, Paris, Pierre Seghers, 1961.

Cosmic Rays：Anglo-French Conference in Bristol, *Nature*, 156 (1945).

Demers, P., "Emulsions for Recording Tracks of α Rays and of Fission Fragments", 1945-7-5, Cambridge, Churchill Archives. RTBT.D.136.

Ho, Zah-Wei, "Elastic Collisions Between Positrons and Electrons and Annihilation of Positrons", *Report of an International Conference on Fundamental Particles and Low Temperatures*, held at the Cavendish Laboratory, Cambridge, 22 – 27 July 1946.

Ho, Zah-Wei, San-Tsiang Tsian, L. Vigneron, et R. Chastel, « Preuve Expérimentale de la Quadripartition de l'Uranium », *Comptes Rendus de l'Académie des Sciences*, 223.

Lewis, J. & Xue, Litai, *Imagined Enemies：China Prepares for Uncertain War*, Stanford University Press, 2006.

Livesey, D. L., "Fission Fragment Tracks in Photographic Plates", *Report of an international conference on fundamental particles and low temperatures*, held at the Cavendish Laboratory, Cambridge, 22-27 July 1946.

« Photographic Technique », Cambridge, Churchill Archives. RTBT.D.73-D.75.

Powell, C. F., G. P. S. Occhialini, D. L. Livesey *et al.*, "A New Photographic Emulsion for the Detection of Fast Charged Particles", *Journal of Scientific Instruments*, 1946.

Powell, C. F. & G. Occhialini, *Nuclear Physics in Photographs：Tracks of Charged*

Particles in Photographic Emulsions, Oxford, Clarendon Press, 1947.

Tsien, San-Tsiang et Pierre Cüer, « L'enregistrement des particules ionisantes par l'émulsion photographique », *Cahier de Physique*, no. 14, 61（1943）.

Tsien San-Tsiang *et al.* , « Sur la tripartition de l'uranium provoquée par la capture d'un neutron », *Comptes Rendus de l'Académie des Sciences*, 223.

Tsien, San-Tsiang, Zah-Wei Ho，R. Chastel, et L.Vigneron, «Nouveaux Modes de Fission de l'Uranium：Tripartition et Quadripartition », *Journal of Scientific Instruments*, Série VIII, 8（1947）.

Tsien, San-Tsiang *etc.*, « Étalonnage d'une nouvelle plaque photographique pour la mesure des parcours des rayons α », *Comptes Rendus de l'Académie des sciences*, 223.

"World Federation of Scientists：With Object of Promoting Peace", *Manchester Guardian*, 1946, July, 22.

三、西文档案（按机构和时间排序）

Letter from Tsien to Powell, 1945–12–29, Bristol University Archives, dm1137. E43.

Letter from Powell to Tsien, 1946–10–11, 1946–10–15, Bristol University Archives, dm1137. E43.

Letter from Tsien to Powell, 1946–11–1, Bristol University Archives, dm1137. E43.

Letter from Powell to Tsien, 1946–11–7, Bristol University Archives, dm1137. E43.

Photo from Tsien to Powell, 1947–1–1, Bristol University Archives, dm1137. E43.

Letter from Tsien to Powell, 1947–1–9, Bristol University Archives, dm1137. E43.

Letter from Powell to Tsien, 1947–2–3, Bristol University Archives, dm1137. E43.

Letter from Tsien to Powell, 1948. Bristol University Archives, dm1137. E43.

Powell Biography, Bristol University Archives, dm517. 1.

Correspondence between Joliot and C. A. Page, 1945–11–20, 1945–11–27, Paris, Curie Archives.

Letter from Gentner to Joliot, 1945–11–30, Paris, Curie Archives.

Letter from Bothe to Joliot, 1946–3–12, Paris, Curie Archives.

Report of the International Conference to Inaugurate the World Federation of Scientific Workers, Paris, Curie Archives.

World Federation of Scientific Workers, 1947, Paris, Curie Archives.

Correspondence with C. F. Powell, 1945-10-20, Cambridge, Churchill Archives, RTBT.D.136.

Letter from C. F. Powell to Rotblat, 1945-11-14, Cambridge, Churchill Archives, RTBT.D.136.

Correspondence between Rotblat and Livesey, 1946-5-30, 1946-6-3, Cambridge, Churchill Archives, RTBT.D.190-D. 191.

Letter from C. F. Powell to Rotblat, 1946-3-5, Cambridge, Churchill Archives, RTBT.D.136.

身体与医学

"一切皆忘":《折肱漫录》的养生之道与知识建构

张嘉凤* 著

一、绪 论

崇祯十一年（1637），金丽兼为《折肱漫录》作序，将作者黄承昊（1576—1650?）媲美唐宋第一流人物狄仁杰与司马光①，称其为官任事又兼通医学：

> 余年兄黄闇斋先生，岐嶷善病，最谨卫生。……故自诸生以下，惟攻苦為镂心刿腑之文。取科甲、肩仕任，出入讽议，中外扬历，为大谏参藩，所在於国家事民瘼。握其对病之药石，匡危起痼，不遗余力，而气体不衰，精神加旺，其得于执玉捧盈维持调护者精矣。乃殷然思嘉惠同人，皆臻康强而勤职业也。

金丽兼与黄承昊既是秀水同乡，又都是万历丙辰年（1616）进士，他对黄氏的批注，不仅呼应黄氏《小引》"略明良医之道"与"意在济世"的自我期许，更重要的是，他认为《折肱漫录》写作的主要目的是"嘉惠同人"，使其"臻康强而勤职业"。

＊张嘉凤，台湾大学历史学系教授。
① 黄承昊（1576—1650?），字屡素，号闇斋，晚号乐白道人、妙喜散人，浙江嘉兴秀水人，万历四十四年（1616）进士。有关黄承昊的经历与家族、婚姻等概况，参见张嘉凤：《爱深念重——〈折肱漫录（1635）〉中文人之疾与养》，《台大历史学报》2012年第51期。

　　黄承昊既是士人也是官员,而金丽兼更强调他自诸生至从政的历程,故所谓的"同人"或更着意于仕宦文人。与此同时,金氏也从善病的黄氏身上发现,"气体"与"精神"的康强乃是文人"勤职业"的前提与根本,而"职业"则是指官员之职及其任事之业。金氏将士人的健康、养生与国家的国事、民瘼,放在"论病及国"的双关语境之中,士大夫手握治病的药石,既是个人也是国家的匡危起瘤之道,而《折肱漫录》就是摄养生命之药石,亦是黄承昊存心济物的具体实践。

　　黄承昊少年病羸,微缠一二十年,备尝诸苦且多误药。在濒死之际,自承"吾病得愈,吾年得老,必揭此以告同患者,使毋蹈予之覆辙",故"有所苦随笔记之"。《折肱漫录》即其三折肱成良医的心得集结。前此笔者曾撰《爱深念重——〈折肱漫录〉(1635)中文人之疾与养》一文,采《四库全书存目丛书》载录的《折肱漫录》六卷本与程永培《六醴斋医书》(修敬堂藏版)收录的七卷本(1794)(此版亦收入《续修四库全书》),分析黄氏的疾病与医疗经验、身体感、习医充权的过程与成果,及其如何参与明末医界寒凉与温补思想之争。本文则以《折肱漫录》九卷本为中心①,再探黄承昊兼采文人、病人、医者的叙事立场和著作目的,观察其建构养生知识的方法及其养生观。

二、养神以养生

　　黄承昊将历年笔记整理成《折肱漫录》时,已年高六十,而他的兄长承玄、堂兄承干均未满花甲,即因"劳心政务得疾而殒"。年少多病而忧虑不寿的黄承昊"得延残喘",他自喜"予之重养生也盖如此",乃得力于"居官甚有得于调摄"与

---

① 《四库全书存目丛书》收录的《折肱漫录》六卷本或为崇祯八年原刊本之再版(崇祯十一年),而入清之后再增补四卷(卷之七《续养神篇》、卷之八《续养形篇》、卷之又八《续养形篇下》、卷之九《续医药篇》)出版,即目前典藏于中国国家图书馆的九卷本。程永培《六醴斋医书》(修敬堂藏版)辑录《折肱漫录》七卷本,或以九卷本为底本,删去卷一《养神篇》与卷七《续养神篇》,重新编目而成。九卷本之《续养神篇》有"以下出光明藏"与"以下出昨日非斋纂"字样,《续养形篇》亦见"以下出昨日非斋纂",或为黄承昊之子寅锡、子锡补入。又,九卷本卷之九《续医药篇》最末一条数据未全,可据程永培本卷之七《续医药篇》补之,后者又多三条资料。感谢中国科学院自然科学史研究所韩琦教授与中国国家图书馆陈红彦先生的协助,使笔者于2015年8月访问北京时得见此一珍稀版本。

"未老即挂冠"。体弱善病促使他醉心葆摄养生,长寿是他善于葆摄的成果,而居官与挂冠之举,表明作者的仕宦身份。

《折肱漫录》记录黄承昊毕生的葆摄经验与心得,前六卷以养神篇揭开序幕,其次养形篇、医药篇;后三卷依序是续养神篇、续养形篇、续医药篇,此一篇章顺序即揭示出黄承昊生命观与养生观中首重养神的特质。养神篇首条,透过南岳慧思禅师因病悟得"病从业生,业从心起"后即轻安如故的事例,开宗明义确立"养生者先养神,次养形"的准则。接着又指"养神莫要于恬淡虚无"与"伤神莫大于忧患思虑",以养神与伤神对立的方式诠释养神精义,并诉诸于读者的经验与同理心:"试观多忧多虑之人,饮食不为肌肤,则知养神当先于养形也明矣。"

养神篇第二条以痰中缕血导致朝夕怀忧的亲身体验,"始信神为形君,不可使伤,养生者慎之",以证明神与形之间的君臣关系。黄承昊痰中缕血始于弱冠,因惑于方书言其病重而难治之说,朝夕怀忧而神魂飞越,"如日坐阴冰世界,盖不死者几希耳"。这段长期缠绵忧病的痛苦历程中,他多方尝试却效果不彰,直到三十三岁(1609)中举,才"郁气大畅,而神乃渐王",七年后(1616)考取进士,从此"气益畅而神益充,得延残喘以迄于今"。所以,黄氏的忧病既有生理的事实,也有因焦虑科举功名的心理因素。养神篇与续篇就是注记其因病而忧、忧而解脱的心路历程与切身体会,本节即以这两篇为讨论的中心。

黄承昊认为养神之道莫不备于《南华经》,于是他经常反复读诵之;在养神两篇中,他多次征引与阐扬《逍遥游》《齐物论》《骈拇》《达生》《至乐》等篇。他将庄子的养神归结为一个"忘"字,"一切皆忘而神斯全矣",又取《达生》"养其内者,虎食其外;养其外者,病攻其内"之义论命,并从"忘腰,带之适也;忘足,履之适也",引伸出"忘形,神之适也",又将庄子《骈拇》臧谷亡羊与列子《周穆王》樵人补鹿的典故并列,终以《齐物论》"不觉茖焉丧我"归结。

黄承昊虽未能及时从老子处寻得帮助,而有"若得老氏外身之法,岂至受此二十年苦楚"的遗憾①,后来却曾尝试老氏守中之法,颇觉有益②。忧病解脱后,

----

①所谓外身之法即《道德经》"是以得道者,后身而身先,外身而身存"。
②黄承昊以神御气,守在脐上一寸三分处,"立觉浑身和暖"。

他借《道德经》"我有大患,为我有身,我若无身,我有何患",反省年少惑于爱身念重,致使忧病滋甚不可解的往事,供读者鉴戒。

黄承昊笃信佛教,不仅与衲子坐松林石上谈因果说公案,更向佛家寻求身心双方面的实质帮助。万历二十四年(1596),听闻来自姑苏的比丘心空善持大悲咒,能以符水治病,遂于嘉兴春波坊戊字圩起建闻性庵,专奉观音大士,并请心空住持,其疾病遂愈。稍后,他又与兄长承玄及各檀越重新增建闻性庵,延请蜀僧本宗住持①,此后庵内有常驻的僧尼。

养神二篇以慧思禅师对病与心的领悟为首,其中引《楞严经》山河大地一切皆幻之语与道信问僧璨的公案,殷切提醒"养生家不可不究心"之佛家教言。又以《沙弥律仪毗尼日用合参》之"合下勘破净秽",建议达者"一如养生家亦当常作如是观"。续养神篇借邝子元求真空寺老僧治病的案例,指出断除过去、现在与未来三大妄想即能愈疾。又引《金刚经》无我相即无人相、众生相、寿者相的境界,结合《般若心经》无罣碍故,无有恐怖,远离颠倒梦想与五蕴皆空的智慧,劝戒读者一切相均是虚妄,外在的是非、得失、毁誉或变迁,乃至于贫贱、患难、生死之交,皆视之如一则触境无碍,从而克治无始以来我执之习气、爱憎,得无我相,以金刚慧剑斩断柔情,则"神斯不为形役矣"。当黄氏对佛法有上述的体悟而"知道",了悟"心见以为忧,即成忧境而不可解"之后,即使在中州任官时"有一关心事竟成忧境,病复发",他也能"毅然追究忧从何起,即以慧剑劈破",忧病陡然解散。可见黄氏中年以后力行佛家之教,并非空言。

不仅如此,黄承昊还从儒家圣贤之教与经典中悟出养神至理,主张"要寻孔颜乐处";而"孔颜之乐在心,不在境,故不为境转",故君子无入而不自得,此一体会列于续养神篇之首,或有以此为座右铭自许之义。又以《论语·为政》"言尤寡,行寡悔,禄在其中矣"为本,指出孔子"也只说得一个寡悔",但求做事十分不差,心上无愧,便可宽平快活。再以孔子答颜渊"以瓦注者巧,以钩注者拙,以金注者昏"之说,说明若得失太重则心神惑乱。黄氏认为圣贤学问首称孝悌,孝悌可"养性情、变气质、消悁忿","久久从事则圣贤与我为独知之契,六经之语言

①不仅黄承昊信奉佛教,家族成员亦多与佛教相涉,譬如从妹淑德信仰佛教;堂兄弟承苍助印佛经;长子寅锡与嘉兴县兴善寺法师交善;早夭之女双蕙卒前时时念佛等。

言印证也"，文章自然高妙，学问功夫得以锤炼，有助于平息郁、怒。

六经之中，黄承昊常从《易经》汲取养神的养分，借六阴、六阳用事为喻，区别心之有、无，推得"常虚常无"即是"养生之善物"；又以泰卦譬喻春季天气下降、地气上升，说明心肾交则百病不生。

黄承昊指出《庄子》首扬《逍遥游》而次之以《齐物论》，"盖所造未到齐物处，即欲强为逍遥而不可得"，据此他认为庄子的观点与佛家所说的平等心、无分别意义相同，糅合佛、道二家。黄氏又提倡以宋儒的定静功夫与静坐怡神养心，指出一人静坐心却外游而纷然莫禁，即是《庄子·人间世》所说的"坐驰"，不若与一二知己清谈雅聚，亦有并蓄儒、道功夫之意。

黄承昊的养神之道兼容并采儒、释、道三家，或可溯及其年轻时与名士陈继儒的对谈。当时他正陷入病中多郁之际，受父亲黄洪宪之命，请教来访的陈氏：

> 眉公曰："神者伸也，人神好伸而恶郁，郁则伤神，为害非浅。尼父二论，首揭悦乐；佛家般若经，首称自在；庄生著南华，首标逍遥游。吾人心体，原自活泼，何可因形以损神，神损形得独存乎？"予闻之爽然。

陈氏揭橥悦乐、自在与逍遥游为儒、释、道三家之首要精义，诠释神与形的关系，黄承昊自此奉为养神与养生之圭臬，惟其忧病并未立即消解①。

上述黄承昊所理解的儒、释、道内容是否正确或精到并非首要，因为对他来说，儒、释、道三家之思想与功夫，是他汲取与印证生命观与养生观的泉源，他以个人的身心需求与人生体悟，融合当代三教合一的思潮②，将它们纳入养生图谱中重新诠释，建构属于他自己的养神与养生知识，透过《折肱漫录》的出版加以推广，颇能代表晚明士人养生的典型之一。

---

① 后因父亲黄洪宪遽逝，黄承昊暂因哀戚而"顿忘其身，哀为忧夺……遂拔病以稍苏"。黄洪宪卒于万历二十八年（1600），所以黄承昊请教陈继儒时或在二十至二十四岁之间。

② 晚明士人多有融合儒释道三教的现象，又如万历三十八年（1610）黄汝亭为屠隆《鸿苞》作序，称其"晚乃栖心于禅玄二氏，又欲综三教之旨于一毫端，时出而为竺干，为柱下，为尼山"，亦是一例。近年来有关晚明到清初之间三教会通思想的研究，参见徐圣心：《青天无处不同霞——明末清初三教会通管窥》，台北：台湾大学出版中心，2010 年。

　　由于年少善病与误药的经验,促使黄承昊自习医学,故医学文本也是他寻求解忧、去病与养生智慧的主要文类之一。由于长期的忧郁经历与情绪特质,使他特别关注忧、郁、怒等情志方面的内容。养神篇不但以五行生克关系呼应医家七情伤人、忧愁最深而恼怒最烈的观点,又以"予病时忧郁伤神,百药不救,幸得致身云路,以喜开忧而痼疾遂疗,此岂药石之所能治哉"的经历,印证《素问·阴阳应象大论篇》"忧伤肺,喜胜忧",再度强调养心为最先。此外,他认为从医学角度来看,"忧能遏绝生机,大伤阳气。怒则肝火必盛,伤本经之血,且木来克土,又伤脾经",而儒家的方法恰好合用:"要识下手工夫,全在克己做起,做到无我地位,则忧怒合下断根矣。"如此,结合医家与儒家的见解与功夫,可以断除郁、怒。养神篇引《素问·上古天真论》"以酒为浆,以妄为常,醉以入房,以欲竭其精,以耗散其精",指出愚人不惜消耗心力于世缘虚妄,散失天真,实为养生家之戒。黄氏借饮酒与房事为喻,并非偶然:他一方面好酒,故养神篇力赞《世说新语》张翰"使我有生后名,不如生前一杯酒"之豪情①,以"酒冽茶香,共享闲中清福";另一方面,他又明知酒非健康善物,却苦不能戒酒,周旋于摄生的理想与嗜欲的现实之间。

　　黄承昊喜读古今诗词,养神两篇选入不少唐代到明代的著作,内容以恬淡养神为主。唐代诗人与唐诗之中,他特喜杜甫、李白、白居易、罗隐、王叡、冯瀛等,例如从杜甫《少年行》悟出"贫富贵贱升沉显晦可一视也";自杜甫《阁夜》"卧龙跃马终黄土"与罗隐《春日独游禅智寺》"煮海平陈尽梦中"二句,感慨"每诵斯言,不觉热肠俱冷";灵澈禅师"相逢尽道休官去,林下何曾见一人",令其感叹"世人希进蹴荣而莫知止"的世态。黄氏亦好五代与宋人著作,譬如冯道《天道》、林逋《省心录》、王安石观俳优之偈、范镇飞英会旧事,以及叶梦得《石林诗话》寇准过襄阳留于驿亭之绝句等。他对当代诗词亦颇雅好,除了摘录郑暄《四时调歌摘句》"日高三丈我犹眠,不是神仙,谁是神仙"等,又选录罗念庵、王螯等人的诗句,其抄录最多者莫若陈继儒《小窗幽记》"落红点苔,可当锦褥;草香花媚,可当娇姬""万绿阴中,小亭避暑,八阔洞开,几簟皆绿"等;又抄陈氏《岩栖幽事》"辟地数亩……凌晨杖策,薄(抵)暮言旋"等,但改末句"此亦可以娱老

①原文为"使我有身后名,不如实时一杯酒"。

矣"为"此亦乐境"。续养神篇最后以谢肇淛《五杂俎》"竹楼数间,负山临
水……不营衣食,不问米盐,不叙寒暄,不言朝市,丘壑涯分,于斯极矣"终结,可
见他内心对澹泊隐逸之希求,惟观察其一生夙愿与行事,尤其是中晚年以前,却
不尽符合上述的信念与理想。黄氏广泛征引与阐释诸家诗文佳句,融入个人的
体会,并非无端漫摘,皆因切中其身体、养生、情志、际遇的需求而选录。

既然黄承昊读书之际特爱摘录遣幽散怀、淡泊名利、清闲观蕴类型的诗句,
他的写作风格与内容亦如之。《御选宋金元明四朝诗》与《明诗综》摘选其五言
绝句《闲居夜雨二首》:

> 夜半潇潇竹,轻寒枕上侵。
> 明朝无别事,风雨不关心。
>
> 多少闲花草,朝朝抱瓮忙。
> 园丁今夜睡,晏起亦何妨。①

诗中恬淡闲适的风景,揭露作者对身心俱闲的安乐生活的向往。然而,在
寻绎澹泊闲散的同时,养神两篇却又处处可见他执着于名利之俗心,亦即这面
恬适安乐的诗中明镜,也照出他看重身体、富贵名利、得失荣辱等外在诸物的
侧影。

从上述选录的诗文及黄承昊的阐述、心得与诗作来看,养神二篇弥漫着追
求隐逸闲散的气氛。明代士人颇有避居山水的习尚,黄氏亦有此志②,前述他曾
在兄长与堂兄忙于政务轻忽健康而致死的殷鉴下提早挂冠,惟确切时间不得而
知。目前仅知他晚年卜居吴兴杼山。山居生活固然恬淡闲适,却再度引发他脾
泄与疟证旧疾,后者发生于顺治二年(1645)小雪之前。由此可知,他清初已避

---

① 〔清〕张豫章:《御选宋金元明四朝诗·御选明诗》,《四库全书》卷九十九,商务印书馆 2006
　年版,第 30—31 页;〔清〕朱彝尊:《明诗综》,《四库全书》卷六十六,第 10—11 页。
② 前述黄承昊与陈继儒的一番对谈使黄承昊颇受启发,故其好隐逸闲居或亦受陈氏影响。
　陈氏焚弃儒士衣冠,隐居昆山之阳,后又隐居东畲山,却享有当代盛名,"远近竞相购写,征
　请诗文者无虚日"。

居杍山①。山居纵然实现追求隐逸的士人理想，但他此时年事已高，又逢时局变动，其中亦难免有不得已的因素②。

　　纵使内心向往隐逸，但黄承昊毕竟出身地方世族，中年进入官场，身处文人、官员的交际圈，不可能完全了却世间法而避世，故其感慨地指出"吾人应酬交际，小劳其身，不惟以了世法，以所以节宣其气而养生调性之道也"，他承认人际往来的必要性与重要性，惟"暑中劳役，非人情所乐，此必出于不得已，然名利与此身亦须稍分轻重"，须以"宁可疎慵乘物议，莫将性命当人情"为座右铭。

　　黄承昊常年置身于忧病的情境，语重心长地指出世人以过喜得疾者罕，而以忧成病者比比皆是，事实上"伤神莫大于忧患思虑"正是他个人的写照，故他对庄子"人之生也，与忧俱生"感触尤深。于是养神两篇一方面常见"忧""郁""忧郁""忧病""忧境"等字汇，多选录与忧有关的论述；另一方面亦多排忧遣忧的心得、原则与方法。黄承昊的忧与病，既源自爱身念重，爱有形之身，虑不能老；亦起于重名利得失，忧不能科场扬名。因此，养神两篇亟论养神，以神胜于形，神存则形存。黄承昊爱论名利，多次引用《列子》，最后以《杨朱》总结，即因其能"令人名心顿丧"。他也常论富贵贫贱，认为"富贵虚华似草头之悬露"，并从杜甫《少年行》瓦盆盛酒与银壶玉杯同醉之意，演绎"贫富贵贱、升沈显晦可一视矣"。他亦喜论得失，养神两篇两度引用《淮南子·人间训》宋人产犊与塞翁失马的故事，又以王舒涯为例，直指"慎无以得失为欣戚"。

　　既论得失，亦须论及苦乐，而论及苦乐的同时，又须论及无常。故养神篇云："苦乐无常境，得失无定形""比上不足，比下有余，人能常作如是观，则无入而不自得矣""人能常虚常无，则阳和冲布于一身，养生之善物也"。相对于汲汲于名利与得失的忧患，知足即是养生准则，故养神两篇择取相关的谚语、醒世

---

①稍早之前的六月，黄承昊为躲避乱事，冒暑搭小船奔走而导致血痢，这是《折肱漫录》唯一提到他在入清之初的动态。晚明不少文人书写疾病经历时，往往隐藏着反清情意。从明亡后黄承昊次子子锡在家习弓矢剑戟，并与陈子龙密谋反清大计，以及兄长承玄之孙黄涛因其师陈子龙被系而受到牵连等事来看，黄氏家族成员或有反清情意，惟未明确表现在《折肱漫录》。

②不同于父亲黄洪宪对政治失望，罢官归家后放情声妓而卒，黄承昊虽归隐山林仍持续葆摄养生。

诗文，如"别人骑马我骑驴，仔细思量我不如，回头只一看，又有挑脚汉"，或范立本《明心宝鉴》之"人心不足蛇吞象""家常守分随缘过"等，或从《太上感应篇》引伸出"知足常足，乐自己取；贪得无厌，苦自己招"。又以《中庸》"素位而行"与"居易以俟命"为"一生安乐法"。

黄承昊认为人间一切名利、富贵、得失与苦乐，全在一念之间，"世间种种爱憎取舍纷纭胶膝，皆从一念分别而起。此念一空，何等清净自在"。为了追求自在的境界，养神须至苏洵所说的"泰山崩而色不变，麋鹿游而目不瞬"之"田地"。至此，则往昔之忧病与忧境，"一切惟心所造"，若不能养心则多郁多思、多疑多虑，良药无益。同时，在佛教的熏陶之下，他理解了无明、我执、爱恋是忧患的根本，所有好名、好利、好色、好声的一切耽嗜和五欲恶境，都是"太清之天滓秽不浅，佛家生死轮回之根端"。

养神两篇惯用对照的笔调，彰显出两种不同、相反或高下的情境，提供读者不二的选择。例如以"处乐境之人少"对比"处苦境之人多"；以"福不自知其福"照见"惟有病乃慕无病之真福也"。黄氏又喜以时间作为养神的度量衡，指出"未来之事莫预虑""既去之事莫留念""现在之事据理应之"，"如此则神常觉清净，事常觉简少"。

然而，养神两篇宽阔豁达、向往隐逸闲散与澹泊名利的格调，究竟不是黄承昊的初心。二十年的忧与病，一方面源自痰中缕血的病理事实，从此竟"朝夕怀忧，竟至神气尽耗，病乃日深，病深忧愈甚，忧甚病益深"；再因自幼多病体虚的常态，使他常怀"自虑不能老"的恐惧。黄氏陷入忧郁病苦困境的另一主因，是未能及早仕进的现实。通过科举达成经世济民的理想，已是当代士人的共识与努力的目标，也是其成就感的来源与价值观的中心，黄承昊亦以此自许，但他却迟至四十岁才考中进士，在此之前其内心的焦虑不难想见。不仅如此，黄氏家族自曾祖父黄盛开始显达，祖父黄镖、伯父遵宪（正色）、堂兄承干、父亲洪宪与兄长承玄均科举中第，而洪宪与承玄早在承昊顺天中试之前已享盛名，加上承昊原配沈凤华、妻子沈纫兰与早卒之女双蕙均有才女之名与著作传世，从妹淑德与侄媳项兰贞亦以文采著名，此一来自家族与社会的双重压力，亦使黄承昊内心倍感苦闷。为此他蒙上更难以言喻的忧郁，故笔下"朝夕怀忧""百药不救""几滨于死"的情状与苦痛，殆非儒释道三家与古人的诗词文章所能速愈或轻易遣散。上述的自我期许与压力,以及迫在眉睫的健康需求,催促黄承昊在读书求取功名的同时,特别注意搜集、笔记攸关治病、养生、长寿与可兹遣忧抒怀,勘破功名利禄、荣辱得失,追求隐逸安乐的智慧与方法。

高中进士并未使黄承昊原本孱弱的身体彻底改善,又因四十岁之后始为官任事,职务又经多次调动,分别在北京、湖南、河南、江西、福建、广东等地任职奔波,他的体力难免不济①。再者,他的仕途波折不少,天启五年(1625)受东林党前六君子之一的魏大中牵连而削职归里,崇祯二年(1629)他一度因病乞休。崇祯以后政局内忧外患并至,又有为官不显的抑郁,故其心生追随当代文人高士避世隐逸之风,不难理解。他一生体弱多病,从辛苦读书到扬名科场,从在尘世仕宦奔走,以迄明代灭亡,承受着来自个人与家族、社会、国家的种种压力,既难以摆脱竞逐世俗功名利禄与对于身体健康的强烈执着,又渴望自其中断离与解脱,此一不协调的双重心态与挣扎,使养神两篇暗藏弦外之音。中年的黄氏始高中金榜与进入仕途,功名利禄纵非显赫,毕竟也了遂士人读书经世济民的抱负,而编纂《折肱漫录》时,年逾花甲的他一生的功名与富贵底定,人生历练与识见亦然,因此当他回顾昔日种种疾病、养生、读书、仕进的经历,尤其是长达二十年的忧与病时,笔触变得老练轻松而恬雅闲适,冀望一切皆忘;也因此养神两篇既充斥去除无明、我执、嗜欲等等的语句,感叹世人争名逐利与心神被是非毁誉所困,以及爱好声色的迷惘。正因隐逸安乐本非初心,又因爱身念重而未能超凡脱俗,而且人生一路走来备感艰辛,感慨既深又多,故《折肱漫录》正如金丽兼所说:"多情深极致之言。"

外在世界的不如意与失落,促使黄承昊思考"命"的议题。养神两篇借由李白、杜甫、杜牧科场不中,以及韩愈以同篇文章先黜后取的故事,黄承昊提出"其自有司命者存乎"之叹,且因迟至四十岁入仕,于是他特别悲悯李氏三人和自己的际遇。他又透过唐宗饵丹砂、高骈延方士、单豹夺气养生、伊璠屡脱贼锋,以及蚩尤与黄帝、项羽和刘邦、秦始皇与二世、柴荣与赵匡胤诸例,获致"造物之巧,往往出于吾计算之外,夫命恶可以不知哉"的结论。对黄氏而言,以上足以

---

① 例如《折肱漫录》卷二:"丁巳岁,随同邑乡大夫谒上台,谈三邑田粮事,日旰不了。予受饥,一时中气虚怯,倦怠自汗。"

垂训鉴戒的历史故事,证明了命自有定,而才与命之间不必然相符。他特别关注这些例子,亦与其为官不显并遭罢黜的曲折仕途有关,所以他以《系辞上传》"乐天知命,故不忧"与孔子"得之不得曰有命",论证"君子所可置其力者,见在之义,命之所在,天实主之"。既然命掌握于天而不在于我,在"命之所限,无所逃于天地之间"的现实下,黄承昊认为只要"万事付之命则无忧",且"人生随分,尽所当为,即境逍遥"。

除了形上的养神准则之外,黄承昊亦服膺心因境转的观念,指出人生在世"不得不借镜以为怡神悦性之具",故养神两篇提出不少具体的养神方法,包括"避尘劳而栖幽静、远城市而处山林、寄情于竹石、博趣于琴书,诸如此类";或神游于载籍之间;或弹琴写字、种竹栽花;或与良友清谈、瑶琴独理,以解寂忘怀。上述养神怡情与摄心忘俗的方法,尽是文人雅兴,俨然以士人作为书写的对象。不论有无功名,士人相对更有机会读书、写字、抚琴,甚至寄情于大自然,远离喧嚣。力行孝悌固为人人均可从事,然而,长期实践孝悌与圣贤相契并印证六经,从而使文章高妙而学问锤炼,则非士大夫莫属。同时,黄氏又以"吾辈涉猎书史者"的所知障对照《楞严经》"山河大地,一切皆幻",奉劝"读书君子当常作如是观",更明确指出他预设的主要读者是与他一样的文人、君子、官吏。

养神两篇颇见黄承昊站在病人、过来人的角度宣说养病的准则与方法,以利益"同患者",譬如"鸟啼花落,且开病里幽襟""韵趣幽遐之事,病者可以怡情;纷华靡丽之场,病者不宜厕足""世上四民,谁不役役尘劳、终日无暇晷?惟病者不得不闲,趁此闲中日月,暂离火宅煎熬,想之亦自足乐""乘兴作文,勿求工而刻意;随心开卷,勿程限以疲神。自是人间乐事,颇于病者相宜"之类,条条切中"养神莫要于恬澹虚无"的主要原则。他所谓的病者虽能泛指四民,但仍以读书和写作的士人、官吏为主,毕竟讲究静坐清谈,又能乘兴作文、随心开卷与"酒冽茶香共享闲中清福"者以文人居多①。

养神篇其后若无养形与医药诸篇,彰显不出作者知医的特点,全书的定位也随之不同。养形与医药各篇若无养神篇为起始与提纲,难以展现黄承昊养生

---

① 关于晚明一般文人的养生概况,可参陈秀芬:《养生与修身——晚明文人的身体书写与摄生技术》,台北:稻乡出版社 2009 年版。

兼顾神形、养神先于养形的中心思想与次第，及其博学多闻的文人气息。程永培将《折肱漫录》收入《六醴斋医书》时，鉴于"《养神篇》虽所采皆子史，旁及释道，其说颇杂，莫如案头置《鹤林玉露》等书更胜矣，故不刊木"。若在实用立场删去养神二篇，固然能更凸显其医学与养形的特色，惟此举恰恰辜负黄承昊立足于病人、文人的同理心，及其整理编纂历年札记的初衷与书名命为"漫录"的本义。"漫录"固已自道其杂漫，但以滋养神、形与论明饮食、医药为宗，而养神二篇虽广抄佛道两家与经史子集，所选抄者均以能相应于己与有益身心者为准，以遣除忧病抑郁，关照追求名利之心与对境，视贫富贵贱如一，向往隐逸闲散的逍遥乐境为旨。在这部养神、养形与医药组合而成的笔记中，篇章的次序即表现养生的次第与原则，既有理论又有实例，而黄承昊既是病人，又是医者，也是文人，其毕生三折肱的病苦、宦海无常的浮沉，以及两者相互纠缠、影响的曲折人生，正可供际遇类似的文人同患参考择用，这"一片婆心"既实践士大夫"孜孜以利济为事"的理想，同时也补足"为官不显"的遗憾。

三、经验建构知识与文人生活

"盖闻不涉江湖，安识风波之险"是黄承昊为《汇集薛立斋内科医录》写下的第一句引言，恰能呈现其一生多病、误药、习医的曲折历程。此处之"江湖"或指令人莫衷一是的医药方书、难以预测的医疗成效，以及开放无章的医疗市场，这些致使他以身体涉险，最终在自己的试验与体会之下，重新检证与建构适切于他的饮食、医药与养生知识。这些具体的心得与方法，即《养形篇》与《医药篇》诸篇的主要内容①，本节以此为讨论中心。

《养形篇上》第一条首先确立"若舍形下之器，别无形上之道"的原则，形下之器指的是日用饮食，"总是补之以味，总是补其精，精补则气自足"；形下之器也指称药物，凡人调摄以药物与饮食，二者皆须兼助阴阳。因此，继形上的《养神篇》之后，《养形篇》与《医药篇》以饮食、医药为中心，或介绍食物、药物的性味、用法、制法、产地、市场、价格等，及其对人体的功效和影响；或评论医家的观

---

① 即《养形篇》（上、下、续、续下）与《医药篇》（上、下、续）七卷。

念、用药与治疗；间或杂论药方或治法。至于贯串养形与养神各篇的主要线索，则是黄承昊个人的身体、疾病、医疗、用药、饮食的实际案例。

黄承昊特别强调个人经验的重要性，可从其批评同时代的《尊生八笺》（1591）得见。最初他采信该书食用千叶萱草即杀人之说，戒而不食，后来见"北路所种多千叶者"而生疑，又发现很多人采食自家园种出的千叶花却无恙，于是"予因谛审之，此花地瘦即单叶，地肥即变千叶，原非两种。高氏之言，盖乘讹非亲试也"。

黄承昊在养形与医药各篇公诸饮食与医药方面的体验，与医学、本草、食戒等文本相互印证或纠谬，其叙事立足在病人与使用者的立场，其论证立足于个人的经验，此乃《折肱漫录》最大的特色。《折肱漫录》以作者的体质与养生需求为标准，选录或讨论相关的医药论著，譬如他因腠理虚而弱不禁风，遂盛赞《玉机微义》滋养卫气使阳气充盈的观点，将畏风多汗与容易感冒归咎于阳气不足，总结养胃助脾是充固卫气的不二法门。《四库全书总目》评《折肱漫录》"其论专于补益，未免一偏"，颇为中肯；然而必须理解的是，黄氏专研补益乃是其阴阳两虚的身体特质使然，且其书旨在公诸作者的身体、医病与养生经验，供同患者参考，并无意成为通论性的医学著作。

至晚从宋代开始，文人多有习医的风尚①，以及检阅、搜录医药验方的习惯，黄承昊浸润于此一文化环境中，不但抄录验方、阅读方书与积极习医充权，同时还自我治疗与偶而助人，"有所苦，随笔记之"以飨读者。他亲近医药文本的初衷或出于治病的需要，例如少时神气不足，用眼稍微过度即终日酸涩无光，为此他"博考方书"寻求解决之道。他因病而经常参阅医药文本，反复玩味与印证，譬如肿毒之患，"予久阅薛立斋先生《外科摘要》、《精要》二书"，遂知毒之初起可隔蒜灸之。许多方书认为头项不可用灸，薛氏则独排众议，经黄承昊亲试之后，发现"竟有益而无害，益信立斋之书不诬"。经过大量的阅读与试验，他渐能掌握治疗疾病的方针，当他阅历更深，一旦"体中不快，或时发热，未审是外感是劳伤，将补药表药一概停止，惟避风静养、禁荤啖粥以守之，恒得渐愈"。

---

① 金丽兼序文称司马光"罢官居洛，日抄集经验方书"，即是一例。关于宋代士人的习医风尚，参见陈元朋：《两宋的"尚医士人"与"儒医"》，台北：台湾大学出版委员会1997年版。

　　方书正确的内容,让黄承昊获益良多。他柔弱善病,但凭"有时坐卧闲居,偶微风竟病"即可窥知。他一生不仅恪遵王纶气体虚弱者必须常避风的建议①,同时还细心观察平常冲风行路、坐卧偶遇微风、风中睡卧对身体的不同影响,并将四季偶遇的怪风理解为《内经》之"厉风",从而建议"避风亦是摄养家要事",指导读者避风的时机、地点与方法。不仅如此,他进一步依据经验发现风固宜防,露尤须避,阴气中人最易得疾,故建议读者夏月不宜久坐露下纳凉,秋来多致患疟。他认为每日将昏时即有露气,能直透房栊,夜卧故须关窗而后睡,次日自能身体舒健。

　　反之,方书的错误内容,让承昊付出惨痛的健康代价。再以年少患目为例,他发现多数方书称六味地黄丸可治目,即连服一二剂,孰料目疾转甚,"改服别方补肾养气血之药始得稍愈"。最悲惨的例子,是他听信方书"极言枳术丸之妙,予服之阅月,脾胃大伤,终身受害"。这些教训使他深刻体会孟子"尽信书不如无书"之说,"在岐黄家尤甚",故"方书不足尽信"。

　　另外一方面,方书的主张不尽相同,甚至互有矛盾,经过多次试验,黄承昊所获得的结论多能调和诸家医籍迥异的治疗概念与策略。以感冒为例。他最初随时师之说忌用人参治感冒,直到名医朱心园教他不妨并剂以助正疏邪才敢尝试,"及览方书,亦有触发,遂敢补散兼施,颇觉相宜"。他发现医家对此分歧两说,有谓外感之候必须先散而后补,停食之后必须先消而后补;有谓攻补可以兼行,"两说每致枘凿,予初亦不能无惑,乃后屡以身试始悟。气体壮实者可以散之消之而后补,若气体虚弱之人,必先扶其正而后可以攻其邪,一补一攻,邪气乃去"。即使是医药文本中的细节,他亦细心印证或纠正。以隔蒜灸治疗肿毒为例,方书对于蒜的厚度看法不一,"方书言切三分厚者,有言切三文钱厚者",经过他的实验,"三分太厚,灸火全不觉,恐是三钱厚者有力"。

　　黄承昊阅读方书取得知识的过程,时或曲折迂回,有时他也借助亲友的试验。最具代表性的例子之一即萆薢丸,"向读本草赞萆薢丸之妙,久服可以轻身延年",成都节度张益州进萆薢丸表,更"颂其功用之妙,不可殚述",故当他指麻时,"人咸谓宜服此丸,予以为虽祛风而无伤元气,制之与补剂兼服"。后来友人

---

①黄氏对王纶的负面批评多峻,惟避风与治痰不宜尽去则奉行甚谨。

徐显甫因指麻而单服菥苊丸月余,"精神大减,步履俱艰,遂改服补药一月余,步履始得如故,乃知此药亦是耗损元气之物,本草之言,未足信也"。稍后"及阅缪慕台《本草经疏》,言凡病人患麻痹、骨节疼、腰膝无力,由于脾肾两虚、阴血不足,非因风湿所中而得者不宜服此",从此"深服其言"。

无论正确如《玉机微义》《本草经疏》《琅嬛集》等,或错误如《乾坤生意》《食物本草》等,黄承昊以身相试药的结果,是将医药、饮食、文集等文本中静态的内容转变成读者实用的知识,并使其不再重蹈错误之覆辙。

黄承昊请医治病的经验丰富,他的一生可谓都在试医与试药的状态,其病体成为检证医家理论与方法的标准,这些医者遂成为他学习或批判的对象。黄承昊体质虚弱,或阴虚、阳虚、中气虚、下元虚、腠理虚,故治疗与调养均以此为准。黄氏试医与试药的结果,证明薛己、王肯堂、陈月波等医者的温补思路之效验,肯定李杲脾胃论与补中益气汤的效验,否定朱震亨、王纶等以寒凉攻克为中心的医学理论与临床操作,为明代持续已久的温补与寒凉医学思想之争提供实证,而随着《折肱漫录》的流传,或颇能扩大温补思潮的影响力。至于治疗无效或带来后遗症的医者,黄氏多隐其名,而以时师、时医、粗工、庸医呼之,未公开姓名予以谴责。

对于时下流行的医药或饮食常识,黄承昊亦加以验证与纠谬,例如时人以为神曲能消面谷宿食,"殊不知性亦克伐,能坠胎。予尝误服,中气顿虚";"世人不识药理",不知"薄荷性凉能散热,紫苏性温能散寒,皆散气之剂","暑月每点薄荷汤代茶,紫苏以作饼作蔬,忽为食物,不知多食大损人气";又因曾受山楂之害,却"每见人造查膏及查丁以为食用之供"的弊端,遂建议脾弱人不宜混食伤脾;又"有人谓河车性热有火,人不宜服,此说最误人",因为"予生平亦甚得紫河车之力"。

黄承昊在饮食与医药方面的经验,不少建立在尝试错误的基础上。譬如他发现"白莱菔"比药物更能下气耗血消食,"白莱菔之子"更甚,"有推墙倒壁之功",因"予常受其害",始悟中气虚者切不可食。他亦曾自作聪明地在腹痛时服用厚朴,导致中气立即衰惫,确如"本草言误服脱人元气"。他也因担心参加科举考试时不耐风寒,自行合玉屏风散服用,竟自汗不止,直至参阅本草文本,始知必须改变其中黄芪与防风的分量。又,弱不禁风的他颇常感冒,曾误服柴苏汤数口即狼狈自汗,大费调理,故知紫苏发散力猛,他遂告诫读者"非真有感冒不可混食"。

对于未亲试却亲见的验方,承昊也不吝公开,例如某草泽医人将数钱白萝卜子炒香,以白汤吞下,治愈仆妇小便不适之症,"此予亲见之者"。对于未亲试或效果未明者,黄承昊也会注明。有人极赞仙茅的助阳功效,他遂趁任职于南安时,携十余斤馈赠朋友,其中一官员称"此药有毒能杀人",遂"不敢以相遗,尚容再考"。

养形与医药诸篇中,作者一方面给人体弱多病的印象,一方面也塑造积极医疗与习医、养生的形象,勇于试药与常服补药即属于后者。黄承昊勇于试药,除了前述科考时自行合玉屏风散服用的例子,友人张中昊以红铅制丹,"能回阳助元,予曾两试之"。又因中气虚、阴阳两虚,故他平日喜爱服补益之药、食,经过亲验,在药物方面,黄氏认为紫河车、人参、黄芪、红铅、秋石等单方为佳;复方则以补中益气汤与六味地黄丸最有效。紫河车治好他在广州时严重的脾泄与小便淋漓;为了滋养脾胃,"予饵术常不辍,计一岁所服可得五六斤,参则仅一斤许耳";补中益气汤更是他四十岁以后常服之药,"计一岁服四五斤",感冒、指麻等证亦均赖以痊愈,眼睛亦随之获益。在食物方面,他盛赞龙眼肉(膏)、胡麻等品之功,前者每能消除因劳心思虑伤神所引发的心火自焚,后者制饼可使中气虚、不耐饥的他充饥代饭兼以滋补。

黄承昊"生平药饵无一日辍",常用的补养药品还有温肾之药。这类"滋阴料中多用兔丝子、枸杞子、肉苁蓉、五味子、鹿茸、紫河车之类,增强药效而渐得愈",解决其肾阳衰弱、下元气虚不能多言的问题。他承认"予病原因于色",少时伤风入房,致使每晨多涕多痰,月余而痰中缕血,从此陷入长达二十年的忧郁与困病之中。不止如此,在《养形》与《续篇》中,他多次坦承因色而身体不安,或咳嗽多痰,或微怔忡。前述黄承昊自年少起用眼稍多则酸涩无光,固与他体弱与长期读书的习惯有关,实乃因"目疾犯色,光乃不复"。在服药滋阴补肾之余,他也食用莲子粥不辍,以"禁精泄、清心、治腰痛"。色既然是黄氏虚损与多病的主要根源之一,养形与医药篇遂有戒色之劝,他不但引用医和诊晋侯的历史故事,也多次讨论心、相火与命门议题①,介绍交心肾之法,批评房中术"有损无益",劝读者以《内经》"醉不入房"为戒,建议壮年人宜于夏冬寡欲,老年宜于此二季绝欲。又因"色心一动,金水暗消",他呼吁未室童子亦应注意"暗耗",甚至严正指出"当好色情浓时,特提死之一字"。此外,他也提供亲友好色之例以资鉴戒,例如侄子申锡多欲又多忧惶,先有指麻尔后中风而亡;庖丁王氏好色而苦于脚痛、痰喘、胸痛与失眠等。黄承昊显然站在男性书写立场劝说男性读者,表现出《折肱漫录》的性别态度。他深知色对孱弱和缠绵疾病的自己有害,极其节欲,"却远帏幨,动经岁时",其主张色欲节制与医家见解一致,不同的是,他以自己的经验为证。

相对于色欲,黄承昊爱酒更甚,却苦不能断酒,以至于曾因好酒而昏迷伤身。养形与医药诸篇中,他深知过饮之弊,遂汲汲寻找酿酒与下酒之物,也孜孜寻访治疗酒病与避免酒积的良方,劝人不可过醉、节欲更需戒醉,并列出与酒相关的食物禁忌,如茶酒杂饮易致酒积、红柿配醇酒易患心痛致死等。

黄承昊公开自己对于酒、色的爱恋,尤其是后者,多少颠覆古代文人讳言私人情欲的刻板印象。由于偏好酒、色,使他对这些方面的信息特别敏感,同时因其体质虚弱、多痰、脾胃不健,故养形与医药诸篇亦多此类讯息与经验。譬如葱白通阳发散更胜于他药,"予常受其害","气虚人勿服";冬天食用猪腰子"损真气兼发虚壅";白果动风作痰;北方薏酒不如南方酒之动火生痰;甘蔗共酒食,发痰亦伤脾;龙眼肉补心脾等。

为了积极养生,黄承昊主动寻觅补养的食物与药物,并亲自炮制药剂,前述自制胡麻饼以充饥代饭即是。再以赤白两种何首乌为例:

> 古方用何首乌,以赤白各等分用。今以得何首乌一时难兼二种,勉强成丸服之亦效。近来吾乡多不可得,大者若重二斤便为奇货,出山西者最大,六七斤者甚多。予宦於虔州觅此药,亦有重三四斤者。但人言此药出越中者良,他地所产服之多不效。予虔州所得以制七宝丹,功力果逊,人言

----

① 有关命门的讨论,参见张嘉凤:《生化之源与立命之门——金元明医学中的命门试探》,《新史学》1998 年第 9 卷第 3 期。

或者其然。

　　黄氏发现将七宝丹加上杜仲四两的八珍丹功效更佳,不过就经验来说,七宝丹加上赤白两种大何首乌,"功力当有更大焉"。再以炼服红铅为例,自从服下五气丹两三次之后,黄承昊丹田气充能言,此后便"自畜鼎器,广收红铅制服",甚至李可灼进呈光宗的红丸"予亦曾尝"。此外,因"世间阿胶者皆杂驴皮所煎,非亲制不可得也",他亲赴济水取绿色的阿井水熬乌驴皮制成阿胶,益肺降火兼补肾气。不仅趁在外做官时寻访珍贵药材,他也讲究自种,如"藿香须自种乃真"。可见,他对药、食来源,质量与炮制的慎重,并熟谙炮制之道,治病与养生认真如是。值得注意的是,黄氏用以调补养生的药、食往往价格不菲①,其中又多长期服用者,再加上他一生常在病中,经常请医和服药,"生平药饵无一日辍","本草所载之药,亦十尝其三四",花费不小,非家境小康难以负荷。

　　黄承昊在提供个人医病与养生的经验时,也透露出他对自己角色的定位与变化。早年因为不知医,不仅使自己误于医药,在他父、母、兄长罹患卒中"皆随俗先进牛黄清心丸,延到时师皆用祛风化痰之剂,绝无一效"之际,亦因"医理未透","竟以不知医而误用,可胜痛恨"②。直至"后识岐黄妙理",他不仅自身"大得其益",并能据经验品评医者,例如他指出李杲与朱震亨二人医品大相径庭,若尊朱氏以治病,多至误人。"学医者察之",他俨然以医者自居;至于其纂辑《折肱漫录》《汇集薛氏内科医录》,他更是自我定位为良医。不过,即使通达医理足以自疗或助人,"十日九病"的他终究以扮演病人的角色为多,故其笔锋不完全依循医者的书写习惯或常规,而是随时兼顾病人的感受与立场。

　　黄承昊以自己的需求、实际的体验作为检验与论述的基础,动态而有力地呈现饮食、食物、药物、医疗,以及养神、养形之于身体、养生的重要性,也让读者一窥出身官宦世家的文人与中级官员的家居饮食、生活概况与财力,及其爱身念重而热衷于食疗、食补与养形、养生的强烈个人特质与生命史。《折肱漫录》

---

①例如黄氏曾提到人参价格日益昂贵的现象。
②直到阅读薛己医案之后,领悟三生饮加人参才是起死回生的妙药,为此黄氏感慨"为人子者不可不知医"。

在公诸自己与亲友病例的同时,也揭露他个人、家族成员、亲友,甚至是家中仆佣的疾病、治疗、死因,及其性情、习惯或嗜好,使吾人能一窥明末江南政治世家的疾病史与医疗史。例如他的父母、兄长承玄、侄儿申锡均因卒中而逝;妻子曾有难产、脾有冷痰之疾,服用聂遴玄五炁丹数丸痊愈;长子寅锡曾不能多饮食;父亲、自己与儿子都有梦遗问题;儿媳申氏多郁怒,患月经不通、腹大,杂投医药而卒;堂弟屡中因劳心忧郁而痰升遗溺、眼斜视,逾时不醒,竟类中风,灌以童便而愈;姊丈周公美突然神呆目怒、痰涌、手足扬掷,状类中风,不服药自愈;外甥周祥侯患痰火上冲,多痰喘咳不能眠,与医者商议治疗对策,在药方加人参而愈;家庵比丘尼久患脾疾,服用胡与辰金铅丸立愈;家中西席丁静公腹大如鼓、头面手足俱肿、小便不通等,食用葱煎豆腐与半生熟之葱而安;丁姓庖丁因色而病,后因服用降气之宽药而死;管庄人腿患毒而肿硬,服药而痊等。

　　从黄承昊的人际关系网络中,亦可窥知其他士人的身体、疾病、医疗、补养活动的浮光掠影,例如其同年朱茂昭"少年时眉绝少,有风鉴相之云:如此好眼,若有眉称之,必得骏发",遂力求长眉之法。一次,朱茂昭服用眉末子药六七厘,方士戒之避风,不幸当晚有贼至,他出庭除之而大汗不止,服用人参数十斤与补药无算,闭户调理十余年始复原。此外,前述黄承昊以助阳药仙茅馈赠亲友,也随友人服用红铅回阳助元,透露壮阳补药是当时士人、官宦的交际圈中的一种礼物,而男性之间彼此交换这类讯息,亦是当代文人社群、官场中的一种社交方式。

　　黄承昊生活在明代晚期的浙江,浸润于宋代以来士人多阅读医书的文化氛围中,并在经济与印刷术发达的物质基础上,得以广泛阅览医学与本草各类方书,从而习医①,显示当时知识分子透过书籍自习医学的管道依然畅通。然而,从他自医药文本中习得的知识容或有误,甚至互有矛盾的情况来看,市场上流通的医药文本内容并未标准化,亦无管理或监督的机制,以至于出现重复传钞、随意摘钞或合并、抄袭、托名、假冒等乱象。读者固可自由选购,至若临书检用之际,只能各凭本事或运气自行判断。再者,自黄承昊少时不知医,有病遂委之

---

①黄氏习医管道相当多样化,除了阅读医书、本草、笔记与文集等文本之外,还有向医者、方士直接请教,以及通过总结自己和亲友患病的经验学习。

医者,但治病的结果并非全然有效,甚至使病体更虚弱的例子来看①,请医求治存在相当的风险②。为此,黄氏采取的对应方法,与许多自学成医者类似③,与其依赖难以全然信任或托付的医者,不若自行检阅医药文本遴用,并根据自己的需求积极摸索与学习,在累积相当的经验与知识之后,开始自行治疗,或与医者协力医疗,或帮助亲友,或者开业从医。黄承昊虽未成为执业医者,却偶有自疗与医疗亲友的活动。作为积极的病人与行动者,他自认是成功的,且"略明良医之道",也获得其他医者的肯定④。

在如此难以全然信任与开放无章的医疗市场上,黄承昊出版《折肱漫录》将医病经验公诸于世,无疑是以个人的实际案例重新检证现存的医学理论与治疗方法,评鉴既有医学知识的有效性。更重要的是,由于这些知识经过兼具病人、医者、文人、官员身份的黄氏实验所得,他所获致与建构的知识遂具备难以挑战的实证权威。在这个基础上,他抨击当代医疗市场上颇受欢迎的寒凉与滋阴主将朱震亨、王纶的权威,巩固与提升了李杲、薛己、王肯堂一派温补思想的公信力。

十六世纪以来的医学出版市场上开始出现医案专著⑤,在此之前,医案往往曲身于医学理论与治疗方法之中,随着更多医者投入医疗工作,这种新文类的结集、出版、流通与阅读,标示出医疗市场自由开放却纷乱无章的特质与高度而

---

①1605 年,黄承昊中脘痛,既而泄泻,他请来一位颇负盛名的姑苏名医诊治,服下攻克之剂,"又服枳术丸一月,以致脾胃大伤,是秋遂溏泄不止,渐觉饮食难化,痞闷倒饱,深自悔恨"。

②黄承昊指出:"药者,人生之大利大害也。不遇良医,不如不药,不药而误也悔,药而误也亦悔。然不药之悔小,误药之悔大。"

③关于明清之间自习成医者的动机,参见 Chia-Feng Chang, "Depending on no one but Myself: Motivations of Learning Medicine in Ming-Qing China", paper presented at the International Conference on "Traditional Chinese Medicine and Contemporary Society: Theory and Practice in the Global Age", New Brunswick, Rutgers University, 2013。

④医者陆圻想以他为师,即是一例。

⑤近年来有关医案的研究,参见 Christopher Cullen, "Patients and Healers in Late Imperial China: Evidence from the *Jinpingmei*", *History of Science*, XXXI, 1993, pp. 99–150; Joanna Grant, *A Chinese Physician: Wang Ji and the Stone Mountain Medical Case Histories*, London, Routledge Curzon, 2003; Charlotte Furth, Judith T. Zeitlin & Ping-chen Hsiung (eds.), *Thinking with Cases: Specialist Knowledge in Chinese Cultural History*, Honolulu, University of Hawai'i Press, 2010, part 2, pp. 125–202。

激烈的竞争状况,也同时反映了人们对标准化、权威化医疗知识的需求。虽然医者站在自我立场叙事,不免主观或过度自诩,但因医案内容多记录患者姓名、里籍、性别或身份、病因、病史、证候、请医状况、病况变化,或医者的诊断、处方、效果,或在场医者当庭辩难和较量等,其可信度与权威性随之提高。黄承昊特重医案,不但在《折肱漫录》论及医理与治疗时常参考薛己与朱震亨等人的医案,也勇于公开个人与亲友的医药经验,对他来说,该书"非身所亲历,口所亲尝,目所亲睹,都不敢混载以欺人",从这个角度则可将《折肱漫录》视为医案的一种类型①。

虽然如此,《折肱漫录》与一般医者编著的医案不完全相同,后者是医者的主观论述,书写中心环绕着医者及其医疗,病人只是等待被治愈的对象,是彰显医者医术高明的见证,罕见描述病人的身体感及其对疾病、医药、医者的感受或评价等,即使有也仅止于间接的转述。《折肱漫录》则是病人的第一手报告,直述自己的身体、疾病、医疗与养生的经历,并论及对医者的观感与品评。更重要的是,黄承昊立足于病人的角度,信誓旦旦地以实际的经验作为建构医药与养生知识的基础,这些知识就在他的经验保证之下形成新权威。相同的写作策略与企图,也展现于其《汇集薛立斋内科医录》的批注中。

值得注意的是,对于许多明清时期的医者而言,积极将自己定位为儒医,是他们自我认同之中的核心课题,也是面对市场竞争的胜券,然而《折肱漫录》通篇未及儒医一词,但多次以良医自居,此或因黄氏考中科举进入仕途,故毋须像那些科场屡踬而弃儒从医的执业者一般,每每以儒医自重与自我褒扬。

黄承昊预设的读者群主要是"同患"者,惟从其自称"凡方书所载之症,十患四五",以及《折肱漫录》记载多达六十七条病例来看,和他有同患之苦者当不在少数。黄氏多病虽肇因于"阴亏质弱"的身体特质,但更多与其长年因科举而焦虑,以及因读书、做官而劳心劳形有关,以此来看,所谓的同患者殆多指与他身份、职业相同的文人与官员。《折肱漫录》宣示以同患士人作为主要的读者,或

①近人亦多将《折肱漫录》归类为医案或医话者,参见薛清录主编:《全国中医图书联合目录》,中医古籍出版社1991年版,第616页;裘沛然主编:《中国医籍大辞典》,上海科学技术出版社2002年版,第1317—1318页;《前言》,〔明〕黄承昊著,陈赵麟点注:《折肱漫录》,江苏科学技术出版社1987年版,第1页。

能引起更广大的共鸣；且黄氏家族显赫，在地方与官场上的声誉不容小觑，加上其为官吏之实，均为《折肱漫录》短时间内的再版与流通推波助澜。

黄承昊以经验建构的养生、医药、饮食知识，随着《折肱漫录》的出版、再版，及其陆续被收入《六醴斋医书》《续修四库全书》《四库全书存目丛书》，又被诸多书录、方志所载录，以及被萧壎《女科经纶》、周学海《读医随笔》等医书的引用而推广①。再从医者陆圻欲师从他并为再版写序的事例来看②，《折肱漫录》的读者群也包括医家，则黄氏及其著作在清代医界确实有相当的影响力。

四、结论

金丽兼以"卫生之朗镜，医国之良规"，高调地总结与定位《折肱漫录》的贡献，其他读者对其或有不同的评价。惟若直接检视黄承昊的写作初衷，则其身体、疾病、治疗与养生经验，可发挥嘉惠阴亏质弱之同患者的功用，也填补其为官不显的遗憾，完成经世济民的理想。

黄承昊世居浙江嘉兴，自高祖黄盛起得意科场，至其父兄更累积雄厚的家族、社会、经济与政治资本。成长于这样的环境，其生活重心几乎全部围绕着读书与做官，不论是雅好读书、作诗、嗜酒、品茶、清谈，或是亟欲在官场上有所作为，或是羡慕隐逸山居闲趣，或是融合儒释道三教的思维，又着重滋培慧命与摄养生命的文人品味、身份与特质，皆澹然地表现在《折肱漫录》中。

《折肱漫录》在表现明末文人雅好读书与旁征博引的典型样貌之余，也记录黄承昊的身体、医病与养生经验，及其身体和健康状况、日常嗜好、生活重心，以及公、私双领域的生活样貌。这部笔记将他的爱欲生死公诸于世，呈现出其既追逐功名又向往隐逸的双重心态，以及缠绵于爱身念重却又冀求一切皆忘的挣扎，这些与其少年善病与担心早夭的焦虑、科举的压力、晚发而曲折的官场际遇，共同形塑和决定他的人生观、养生观及对命运的看法。

---

① 〔清〕周学海：《读医随笔》，《续修四库全书》，子部医家类，第 1029 册，卷三，上海古籍出版社 1995 年版，第 435 页；〔清〕萧壎：《女科经纶》，《续修四库全书》，子部医家类，第 1007 册，卷四，第 589 页。
② 〔清〕陆圻：《折肱漫录·序》。

　　《折肱漫录》全书以谈病为经,以论治为纬,以个人经验贯串其中,以去忧、养生与寿考为终极目标。形上的养生原则聚焦于养神篇与续篇之中,而具体的治疗与预防的法门,则记录在养形与医药各篇。对黄承昊来说,养生不仅是消极的治病,还要积极与严谨的补养,遵守先养神后养形的次序,以逍遥忘形与恬适澹泊养神,再以合乎自己体质需求的饮食与医药滋养补益身体,节制身体的欲望与对名利的欲求,配合四季更迭与五行生克之理,即是养生。

　　黄承昊打破医籍中病家总是沉默无声的常例,直接发声,描述病人的疾病与身体感,并品评饮食、医药成效,医者及其医学理论与临床治疗等,推广个人的医、病/医病经验与养生知识,具体呈现疾病、压力、饮食、医疗在明末清初江南士人生活中扮演的角色,以及当代仕宦之家的医疗、饮食与养生文化概况。

　　《折肱漫录》同时立足于病人、医者、文人与官员的多重角度,以适己的健康需求为标准,检证医籍、医家与时下流行的医药、饮食、养生知识。这些经过他验证的知识,因实证的基础而极具说服力与权威性;与此同时,他所提供的经验与知识,亦随着《折肱漫录》出版而进入医疗市场,供读者评鉴。

参 考 文 献

一、中文文献

陈秀芬:《养生与修身——晚明文人的身体书写与摄生技术》,台北:稻乡出版社2009年版。

陈元朋:《两宋的"尚医士人"与"儒医"》,台北:台湾大学出版委员会1997年版。

〔明〕黄承昊著:《折肱漫录》七卷本,程永培《六醴斋医书》(修敬堂藏版)辑录。

〔明〕黄承昊著,陈趾麟点注:《折肱漫录》,江苏科学技术出版社1987年版。

〔清〕陆圻《折肱漫录·序》。

〔清〕萧埙《女科经纶》,收入《续修四库全书》,子部医家类,第1007册,卷四,第589页。

徐圣心:《青天无处不同霞——明末清初三教会通管窥》,台北:台湾大学出版中心 2010 年版。

薛清录主编:《全国中医图书联合目录》,中医古籍出版社 1991 年版。

张嘉凤:《生化之源与立命之门——金元明医学中的命门试探》,《新史学》1998 年第 9 卷第 3 期。

张嘉凤《爱深念重——〈折肱漫录(1635)〉中文人之疾与养》,《台大历史学报》2012 年第 51 期,第 7—18 页。

〔清〕张豫章:《御选宋金元明四朝诗·御选明诗》,《四库全书》卷九十九,商务印书馆 2006 年版。

〔清〕周学海:《读医随笔》,《续修四库全书》,子部医家类,第 1029 册,卷三,上海古籍出版社 1995 年版。

〔清〕朱彝尊:《明诗综》,《四库全书》卷六十六,商务印书馆 2006 年版。

裘沛然主编:《中国医籍大辞典》,上海科学技术出版社 2002 年版。

二、西文文献

Chang, Chia-Feng, "Depending on no one but Myself: Motivations of Learning Medicine in Ming-Qing China", paper presented at the International Conference on "Traditional Chinese Medicine and Contemporary Society: Theory and Practice in the Global Age", New Brunswick, Rutgers University, 2013.

Cullen, Christopher, "Patients and Healers in Late Imperial China: Evidence from the *Jinpingmei*", *History of Science*, XXXI, 1993.

Furth, Charlotte, Judith T. Zeitlin and Ping-chen Hsiung (eds.), *Thinking with Cases: Specialist Knowledge in Chinese Cultural History*, Honolulu, University of Hawai'i Press, 2010, part 2.

Grant, Joanna, *A Chinese Physician: Wang Ji and the Stone Mountain Medical Case Histories*, London, Routledge Curzon, 2003.

麦斯麦与"动物磁性说"
——18 世纪末由此引起的科学、医学与政治争议

白鲁诺(Bruno Belhoste)* 著

吴 旻译

18 世纪末,声称可以通过对病人实施"磁流术"治疗各种病痛的德国医生麦斯麦(Franz Anton Mesmer,1734—1815),在巴黎取得了令人瞩目的成功。然而在 1784 年 8 月,他的理论被两个由医生与学者组成的官方委员会全盘否定。他的治疗过程被认为是无效的,"疗效"只不过是病人想象的结果而已。至于"动物磁性"这种治疗的所谓"中介",根本不是实际存在的。

疗效无效的裁定引起了"磁流术"的拥护者与反对者的激烈论战。麦斯麦本人最终离开了巴黎,后又离开了法国。"磁流术"遭遇了大众的热情、兴趣减退与远离,似乎被迅速淡忘,直到 19 世纪初它又以新的形式再次出现。

从此之后,对于这一理论,历史学家众说纷纭。他们当中的一些强调,对它的否定在试图区分真假科学的过程中起到积极的作用。美国科学史家吉利思俾(Charles Gillispie)便站在这一立场。在他看来,麦斯麦不过是个骗子,或是个异想天开者,他利用了病人与大众的轻信①。然而,还有另外一些人将麦斯麦视为弗洛伊德以及 20 世纪所有心理治疗医师的先驱,认为他是第一位从医学的角度而不是从宗教的角度来研究痉挛、抽搐等现象的人;并且他也开创了在治疗中运用在 19 世纪被称之为"无意识现象"的先河。心理医师艾伦伯格(Henri Ellenberger,

---

*白鲁诺,法国巴黎第一大学近代与现代研究学院教授。

①Ch. C. Gillispie, *Science and Polity in France: The End of the Old Régime*, Princeton(N.J.), Princeton University Press, 1980.

1905—1993）就大大推进了人们接受麦斯麦及其"磁流术"的正面态度①。

　　然而在我们看来，双方都值得质疑。重拾当年麦斯麦敌人的论断，将其动物磁性说先验地归入伪科学一类，不仅失之偏颇，而且有时代错置之嫌。当年的科学权威对于麦斯麦理论所做的裁判，应该成为一项历史研究的对象而不是这项历史研究的出发点。至于将麦斯麦术归置于精神分析法当中，则是无视了它们之间一些根本性的差别：例如哲学家艾祖维（François Azouvi）就曾指出，在麦斯麦那里尚未有精神实体存在②。因此，这里同样犯有时代错置的错误。为了更好地理解麦斯麦的行为，不带有先验性地重新回到他被接受及被裁决的历史，将之置于时代背景之下进行研究是非常必要的③。我们将会看到整个事件要比乍看上去复杂许多。

　　麦斯麦是位德国医生，1734年出生在博登湖畔。1759年他赴维也纳学习，并在那里开始行医。很早他便对星占医学感兴趣：这门学科设定天体对于人体及其健康有某种影响。麦斯麦还以牛顿的理论来证明这种影响，将之与万有引力进行类比，确认它是通过一种充满宇宙的"磁流"来完成的。麦斯麦本人知识渊博，娶了一位富有的寡妇；他热爱音乐，并且是莫扎特家族的好友，因此在维也纳上流社会备受欢迎，他众多病人也是来自于这个阶层。1774年，他与天文学家、物理学家海尔（Maximilien Hell，1720—1792）合作，开始尝试用磁石为病人治疗。他很快就宣布有治愈的病例；之后，他看到借助外物作为治疗媒介其实并无必要，于是"动物磁性论"诞生了。

　　根据麦斯麦的理论，动物磁场，或称之为磁流，是在宇宙中普遍存在的，并且正如它的名字所揭示的，它是动物生命之源。如电流一样，这种新型的流体也在循环流动。它通过神经系统进入所有生命体，在天体作用之下如潮汐一样有涨有落，并且可以聚集到一个容器里或是一棵树上。任何对它运行的阻碍都

①H. Ellenberger, *The Discovery of the Unconscious: The History and Evolution of Dynamic Psychiatry*, New York, Basic Books, 1970.

②F. Azouvi, « Sens et fonction épistémologique de la critique du magnétisme animal par les Académies », *Revue d'histoire des sciences*, vol. 29, 1976.

③B. Belhoste, N. Edelman(éd.), *Mesmer et mesmérismes. Le magnétisme animal en contexte*, Paris, Omniscience, 2015.

会引起疾病,治疗的方式就是通过将之集中、疏导、清淤从而在神经系统中恢复其良性循环。

在这里根本不需要任何复杂仪器:身体本身保证了治疗的完成,其主要治疗手段是对身体进行触摸。根据麦斯麦的理论,有一些人,包括其本人在内,有收集和输出磁流的特殊能力。治疗病人之时,施术者通常只要将一根小棒,甚至只要一根手指点在某些敏感区域即可(例如胸骨之下的太阳丛,神经密集之处)。一次发作,通常是剧烈的发作,标志着磁流重新回归正常流通,也就意味着治愈。尽管这种治疗方式仅仅作用于神经,但它对于各种各样的疾病都有疗效。麦斯麦基本将之视为一种万能的疗法,也正是因这点让他被人指控为江湖骗子。

在维也纳,这位医生很快有了自己的拥趸和敌人。1778年初,他决定去往巴黎①。麦斯麦坚信他的磁流是物理学的根本性发现,期待将之提交给当时被认为是欧洲最高科学权威机构的巴黎皇家科学院(Académie Royale des sciences)。但是当他抵达巴黎之际,科学院拒绝审查他的工作。在皇家医学院(Société royale de médecine),他也同样遭到冷遇。

麦斯麦决定坚持下去。他在玛莱区(Marais)定居,在那里他有了一小批病人。很快,他结识了一位巴黎大学医学院(Faculté de médecine de Paris)的医生戴隆(Charles Deslon,1738—1786),后者对他的治疗方法兴趣狂热,并极力建议他回归医学院。从此,一场旷日持久的争论开始。接下来的几个月当中,有三位医生接受了麦斯麦的方法并进行治疗,但是并未被其完全说服。1780年9月,由于戴隆未经许可便出版了一部赞同动物磁性说的著作,巴黎大学医学院以驱逐他相威胁,并且责令他放弃为该理论辩护。

与此同时,麦斯麦却在民众中声名鹊起。他的诊所门庭若市,求医者接踵而来,于是他在诊所里安置了一个"磁桶",意即一个收集磁流的容器,病人被安排坐在它的四周进行集体性治疗。这些病人有很多来自宫廷。当麦斯麦以离开巴黎作为要挟之时,幸有王后的介入,他最后取得了政府的支持。然而对于

---

①关于麦斯麦在巴黎的生活情况,请参看 B. Belhoste et N. Edelman (éd.), *Mesmer et mesmérismes*, pp. 21-61。

用公帑开设磁疗医院的协议,麦斯麦最终拒绝了。他听从两位昔日病人贝卡思(Nicolas Bergasse,1750—1832)与考曼(Kormann)的建议,还是留在了巴黎。麦斯麦指责戴隆偷窃了自己的治疗方法,与之分道扬镳后,他开始自己传授动物磁性说。

与几个学生一起,麦斯麦于 1783 年年末创立了宇宙和谐协会(Société de l'harmonie universelle),目的就是推广他的理论。成功如约而至。协会最初的中坚力量都是麦斯麦的病人。仅仅几周的时间,就有百余人加入并支付会费。这其中有内外科医生,然而更多的是好奇者——通常出身显赫,如拉法耶特将军(Gilbert du Motier, marquis de La Fayette,1757—1834)。而就是从这时开始,总管学术团体的大臣布雷德衣男爵(Louis Charles Auguste Le Tonnellier, baron de Breteuil,1730—1807)决定召集官方专业人士来评审麦斯麦的理论和疗法。我们不知道这位大臣究竟是基于怎样的原因来做这件事情,但可以肯定的是,正在与麦斯麦冲突当中的戴隆曾经要求做一个评估,而早在维也纳担任大使时就对麦斯麦印象不佳的布雷德衣男爵如此行事,可能更多出自政治上的原因。从国王,很可能是王后那里取得了调查麦斯麦理论的许可,他开始打击那些宫廷里的麦斯麦理论的信众。各个派别的政治斗争,也是导致麦斯麦理论被裁决的部分原因。

但动物磁性说首先无疑是个医学问题。对于此事,两大医学机构,即巴黎大学医学院与法国皇家医学会分别被征询并提交了自己的意见。巴黎大学医学院作为巴黎医生的行会,垄断了全首都的医学诊治与教学。我们在上文中已经看到,它已经全面否定了麦斯麦理论。事实上,它根本就没有花费很大气力去反驳这种理论。在巴黎大学医学院看来,麦斯麦与戴隆都是有罪的,因为他们没有尊重它的权威性,违反它的教学理念,借口用一种全新的方法来治疗病患。这种行为本身就足以被归入江湖医生一类。

当自身的垄断地位遭到质疑时,医学院表现得更加固执己见,毫无商量余地。1778 年政府创立了皇家医学会,负责评估药方,调查疾病,而更多的是依据科学对于医术进行改革。医学院立刻从中看到了一种侵犯。站在自我防卫的角度,它越来越坚持,越来越保守。给像"麦斯麦术"这样的新生事物判罪,对它来说也是一种维护自身受到危险的权威的方式。

　　而皇家医学会,则在 1778 年麦斯麦刚来到巴黎之时就与之针锋相对。它曾拒绝对于麦斯麦所谓的"治愈"发表意见,但是它并不因此就对这件在其特权范围之内的事失去兴趣。故而当布雷德衣男爵请求巴黎大学医学院进行调查的当天,皇家医学会便委派图莱医生(Augustin Thouret,1748—1810)对动物磁性说进行调查;它还要求加入对于该学说的正式调查。于是这位大臣就选择了医学会的成员成立了第二个调查委员会,而不是与第一个相混合,因为这种混合式的委员会很可能会被大学医学院拒绝。

　　由此就有了两个官方委员会来评估动物磁性说,一个是大学医学院的,另一个是皇家医学会的。两个委员会都站在麦斯麦的敌对立场。我们可能会猜想这种立场源于不同的理由:前者是为了维护医学的传统理念,而后者则是因为它想建立起一种基于观察与实验的医学科学。然而事实并非如此。第一个由医学院的医生组成的委员会曾向皇家科学院求助,这就使它与第二个委员会的性质十分相近了。两个委员会在对待动物磁性说一事上观点一致。

　　最后,实际上是其他学者,而并非医生,在对麦斯麦动物磁性说全面否定当中起到了决定性的作用。四位皇家科学院的成员加入了第一个委员会,他们分别是巴伊(Jean-Sylvain Bailly,1736—1793)、富兰克林(Benjamin Franklin,1706—1790)、乐华(Jean-Baptiste Le Roy,1719—1800)及拉瓦锡(Antoine Lavoisier,1743—1794)。在布雷德衣男爵庇护之下的天文学家巴伊负责执笔撰写报告。当时身任美国驻法大使的富兰克林与他的朋友、物理学家乐华一样,在委员会中起到的作用微乎其微。而化学家拉瓦锡则不一样,他积极投身到反对动物磁性说的战斗中,直接导致该理论在裁决中被全面否定。在 1784 年 5 月至 7 月间,委员们进行了一系列的实验来验证麦斯麦所谓的"磁流"是否存在。他们在富兰克林与拉瓦锡的住处组织了诱导性实验,例如戴隆的一位病人被要求去触摸一棵他自认被磁化的树,之后他马上失去了意识;然而事实上这棵树根本没有经过任何特殊的处理。于是,在委员们的眼里这种"磁流"的可能效用完全信誉扫地。总体上来说,基本上所有的实验都证明它是无效的。

　　第一个委员会得出的结论就是所谓"动物磁性"根本就不存在,所有取得的效果不过出自于想象。它认定麦斯麦的治疗方法不仅无效,而且是有害的,因为这种方法会加重病痛并且使病人放弃更加可靠的疗法。巴伊还加写了一个秘密报告,在里面他强调了动物磁性论对于良好行为的危险性:许多接受诊疗的病患是女性,而这种治疗方法是通过对身体的触摸进行,而有些触摸点是在人体敏感带上。女性病人经常体验到的剧烈发作,在这份秘密报告中都被描写为性高潮。

第二个委员会的报告比较简洁,但也确认了上述结论。皇家医学会还附上了图莱医生资料翔实的调查报告,认定麦斯麦的理论毫无新意可言,它不过滥觞于14世纪的医生帕拉塞尔苏斯(Paracelse,1493—1541)及其弟子发明的"感应磁场论"当中的种种异想天开。

在给动物磁性论定罪的同时,这些学者还将目光对准麦斯麦之外所有那些企图以自己的体系重建物理学学科和质疑官方机构权威性的人,后者往往会受到大众的关注。学者的目的就是泾渭分明地区别真科学与伪科学、真正的学者与假冒者。特别是对于拉瓦锡来说,反对动物磁性论的战斗属于一场更大的战役,后者是为了建立起以标准与计算为基础的严格的实验科学。在与动物磁性论斗争一年之后,拉瓦锡将"燃素说"归入纯粹想象的产物,并以氧气为基础建立起了关于燃烧的新型化学理论[1]。

1784年官方委员会的裁决看来似乎使得动物磁性说彻底名誉扫地,但是进一步的研究却表明这种第一印象还有待商榷。在学术裁决下来之后,动物磁性说的信徒并未就此善罢甘休,该事件上升到了政治层面。官方的各机构都被激烈批评,有人甚至称之为"政府的专制"。在麦斯麦的信众看来,动物磁性说将人与宇宙以及人与人联系起来,提供了一个平等社会的范型,该平等社会并不以社会契约为基础,而是以几乎纯生物性的、神经系统的和谐为基础。作为对旧制时代等级森严不平等社会的一种医学上的批判,动物磁性说也陷入了法国大革命前夕关于专制主义的激烈大辩论当中[2]。

麦斯麦创建的宇宙和谐协会还在不断发展。1784年判决下来的时候,它已有200位成员。但在接下来的岁月里,人数仍在不断增加,到了1786年累计共

---

[1]关于对动物磁性说的裁决,参见 Gillispie, *op. cit.*, pp. 261-289, Belhoste, *op. cit.*, pp. 224-228。

[2]从这个层面来分析动物磁性说的历史的论述,请特别参见 Robert Darnton, *Mesmerism and the End of the Enlightenment in France*, Cambridge (MA), Harvard University Press, 1968。

有 430 位会员。协会汇集了旧制度时期不同层面的精英,贵族比重很大,出自名门望族;很多人担任重要军职,并成为麦斯麦学说在外省的宣传者。最具代表性的是毕瑟格侯爵(Amand Marie Jacques de Chastenet, marquis de Puységur, 1751—1825),但是我们还可以举出许多其他例证。协会的第二个中坚力量是商人。他们属于同一个团体,活跃在某些共济会神秘的场所;他们对于国王的商务很感兴趣,但同时也参与商业投机。

　　殖民航海这一集团的分量同样也不可小觑,这其中包括批发商、海军军官和军医、庄园主以及与庄园经济相关的金融家①。动物磁性说的影响迅速波及海外。拉斐特曾经试图将之传播到美国。在圣多明克(Saint-Domingue),毕瑟格侯爵的兄弟夏斯特耐伯爵(Comte de Chastenet)建立起了一个宇宙和谐协会。麦斯麦的理论甚至传到了中国。在北京的耶稣会士钱德明(Joseph-Marie Amiot, 1718—1793)与大臣贝尔坦(Henri Léonard Jean Baptiste Bertin, 1720—1792)的侄子麦雷伯爵(Comte de Mellet)通信,后者给他寄了一小套有关动物磁性论的著作。钱德明为此欣喜若狂,他相信在"太极"当中找到了同样理念,并且将动物磁性认定为"功夫"②。

　　与人体健康相关的职业也在宇宙和谐协会当中占到一定比重。动物磁性说在医生中广泛传播,无论在它被定罪之前还是之后。巴黎大学医学院肯定是要清理门户的,它要求那些麦斯麦理论的信众要么服从它的决定,要么就另谋高就;几乎所有人都选择了屈服,至少在表面上如此。但是它却不敢攻击朱西厄(Antoine Laurent de Jussieu,1748—1836),这位皇家科学院与皇家医学会的成员是由戴隆介绍认识动物磁性说的。朱西厄曾经被选定为第二个审查委员会的成员,但是他推辞未去,并且发表一份独立的报告为动物磁性说的真实疗效辩护。至于皇家医学会,它也很警惕地在自身范围内惩戒那些麦斯麦的信徒,其中有些还是它最卓越的成员。但在外省,医生们还是能够继续坚持相信动物

①作者与 David Armando 一同主持了关于宇宙和谐协会的研究项目:名为"Harmonia Universalis"的相关人物传记资料库即将上线。

②P. Huard, J. Sonolet & M. Wong, « Mesmer en Chine: trois lettres médicales du P. Amiot rédigées à Pékin de 1783 à 1790 », *Revue de Synthèse*, t. 81, 1960. Alexandre Statman 正在进行中的研究可能对这一令人惊叹的插曲为我们带来全新的认知。

磁性说而不被追究。

　　然而,这项裁定对于"麦斯麦术"的发展其实很有裨益。尽管两个调查委员会都发布了它们的结论,但是麦斯麦的一位弟子毕瑟格侯爵却宣布他发现了一种被称之为"磁性梦游"的不同寻常的现象,即催眠状态。在对病人进行"磁化"之后,他可使病人沉浸在非正常的意识状态当中,接近睡眠,在此情况下他能够对病人各自的疾患进行诊断,甚至可以预知他们治愈的那一天。麦斯麦并非对这种意识状态一无所知,他将此视为临界期,但他拒绝把重点放在与此相伴产生的异常现象上,如神志突然清醒或是具有预知力。

　　对于毕瑟格及其追随者来说,重点在于催眠状态可以被解释为纯粹的精神现象,它以心理暗示作为基础,根本不需要与动物磁性是否实际存在有任何关系,而正是这种"实际存在"被审查委员会判定为无效。对于磁疗施术者施加于受术者的行为与疗效,之后又出现了各种不同的解释,但都是朝着同一个方向,即心理或是精神层面的活动。就这样,在麦斯麦与戴隆退隐之后,这一全新的解释逐渐取代了动物磁性说原来的以物质性和生理性为主的解释。

　　根据艾祖维的研究,正是这种后期心理或是精神的形式,成为精神疗法或是无意识理论的鼻祖。在我看来,麦斯麦的理论中也有几点是开创性的:他给人赋予了一种"直觉",这种第六感在睡眠或是意识临界状态才显现出来;而且他解释了梦之由来。这是他的理论的另一方面,与所谓的动物磁性没有直接关联。

　　1784年官方委员会对于动物磁性说的裁决与否定,从我们所做的背景分析已经可以看出其复杂性,并非仅仅是对于伪科学的驳斥与对江湖骗术的揭露;但我们在这里并未能揭示其中所有的层面。对于动物磁性说一事更深层的理解,必能将18世纪末医学科学知识的深刻转变的研究提升到一个新的高度。

参 考 文 献

Azouvi, F., « Sens et fonction épistémologique de la critique du magnétisme animal par les Académies », *Revue d'histoire des sciences,* vol. 29, 1976.

Belhoste, B., *Paris Savant. Parcours et rencontres au temps des Lumières,* Paris, Armand Colin, 2011.

Belhoste, B., et N. Edelman(éd.), *Mesmer et mesmérismes. Le magnétisme animal en contexte,* Paris, Omniscience, 2015.

Crabtree, A., *Animal Magnetism, Early Hypnotism and Psychical Research, 1766–1925. An Annotated Bibliography,* White Plains (N. Y.), Kraus international publications, 1988.

Darnton, R., *Mesmerism and the End of the Enlightenment in France,* Cambridge (MA), Harvard University Press, 1968.

Ellenberger, H. F., *The Discovery of the Unconscious. The History and Evolution of Dynamic Psychiatry,* New York, Basic Books, 1970.

Gillispie, Ch. C., *Science and Polity in France at the End of the Old Regime,* Princeton (N.J.), Princeton University Press, 1980.

Huard, P., J. Sonolet et M. Wong, « Mesmer en Chine : trois lettres médicales du P. Amiot rédigées à Pékin de 1783 à 1790 », *Revue de Synthèse,* t. 81, 1960.

Mesmer, F. A., *Le magnétisme animal* (recueil de textes édité par R. Amadou), Paris, Payot, 1971.

Pattie, F. A., *Mesmer and Animal Magnetism: A Chapter in the History of Medicine,* Hamilton (N.Y.), Edmonston, 1994.

返老还童：性腺移植术在中国的传播

张大庆* 著

20 世纪 20 年代，新文化运动与科学启蒙的影响日益深入，在思想文化界，科学与人生观的论战基本上确立了科学在意识形态上的"正确"地位。现代西方医学知识与技术的传播日益广泛和迅速。不过当时流行的时髦诊疗技术和药物，夹杂着商业逐利的动机也踏浪东来，性腺移植技术在中国的传播便是在这种背景之下展开的。

一、古老的观念与实践

返老还童、青春永驻是人类永恒的梦想。性与生命力的关联在不同文化中都有着悠久的传统，寻找长生不老的灵丹妙药也是各国医生、术士的不懈追求。19 世纪后期随着内分泌腺的发现、外科学的进展，西方医生试图应用科学的医学来实现这一梦想，不过，由于科学探索与商业利益的纠缠，导致了"长生不老"技术在实践中的尴尬。回顾这段历史，有助于我们更好地认识与理解医学技术及其应用的社会文化价值。

这个话题与康有为之死有些关联。关于康有为的死因，有多种说法：有中毒之说，有饮食不洁之说，还有人说康有为因做性腺移植术后发生排斥反应而死。康有为是否做过性腺移植手术，史书里与康氏年谱里都没有记载。不过，野史或民间传说中讲康氏做过睾丸移植的说法也有些依据。首先，康有为妻妾成群，近 70 岁时还娶一房姨太太，因此，性腺移植可以帮助他提升性功能，以满

---

*张大庆，北京大学医学史研究中心教授。

足他的生活需要;而此时睾丸移植术恰好是刚兴起的一种新技术,由法国医生开创,在美国也风靡一时,并且这项技术在 1923 年底曾由一位美国"医生"传入中国,在时间上比较吻合。

图 1　康有为(1858—1927)照片

图 2　江逢治照片

其次,传说中提到的与康有为接受这个手术有关的一位核心人物叫江逢治,确有其人。他是上海的名医,且是康有为的非常好的朋友。江氏毕业于上海同济德文医学堂,后留学德国,回国后创办了上海私立同德医学院。江氏很能干,颇有经商的头脑,除办医学院、医院之外,还办有药厂,民国报刊上常登他的"治痧药水"的广告。同德医学院属于私立学校,江氏凭借着他的社会关系,为该校筹集经费。我们从同德医学院校刊上,可以看到当时筹措经费的记录,记录显示,当时学校董事会主席是江逢治,第一位校董便是康有为,可见康、江二人的关系很好。所以,康有为找江氏聘请德国医生为他手术,是有一定可能性的。不过,至于康有为究竟是否做过这个手术,还需要从医院病案里去寻找答案。

在此,我们暂且离开康有为是否做过睾丸移植术的问题,而从更宽泛的视角来讨论为什么这项技术会在此时出现,它是怎么传播到中国来的,为什么人们会相信它?

人们为什么要做睾丸移植术? 这是一个关于人类性与衰老和长寿之间奥秘的永恒话题。返老还童,青春永驻是许多人的梦想。关于精液和生命力相关联的看法,几乎在所有的文化中都是存在的。古印度的《摩尼那伽》中记载:精液能维持生命,生育生命。在中国的道教有"还精于脑"之说。孙思邈认为:"精上补脑,使人长生。"在欧洲,从罗马时代起,人们就用山羊和狼的睾丸制药,用精液治疗侏儒。由此可以说,睾丸移植术的兴起有着深刻的历史与文化原因。

二、19 世纪的医学研究:内分泌、性腺

性腺疗法成为医学的一个热点问题,与当时社会经济发展及生物医学技术的进步有着密切关联。1889 年,法国埃菲尔铁塔建成,象征着法国之雄起。也就在同一年里,72 岁的法国医学家、法兰西学院实验生理学教授查尔斯-爱德华·布朗-塞夸(Charles-Edouard Brown-Sequard)宣布发明了一种能使人恢复青春的良药。布郎-塞夸认为保持人体青春的源泉来自于睾丸分泌的激素。他用自己的身体来做实验,将狗的睾丸提取液注射给自己,他感觉自己的性能力和肌肉强度都恢复了。1889 年 6 月 1 日,布朗-塞夸在法兰西学院的科学会议上报告了他的实验结果:通过注射小狗睾丸的浸出物使自己返老还童。然而,这种经移植睾丸腺体的返老返童术只不过是轰动一时的神话。在这里,我们可以看到,其实科学家并不像我们想象的那样理性,有些科学家也是非常可爱的。他们对于自己所信奉的学说会有自己的偏爱或喜好,因此会不自觉地在科学实验中掺杂先入为主的观念,会选择性地报告实验结果,他们很可能并不一定掌握了正确的、完整的知识。布郎-塞夸的报告在当时引起了轰动,他研制的这种药物"塞夸灵"(sequarine)在欧洲非常受欢迎,甚至有商家开始仿冒此药,以至于布郎-塞夸发表声明,呼吁人们购买时应认清药品商标与法兰西学院生理研究所的标识,以防假冒。可见它在当时是很时髦的一种药物。至于该药的效果

如何,从药物在市场上的昙花一现便可做出推断,即基本上没有什么疗效;如果说该药之所以还能风靡一时,我想可能是心理暗示所发挥的效果。

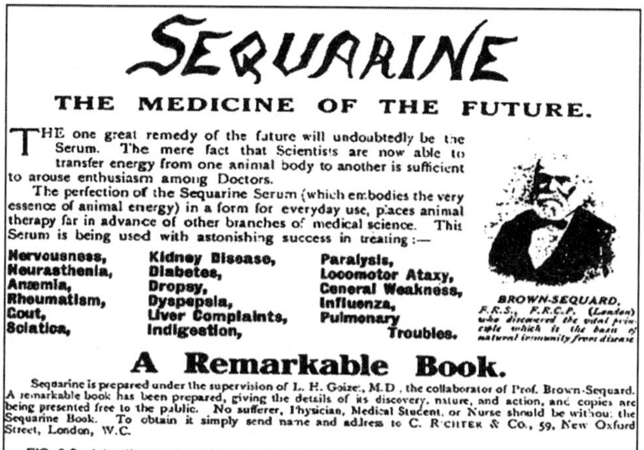

FIG. 8.3. Advertisement pubished in *The Strand Magazine* in 1912, indicating the extravagant

图 3　1912 年 Strand 杂志刊载的“塞夸灵”广告

在这一时期,内分泌激素的发现及其它与生命活动的关联逐渐得到证实。1830 年,德国生理学家穆勒(Johannes P. Müller, 1801—1858))提出动物的某些器官会向血液里分泌物质。1849 年,德国医学家贝特霍尔德(Arnold A. Berthold, 1803—1861)实验证实了某些器官具有内分泌的功能。1855 年法国生理学家贝尔纳,也是布郎-塞夸所任职位的前任教席提出了内分泌的概念。同年,英国医生阿狄森发现肾上腺皮质功能减退所导致的疾病与内分泌相关。其后,人体内分泌系统,包括胰腺等被逐渐发现。因此,从理论上讲,睾丸提取物中的确存在着具有某种功效的内分泌物质。只不过因为技术条件的限制,“塞夸灵”的疗效没有那么“灵”而已。1935 年,美国医学家拉克尔(Ernst Laqueur, 1880—1947)从公牛睾丸中提取出睾丸激素,他将之命名为睾丸酮(testosterone)。目前,睾丸酮已有多种制剂,可注射、口服及皮肤渗透等,用于治疗性腺功能低下症,即补充自体分泌不足或没有自然分泌睾酮的病症。与此类似,应用睾丸浸出物也十分盛行。20 世纪 40 年代后期,睾酮也曾作为抗衰老药物兴盛一时,这是后话。

三、从药物到手术

在药物疗法不太灵验的情况下,外科手术疗法——睾丸移植术却跃跃欲试。19世纪末至20世纪初,麻醉技术、感染控制、止血与输血技术方面的进步,为外科手术广泛应用奠定了基础。这一时期有两项外科技术为睾丸移植手术的开展提供了支持。

一个是瑞士医生柯歇尔成功实施的甲状腺手术,它显示出对内分泌腺体进行外科治疗是有价值的。1871年,伯尔尼大学医学院教授科歇尔,提出了对甲状腺疾病包括甲状腺肿和甲状腺肿瘤进行外科治疗的总原则,并阐述了甲状腺的生理机制。自19世纪70年代以来的研究表明,甲状腺对生命是必不可少的,它的失常会导致呆小病、缺碘性甲状腺肿和其他各种疾病,因此有必要对肿大的甲状腺进行外科治疗;但有时如果切除过多的甲状腺组织会带来灾难性后果,而这种后果可以通过注射甲状腺组织浸出物进行平衡调节。呆小病的特征是患者发育迟缓、智力低下,数以千计这类小孩被用甲状腺浸出液进行治疗,甚至成人的便秘、肥胖、疲倦和沮丧等各种症状的处理也推荐此法。科歇尔对甲状腺切除后遗症的患者进行了观察,这种观察有助于阐明甲状腺的正常功能。到19世纪80年代,具有活性甲状腺激素的分离使替代疗法成为可能。科歇尔也是颅脑和脊柱外科的开创者。

另一个是法裔美国医生卡雷尔(Alexis Carrel)建立的血管缝合术。卡雷尔,这位来自里昂的法国后裔涉猎血管和心脏外科的许多领域,特别是动脉瘤的治疗方面。他移民到美国后,曾发现部分动脉可以用另外一段动脉或静脉替代并发明了几种将血管缝合在一起的方法,由此创建了血管外科。卡雷尔的研究成果,为后来用外科方法治疗动脉瘤、静脉曲张和血管阻塞铺平了道路。

卡雷尔于1901—1910年间在实验动物身上成功地进行了血管缝合术,因此获得了1912年的诺贝尔医学奖。卡雷尔的这个技术在当时产生了很大影响,主要原因之一是因为这个技术被他的一个朋友用在了睾丸移植术上。真正的睾丸移植实验是在1912年开始的,当时由德国医生斯泰纳赫(Eugen Steinach,1861—1944)开展,主要在动物身上进行。他受到睾丸提取液治疗法的影响,想到采用直接移植的方法。从科学技术上讲,最早的器官移植术,其实是睾丸移植,而非肾移植,只不过睾丸移植术是失败的,因那个时候还不知道有免疫排斥反应。

显然,人们不会满足于睾丸移植术只限于动物实验,只是一般性的科学探索研究,对其进行研究更大的动力来自于人类自身的需求,因其中蕴含有巨大的商业利益。俄裔法国医生沃罗诺夫(Serge A. Voronoff, 1866—1951)在法兰西医学院做了山羊的睾丸移植术研究,以促进羊毛的生长,用于增加羊毛产量。这个研究成功以后,他开始尝试人体睾丸的移植。1921年,人类睾丸移植实验

图4　山羊腺体移植的推动者——法国医师沃罗诺夫

图5　山羊腺体移植手术之后羊毛增加

开始实施。国际科学界对他的实验将信将疑,英、法、德等国20多位科学家曾对他的实验进行调查,调查结果是有一半科学家认为他的实验是有效的,另一半科学家则认为效果并不好,所以没有定论。正是因这种似是而非的结果,为

一些欲图谋利的人创造了条件。这种手术其实在20世纪30年代就基本停止，这是一个失败的手术；因为存在着免疫学上的排斥反应，即便是移植成功，睾丸也会因为排异反应而萎缩。

在1921—1930年期间，睾丸移植术有个较长时间的商业运作期，这为一个叫约翰·布林克雷（John R. Brinkley, 1885—1942）的美国人提供了一个在世界上招摇撞骗的机会。布林克雷自称为医生，但当时就已经有很多美国人对他的医生资质表示质疑。在19世纪末20世纪初，美国医学教育还很混乱，医学院良莠不齐，有些医学院只要3个月就可以拿到毕业证，有些则需要3年。直至1910年的"弗莱克斯纳报告"（Flexner Report）之后，美国医学教育进行改革，医学院才开始正规发展。因此，布林克雷的医生资质很难查考。这位自称医生的布林克雷声称能做睾丸移植手术，但他的做派完全是一种商人模式。他通过自己开办的广播电台，广为宣传自己的医疗技术，还在报纸杂志上刊登广告，宣传山羊睾丸移植手术。他不仅在美国实施他的手术，还在1923年来到中国做手术。对于他是受邀而来还是自己为了商业推广而来，谁是他的经纪人，这些问题目前还不是很清楚。

四、性腺移植技术在中国的传播

1923年的中国，在经历了南北军阀混战，"城头变幻大王旗"之后，南北各地的掌权者开始谈起"和平、统一"。由于各派系政见不一，"南北和会"还是以失败告终。虽政局动荡，但新文化运动与科学启蒙的影响持续、深入。在思想文化界，通过有关科学与人生观的论战，基本上确立了科学在意识形态上的"正确"地位。现代西方医学知识与技术的传播日益广泛和迅速，当时西方流行一时的时髦诊疗技术和药物，夹杂着商业逐利的动机也踏浪东来。性腺移植技术正是在这种背景下登陆中国的。

此时科学观念与西方文化在中国广泛传播、颇受欢迎。西方医学知识，包括性、生殖方面的知识正在改变着国人的健康观、疾病观和医疗观。当时，北京大学的张竞生教授就曾向国人介绍西方的性学知识。1921年，美国桑格夫人应邀访华，宣传生育控制的知识。1923年，内分泌治疗方法在中国也已开始实施，如北京协和医院使用胰岛素来治疗糖尿病。从另一方面来看，爱情、人生、性等问题的公开讨论成为人们时髦的话题，显现出当时人们的思想十分开放。这也成为睾丸移植术在中国传播的一个社会背景。

可以说，西方的性医学、手术技术在中国的传播，还是很快的。现代医药学家黄胜白曾在《同济医学》上发表文章《论"赐保命（Spermin）"神经素良药》，以介绍法国医生布郎-塞夸的新药。可见布郎-塞夸的药物，在中国也有销售。关于返老还童术以及西方科学技术的新发展，在中国很多杂志都有相关的积极介绍。我们看到，从1920年到1925年，《东方杂志》《医事月刊》《民国日报》等报纸和杂志上都介绍了返老还童术。例如，1923年12月的《上海泰晤士报》（Shanghai Times）载文道："美国名医发明山羊腺体移入人身可以返老还幼之白金克来（即布林克雷）今将来上海，定于本月九日可到。按，最初之发明者系发洛纳夫氏，白医士继为之，照其方法可使人寿增加五岁。已在美国试验男女六百人，中有二上院议员。此项山羊系选健强无腥味者，大都为瑞士种，每只值墨洋一百五十元。"报道还介绍了布氏声称腺体移植可医治血管变硬、发狂或疯癫、男女心病及女子不生育等病症，及他成功治疗的病例。

1923年出版的《医事月刊》杂志，转述了上海《大陆报》12月15日关于布林克雷在上海红十字会实施返老还童手术的报道："昨传之美国外科医士勃林克里君，能以羊腺种入人体，使人返老还童。该医士于前数日抵沪。昨早九点已在中国红十字会医院内，实行施种。被种者共有四人。一为上海医学会会长儒莲孙，一为红十字会医院院长牛君，一为红十字医院书记牛君，一为华妇唐某。诸施种后，除勃医士外，并有医士夫人及医士助手，及数位中国男女看护士在旁相助。闻被种之四人，昨晚身体及精神之形情均佳。据上海红十字会述施种之情形云，儒莲孙医士现年六十岁，当施种时，神色如常，毫无痛苦，共历三十分钟而竣事。牛医士年四十岁，历二十分钟而竣事。为书记之牛君年三十五岁，历十八分钟而竣事。华妇唐某六十岁，历二十三分而竣事。无一人出现痛苦之状。勃医士于施种时，随口演说，据云，返老还童之效于三十日后便可现出。盖必三十日，羊腺始能移换人腺并恢复原状。三十日后个人之形容体色，必全改变，视之较原年龄当少自十岁至十五岁。闻医士将亲自视察此四人之现状及其

将来之结果云。"这个报道可能不是很准确。报道中所说的"牛君",应该是时任
上海红十字会总医院(今华山医院)院长的牛惠霖与其胞弟牛惠生,他们其实没
有接受这个手术,只是在旁观看。

图 6　《纽约晚刊》(*New York Evening Journal*)载文介绍布林克
雷的山羊腺体移植

据载,布林克雷在上海做完了手术后,于十二月底经天津抵达北京,住在北
京饭店。在北京有位名为陈翰波的人,前往北京饭店请其诊治。布林克雷期初
开价万元,后经协商减免,先付 4000 元,至六个月生效后再付 5000 元。报道
说:"手术采用局部麻醉,布氏夫人在旁讲述有趣故事,乘陈倾听入神时,将陈之
肾囊割开,取出睾丸一枚,即以羊睾丸填入,为之缝好。"报道还说目下陈氏饮食
起居均无异状,其阳不举已五六年,现颇跃跃欲动。

当这一个非常时髦且具有社会轰动效应的技术传到中国后,当时中国的主
流医学界,基本上是对其保持开放的态度,翻译、介绍了性腺治疗的相关知识,
并在此基础上,展开了对于返老还童的历史与理论的讨论。与此同时,当时的
很多学者还是保持了清醒的头脑,他们对于能够通过药物或者手术的方法,使
人真正地返老还童是持质疑态度的。比如,有位叫高山的学者,在《东方杂志》
刊登了他翻译的赫胥黎在 *Century* 杂志上对返老还童术的批评,认为从生物学

进化论的角度来看,返老还童是不可能的。总的来看,主流医学界对返老还童是半信半疑的,对相关技术的态度也是警惕的,没有明显的夸大的赞誉或推崇。

有大众杂志对布林克雷的手术进行了讽刺和挖苦。报道突出了布林克雷十分能说会道,他在中国做这个手术,当下立即收费,而至于效果如何,据他所说,要在3个月,甚至6个月以后才能见到真正的实效。而实际上,手术3天之后,他就一走了之。也就是说,他收了钱就走了,至于效果如何,只有病人自己知道,或许只有天知道。1923年12月26日的《民国日报》刊登了一篇《何日君再来》的文章:美国医生柏林克里氏,自谓能以术使人返老还童,已治4人,待于6月后见效,现柏氏已于昨日破浪归去。这是一个典型的具有讽刺和怀疑意味的报道。

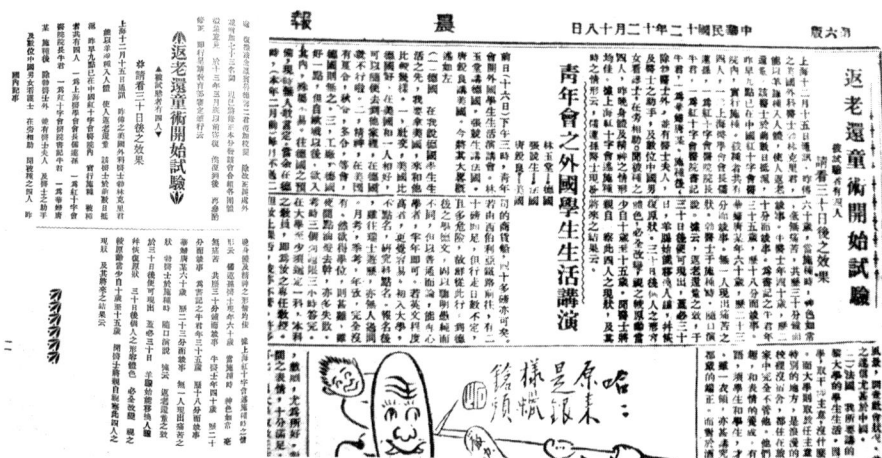

图7　《医事月刊》与《晨报》的相关报道

前已述及,有关布林克雷在上海实施睾丸移植手术的患者的记载并不准确,除非查阅当时的病案或许能找到答案。不过,在上海确实有人做过这种手术。当时上海著名导演郑正秋曾在申报上发表过一篇《返老还童术之实验谈》,提到他自己在1925年做过睾丸移植手术的经过。而他的好友,著名演员郑鹧鸪则在接受此术之后不久即去世。

实际上,经过一段时间,流行一时的返老还童手术不得不停止下来。德国那位推崇返老还童术的施密特医生,由于手术的不成功,受到社会的指责而自杀。布林克雷在美国也遭到美国医学会的调查,睾丸移植手术也随之冷淡下来。在那时,科学还很难解决移植排斥问题,移植手术为什么有些能成功,而有些又不成功,其原因讲不清楚。直至1962年,人们才明了移植免疫的知识;而此前40年间,人们并不知道排异反应。但正是由于当时人们对于新技术的疗效还存在一个似是而非的空间,所以给像布林克雷这样的骗子创造了机会。而这种骗术能成功地在各个国家获得一些人的相信,也与人们对返老还童的期盼有关。在当代社会,依然还有很多新技术的开发,比如某些基因技术、干细胞技术等,也还是与人们的美好的幻想相关联。

虽然我们相信科学技术能给我们的梦想带来希望,但如果我们真的能长生不老的话,应该是要付出很大代价的。其实,人类的发展必须遵循新陈代谢的规律,因此,死亡是必然的,其本身就是生命过程的一部分。

西方世界中性别、身体与医疗的争论*

盖德菲(Delphine Gardey)**　著

鞠　熙　译

引　言

本文将讨论长期以来西方的女性身体是如何被医学知识及其实践所塑造的。首先,我将描述从近代末期到 20 世纪初,围绕女性身体所形成的权力/知识关系。作为另一种性与性征的存在之处,女性身体为某些医学知识所偏爱,并导致了数种专科医学的诞生。而从近代末期开始,公众投入与医学的关注使男女两性身体经历了不同的命运。女性的性与身体作为医生们首要研究的对象,直到 18 世纪末,它们仍被划定在"自然"一边。这标志着一种无法估计的差别,以"自然"的名义使女性受支配的社会关系与统治政治成为合法。

到了 20 世纪后,这种情况得到改变了吗? 我认为,似乎应该从三个阶段(两次世界大战之间、1950 年到 1980 年、1980 年以后),同时也是从三种权力/知识关系机制的角度,才能理解当今时代科学与医学塑造性别身份、性别关系

本文法文版曾以《20 世纪的性别、身体与生物医学》(《 Genre, corps et biomédecine au 20e siècle 》)为题,发表在 Christophe Bonneuil 和 Dominique Pestre 主编的《科学与知识的历史(第三卷　1914 年—2014 年)》,(*Histoire des sciences et des savoirs*, vol.3, 1914–2014, Paris, Le Seuil, 2015, pp. 360–379.),但本文较之前文有补充和修改。

**盖德菲,瑞士日内瓦大学社会科学学院性别研究所教授。

与权力关系的动态过程与方式①。在第一阶段,随着欧洲民族主义的兴起(法西斯主义、纳粹主义),女性身体成为被军团化的对象,与"国家的身体"划上等号,国家在此时是主要的调控者。到了两次世界大战之间这段时期,母权主义、人口增加主义、选择与优生学成为关键词,但它们之间是互相矛盾的。某些妇女运动同时也夹杂着新马尔萨斯主义,而第二次世界大战以后,新马尔萨斯主义计划之所以被执行,其政治背景中的主要因素,是第三世界人口的增长似乎无法得到控制这一威胁被夸大了。当然,随着医学的进步与福利国家的诞生,母亲境况得到了改善,欧洲社会中个人主义的发展使妇女们能够要求新的权利(恋爱的权利、性的权利、生育自由的权利)。因此,第二阶段首先是个人解放的时代,尽管技术发展、社会实践,以及科学项目的投入仍由国家所牢牢控制与主导。无论如何,能生育的身体与性行为的医学研究及实践在20世纪下半叶发展迅猛,这无疑改变了普通男女生活中的诸多方面。由实验室科学所发展出来的医疗新形式,尤为关注妇女与母亲的情况。女人欲望(支配身体、生育子女、获得性愉悦)这个概念的出现恰逢生殖与生育被医学化的时期。同时,关于性与繁育的医学知识及其实践有助于改变两性关系,反之亦然,两性关系的改变也影响了这类知识与实践。

　　从20世纪80年代开始,我们站在了从单纯影响身体的医疗,到能够影响生命的新型医学实践(生物技术)的快速通道上,科幻小说变成了现实。我们进入了另一种权力/知识关系之中,无论是在性别概念中、性的概念中,还是在人类繁殖领域,属于"男人"或"女人",乃至真正的生物性界限或者正是属于"自然"的那些东西,似乎都已移位。医学工程学跻身为一种能定义主体与社会经验的模式,且它与性别身份以及亲属关系有关(例如跨性别或者代孕即为一证)。看似高举个人自由或个性解放之大旗,这些改变实则都是在压倒性的商业逻辑与新自由主义的沃土中绽放。国家越来越不引人注意,某些制药企业、生物技术公司与市场有强大的行动能力,甚至似乎已经成为与国家竞争的有力角色。一些人类学意义上的变动似乎不仅影响了"女性境况",同时也影响了整个人类的处境,这种新的知识/权力关系有何种现代性结构?如何从女性主义

①关于近现代时期不同的"知识制度""科学制度"或"科技制度",参见 Dominique Pestre (ed.), *Histoire des sciences et des savoirs*, 3 vols., Paris, Le Seuil, 2015。

与人道主义的视角出发去思考它?

一、过去关于"差别性"身体的知识/权力制度: 近代到 20 世纪初的"女人的医学"

(一)围绕"女人的医学"所形成的知识分类与权力分配

"女人的医学"是一个古老的领域。如果我们考虑到,虽然男性也是作为一种性别而存在,但在西方历史中没有任何痕迹表明,曾经存在过显著且持续性的投入以建立男性医学的行为,那么有一种特殊的医生专门为女性服务这一事实,实在是一件耐人寻味的事。女性的身体,是繁殖的身体,也是妊娠的身体,正是这一身体从根本上使得这种专业化的实践与这些特殊的医学成为必要。长期以来(从中世纪直到 16 世纪),有知识的男性无法接触到女性身体,而这个问题牵扯到他们需要女性的帮助,以协助做实验或者负责护理。这种禁令(尤其是禁止男性触碰女性性器官)从 16 世纪开始逐渐放松。从此时开始,在欧洲,我们看到内科医生、外科医生与药剂师的医学实践开始分野,医生们开始互相竞争以掌控女性医学的领域。接生婆与医婆的活动本来古老且高度组织化,在这种条件下他们也成为竞争者,不过她们的技术与影响力仅局限于协助生产和提供怀孕知识。历史学家 Monica Green 指出,从 16 世纪开始,受过教育的男性开始关心生育能力问题和生育器官疾病,这也是男性首次涉足的妇科知识领域[1]。Helen King 在"产婆"领域的研究工作表明,从 17 世纪末的英国开始,生育医疗中开始出现性别分工,"正常生育"由接生婆处理,而"病理性生育"则成为男性的领地[2]。正是在这一转变的时刻,产科作为一种新的工具性知识(且

---

[1]见 Monica Green, "Women's Medical Practice and Health Care in Medieval Europe", *Journal of Women in Culture and Society*, 14 (1989), pp. 434–473。另见同一作者: "Caring for Gendered Bodies", Judith Benett and Ruth Mazo Karas(eds.), *Oxford Handbook of Medieval Women and Gender*, Oxford, Oxford University Press, 2013, pp. 345–361。

[2]Helen King, *Midwifery, Obstetrics and the Rise of Gynaecology: The Uses of a Sixteenth-Century Compendium*, Aldershot, Burlington, Ashgate Publishing Limited, 2007.

为男性主导的)领域出现了。在 19 世纪的欧洲,助产士、医生、外科医生之间的区别颇受争议,而随着临床解剖学的出现,这些知识被整合、专业化和机构化,医院里的研究专家、医学分科,以及大小不等的门诊部的出现就表现出这种转变。

(二)差异性的双重重负

对女性"差异性"的社会认可是导致女性专属医学专科出现的条件之一。16—18 世纪的医生引用希波拉底的学说——尤其重视他的《女性疾病》一书,把女性的差异性归之于她们"海绵般的"肉体更易吸收液体。同时,女性被判定为一种"有渗透性"的生物,更容易受到外界的影响;尤其是子宫,它是女性差异性和女性病理学的基础。在这种影响深远的观念中,女性在两方面与男性不同:一方面,因为她们受到自身性别的影响[①];另一方面,她们"天生"比男性更容易得病。从古代一直到 18 世纪,女性的身体就是病体的范型。从古代起,人们就以生育能力来判断女性身体是否健康。然而,从 16 世纪末到 17 世纪初,在绝大多数关于女性疾病的著作中,生育能力似乎不再标志健康状况,反而证明了女性身体的虚弱性[②]。健康成为男性专属品质。18 世纪,人口问题成为定义民族是否繁荣的核心,生育和母性身体的健康(令人想到国家的身体)成为重点强调的对象。由于生育的社会功能非常重要,医学知识与注意力突然倾注于(性别化的和作为繁育者的)女性身体上,而这形成了真正的知识/权力关系。总体而言,18 世纪与启蒙时代是女性附属于社会所认定的自然法则的时期,无论是从道德还是从政治的视角来看,她们的生理特点和病弱特征都证实了她们的从属性地位[③]。自然主义哲学家和知识精英的论著认定女性从属于自然,她们的身体低劣且羸弱,随之而来的便是女性被排除在理性、公民身份与公众身

---

①Thomas Laqueur, *La fabrique du sexe*, Paris, Seuil, 1992.

②Elsa Dorlin, *La matrice de la race. Généalogie sexuelle et coloniale de la Nation française*, Paris, La Découverte, 2006; Francesca Arena, « La maternité entre santé et pathologie. Histoire des délires puerpéraux à l'époque moderne et contemporaine », *Histoire, médecine et santé*, n° 3 (2013), pp. 101-103.

③Geneviève Fraisse, *La raison des femmes*, Paris, Plon, 1992.

份之外,而当时正是革命时代,革命者恰恰希望清除一切旧制度的秩序。女性的"自然属性"是她们被迫远离共和盛宴的主要因素。女性"补充者"的角色,以及女性"自然"与社会的使命,特别是从 19 世纪起被无限崇拜的母性使命,直到 20 世纪初一直都是引导和规范女性命运的核心价值。

(三)一种干预式和自然化的科学:19 世纪妇科学

在 19 世纪,随着对生殖器官及其功能的认识进一步发展,针对女性性征与身体的医学干预开始大量发展。医学流产、会阴修复、对卵巢的作用和月经功能的了解,在 19 世纪中期时都已经实现。一个新的医学专科——妇科学出现了。紧随英国之后,在 19 世纪 80 年代的法国与比利时,妇科学从"女人的医学"中脱离出来,成为一门独立的学科。这一专科针对女性的生殖系统以及妇科疾病,促成了相关的外科手术的发展。骨盆区(即子宫—卵巢区)是关注的焦点,也是实施"现代"外科手术最多的部位。在这一时期,实施妇科手术(卵巢切除术、子宫切除术)的外科医生们非常关注这一部位。事实上,卵巢切除术是外科最早所能进行的腹部手术。最初,实施这一手术是非常冒险的(最早一例被证实的手术于 1809 年在美国进行;1838 年到 1851 年间,在英国共进行了 130 例手术,每两例中有一例死亡),而从 1880 年开始,这一外科手术在欧洲稳定下来并开始传播,到 19 世纪末时,出现了这类手术的"大爆发"。Julie de Ganck 研究了 1890 年到 1910 年之间比利时的情况,发现此时存在一种真正的手术狂热①。某些亲历者谈到了"输卵管与卵巢的大屠杀"、"女性阉人"群体的产生(例如 19 世纪 90 年代非常杰出的法国妇科医生 Pozzi 的哀叹)。对某些人而言,这种手术是荒谬的,它会损害女性宝贵的"生育能力健康"。而在这段时期,针对卵巢、输卵管和子宫的手术有很多不同的目的:对大众阶层的某些女性来说,这是一种一劳永逸地解决"神经质问题"的方式,心理治疗与妇科被完美结合;同时,也有的是为了切除大体积卵巢囊肿、肿瘤或预防癌症。不过,也许有的也是为了切除器官以提前绝经或造成不孕。在世纪转变之交,医生与精英们

---

①Julie de Ganck, « Histoire du développement de la gynécologie à Bruxelles (1870-1935) »(《布鲁塞尔妇科学发展史:1870—1935》,历史学博士论文,布鲁塞尔自由大学,2016 年).

追问,正如有个叫 Deroubaix 的人所总结的那样:"女性绝育的问题仍然涉及更高价值层面的问题,即女性在社会中的角色,以及与政治经济学法则有关的问题。"①此后,人们对绝育手术的狂热慢慢退潮,侵入性的、切除性的手术行为越来越少。

二、控制与组建时代:在国家与优生之间的生育身体

(一)女性身体:医学与政治长期控制的对象

如果说在 19 世纪,医学与卫生权力机构高度关注那些异常的女士,例如歇斯底里者、精神错乱者、娼妓或罪犯,那么到了 20 世纪,女性身体虽继续成为医学知识与实践的关注对象,但方式却不同。女性身体被看作体现性别属性之地(与男性身体不同),在两次世界大战之间,这一身体总是三重性的:性别化的(或性的)身体、妊娠的身体与生育者的身体——后两个特质直接与"国家的身体"相关。对女性的关注并不是因为女性本身,而是因为她们与男性的差异性和她们的社会角色。从这一角度来看,医学与国家权力机构对女性身体的关注远胜女性自身。

从 20 世纪初开始,一个新的分界点似乎开始出现。精神病学与新诞生的性学继承了对歇斯底里症和"邪恶快感"的分析,而生物学联合内分泌学则开辟了一片全新的天地,关注发情期、排卵期、月经期,以及(在动物科学中)人工授精②。如果说从美国最先兴起的性学聚焦于"男人专有"的性欲问题,生殖科学则离开了性的问题,而与植物和动物科学建立了许多共通的领域,并在这一时期末时获得了很强的自主权与正当性。即使是妊娠问题,生殖科学也并不真的能影响女性生活,而只是通过内分泌学对其略有触动。事实上,从 20 世纪 20 年代到 20 世纪 40 年代,器官疗法(其临床应用始于对自然性腺的提取,后来是

---

① *Rapport de la commission chargée de l'examen du travail de M. le Dr Lauwers*, 1892.

② Adele Clarke, *Disciplining Reproduction: Modernity, American Life and the Problem of Sex*, Berkeley, University of California Press, 1998. Nelly Oudshoorn, *Beyond the Natural Body: Archeology of Sex Hormones*, London, Routledge, 1994.

合成性腺)在欧洲和美国进入了黄金时期,它的治疗方法和临床应用相当广泛:从传统被认为是女性的疾病(头疼、易怒、抑郁),到将女性生命的某些时刻(月经、绝经)判定为病态并需要治疗①。从实验室研究到寻找市场,对女性生理周期认识的医学化正在发展②。

(二)控制子宫、控制人口

在这一时期中,不仅是生命科学改变了性别、科学与身体之间关系的图景,人口学,甚至是非科学领域的行动者们也在关于女性生殖能力与人口控制的争论中扮演了重要角色。某些群体出于忧虑而希望控制与限制新生儿出生,这种意愿在两次世界大战之间被加强。在欧洲与美国,"计划生育"的支持者们(女性主义者、新马尔萨斯主义者、某些社会主义者)希望通过控制新生儿出生获得个人、家庭与社会的益处,并将其视为个人解放与社会进步的源泉。女性主义者、"避孕药之母"Margaret Sanger 是这一时期和随后一段时期的主要代表人物③。可是,在 1927 年于日内瓦召开的人口学大会上,面对全由男性组成且支持优生政策的人口学者群体④,她是唯一一位为"生育控制"辩护的代表。

这一时期中,新马尔萨斯主义者与优生学主义者之间的界限模糊且复杂,二者的共性是,它们均认为"良性"的人口管理政策可以带来社会乃至国家的利益。不过,优生学计划的一个突出特点是要对其针对的人群进行选择。对某些优生学流派而言,下层阶级的繁殖力像是件荒谬的事:应该促使那些"更好的"群体繁殖,而不是那些虚弱的群体,这种选择必须依靠生物性的规划。优生学者们对"生育控制"感兴趣,将其视为同时控制生育质量与数量的方式。在

①见 Nelly Oudshoorn 上引文献。

②Nelly Oudshoorn, "United We Stand: The Pharmaceutical Industry, Laboratory and Clinics in the Development of Sex Hormones into Scientific Drugs (1920-1940)", *Science, Technology and Human Values*, vol. 18, nº 1 (1993), pp. 5-24; Ilana Löwy, *L'emprise du genre. Masculinité, féminité, inégalité*, Paris, La Dispute, 2006.

③Lara Marks, *Sexual Chemistry. A History of the Contraceptive Pill*, New Haven, Yale University Press, 2001. 另见 Adele Clarke 上引书。

④Florence Vienne, *Une science de la peur. La démographie avant et après 1933*, Francfort, Peter Lang, 2006.

此,一种被科学化组织起来的人类生育观念具有了意义①。"现代文明"带来了"虚弱"的后果,它削弱了人们"繁殖的本能",对这一危害,"民族的"与"种族的"观点互相矛盾②。正如 Donna Haraway 研究美国时所指出的,这一时期关于"种族"与"人群"的概念始终在不断地摇摆和翻转③。1924 年,芝加哥大学种族生活研究所成立,标志着在民主背景下,一个基于基因学的"新的人群生物学"计划的出现④。

(三)欧洲的各种不协调:鼓励生育、重视母亲、优生学、重视男性

在不同的国家和制度中,优生学计划的执行方式各有不同。此时的欧洲基本上是鼓励多生育的,表现为一系列由雇主或国家所提出的支持女性生育的措施,例如社会法规和劳动法中关于孕期妇女保护与产褥期援助等内容。法国鼓励生育的顽固念头表现为 1920 年的禁止堕胎法案。如果说法国和其他大多数天主教国家一样没有阻止"意外出生"的政策,那么在美国、瑞典、挪威和瑞士,这类政策已经成为现实,它表现为针对某些特定人群的同时影响男女双方的绝育政策(美国在 1907 年到 1920 年之间禁止"罪犯"、癫痫患者生育)。例如,我们可以确定,瑞典的绝育政策直到 20 世纪 70 年代仍然有效,据估计,受影响的总共有 6 万人⑤。

纳粹德国与其他欧洲国家不同,不仅因为它在人口管理政策上的暴力性,也因为它的反母权主义。在纳粹政府中,卫生保健学与人类学的种族主义将其引向了人口的"质量"而不是"数量"。此时德国狂热崇拜的对象是父性和男子气概,而不是母性⑥。除了人口选择与优生学,我们还应提及这种谋杀性人口管理政策的几个方面。15 万病人被安乐死,30 万"遗传病人"被绝育,表明在"普

---

① Lara Marks 上引文献。

② Florence Vienne 上引文献。

③ Donna Haraway, *The Haraway Reader*, New York, Routledge, 2003.

④ Adele Clarke 上引文献,第 114 页。

⑤ Lara Marks 上引文献。

⑥ Gisela Bock, "Equality and Difference in National Socialist Racism", Joan Wallach Scott (ed.), *Feminism and History*, Oxford, Oxford University Press, 1996, pp. 267–292.

通心理分析学"与"纳粹医学"之间深深的联系,这种"生物专政主义"在第三帝国时期被加强和重新布局,成为一种更系统化的种族灭绝主义①。5 千人(其中主要是女性)因绝育政策而死,从 1939 年起,绝育改成了安乐死和种族灭绝,而我们知道,后者的受害人数更为可怖②。其他领域中也能看出对父性(生物与种族意义上)和男子气概的崇拜。如果说欧洲的内分泌学与器官病理学在本质上是把女性视为病态和治疗的对象,那么在纳粹德国,男性的男子气概占据显要位置,以至于当时德国已经有了男科学(即妇科学在生物化学上的对称物)的萌芽,但随着政权的溃败,这一项目也随之终止③。

三、现代性的承诺:个人化、医学化与解放(1950—1980)

在 1950 年到 1960 年间,有两点值得注意:女性境况的改善,以及与"快乐夫妻关系(乃至性行为)"概念相伴,"快乐母亲"的概念出现。这些转变为 20 世纪 70 年代到 80 年代的"避孕革命"铺平了道路,在那时,个人化、医学化与解放似乎相伴而生。

(一)母亲境况的转变

在"二战"后人口爆炸时期,怀孕的妇女是从一个时代进入另一时代的典型形象。虽然 1935 年至 1950 年期间充满战争与冲突,但在工业国家中,女性怀孕与生产的卫生条件仍然得到了改善,女性生育及产期的死亡率大大降低。1950 年以后,这一死亡率降至底部,这似乎表明决定性胜利的到来。自 20 世纪30 年代以来,欧洲有许多因素有助于改善生育卫生条件:磺胺、青霉素、输血术、麻醉安全性的提高;还有一些新的产前体检手段先后出现,例如产前针对高血

---

① Benoît Massin, « L'euthanasie psychiatrique sous le IIIe Reich. La question de l'eugénisme », *L'Information psychiatrique*, n°8 (1996), pp. 811-822.

② Lara Marks 上引文献。

③ Jean-Paul Gaudillière, « La fabrique moléculaire du genre. Hormones sexuelles, industrie et médecine avant la pilule », in Ilana Löwy et Hélène Rouch (dir.), dossier « La distinction entre sexe et genre », *Cahiers du genre*, n° 34 (2003), pp. 81-104.

压的措施能防止子痫。1945年以后,福利国家与新型社会保险的出现也促进了这一过程①。在20世纪50年代到60年代,实施剖腹产与麻醉术的风险进一步降低,产前体检与生育监控的新型仪器不断发展,医院在现代化。

"二战"后的人口爆炸毫无疑问并未在长期意义上改变马尔萨斯主义的趋势。夫妻不愿多次、大量生育,让一个健康的孩子在好的条件下降临人世,似乎成为现代性的一种强制。在战争时代,推广"己烯雌酚"的运动向怀孕的美国妇女推销它的大量好处:它能避免分娩事故,保证当士兵们最终回到他们的家园后,妇女能生下"漂亮健壮的宝宝"②。在美国,几百万妇女服用了己烯雌酚,在法国,这一药品也在1948年到1977年间被用于防止自动流产,而这导致了可怕的次生后果:癌症和不育。

(二)从"快乐母亲"到快乐的性?

可以从"快乐母亲"中解读出什么?在这一时期,出生控制和家庭规划在某些国家中被制度化下来,而"快乐母亲"的概念就借自于此。在20世纪60年代,家庭规划与女性主义、激进分子与职业团体的运动同时出现,它首先是要追求夫妻和睦、家庭与社会和谐,而这有赖于出生率的控制。"获野法"是这一时期最有想象力、最普遍的技术,它正反映出夫妻关系在避孕中的位置。"快乐母亲",即无痛分娩法,它的规则与理念内容都在这一时期被确定并且得到了发展(虽然其方式仍然受限)③。最终,"快乐母亲"也导致了快乐的夫妻性关系的诞生。性学发展史向我们证明,这种(位于精神分析学和妇科学之间的)医学科目如何作为夫妻关系科学而发展起来。就其核心而言,性学的任务一直是治疗夫妻床帏间不严重的功能障碍与疾病,其研究划定出"正常"和应被排斥的性行为领域,

---

①感谢 Marilène Vuille 对本观点提供的帮助。

②Nancy Langston, *Toxic Bodies: Hormone Disruptors and the Legacy of DES*, New Haven, Yale U-niversity Press, 2010.

③Marilène Vuille, *Accouchement et douleur. Une étude sociologique*, Lausanne, Antipodes, 1998.

前者指异性恋性欲,而同性恋则是后者,属于病态的或不正常的范畴①。显而易见,不是所有人都走在通向"快乐的性"的道路上,但尽管如此,作为医学权威的性学却使得关于性愉悦的研究获得正当性,尤其是关于女性高潮快感的研究。

(三)通向自由与绝育的权利

这一时期充满了对进步的完全的自信,控制出生的"举世通用"的解决方案(这是对 Margaret Sanger 概念的发展)已被找到,而那只需一片"简单的避孕药"。"完美的现代主义事业"②,避孕药完全属于福特主义和批量生产。避孕药以科学地解决第三世界"人口爆炸"的面貌出现,这标志着之前二十年间生殖科学领域发展的结果,回应了当时的地缘政治与意识形态思虑,并为女性主义设想添砖加瓦——这种女性主义将自由支配身体,控制生育,随后也将性解放作为自己的主要目标。

与其他避孕手段(阴道隔膜、避孕套、中止射精)不同,避孕药可以与性行为分开,这让女性得以自由使用,并大大提高了易用性。在重新质疑家庭规则与某些传统权威的社会背景下,避孕药还参与了更广泛的社会运动,并成为"性革命"中的行动者③。避孕权和流产权的斗争是这一时期新型女性主义的标志。20 世纪 70 年代,流产在大多数西方国家中合法化,这标志着一个时代的终结,女性、她们的身体(子宫)与男性、医生与国家之间关系的长久历史此时发生了断裂。一种全新的有效控制,已经从根本上改写了这种关系,而这标志着父权对女性身体控制以及某种生物政治秩序的结束。

避孕药同时也将女性的性生活医学化。这一过程是双向的:女性通过技术与医药手段获得了自主性,同时也改变了控制命运的可能手段。而这些新的行动手段在根本上都与医学领域的扩张有关,它们既是自主性的来源,也是强制的来源。因此,在 1970 年到 1980 年间,一些女权主义团体以"自助"为名,开始

①Sylvie Burgnard, « Produire, diffuser et contester les savoirs sur le sexe. Une sociohistoire de la sexualité dans la Genève des années 1970 », thèse de doctorat de sociologie, Université de Genève, 2012.

②Lara Marks 前引文献。

③Alain Giami et Gert Hekma (dir.), *Révolutions sexuelles*, Paris, La Musardine, 2015.

要求反对药物的权威。

四、后现代的承诺:性别的成本与收益(1980—2014)

(一)"生育自由"与"计划子女":生育的混乱?

在 20 世纪末,一种新的"身体管理"模式出现了,"身体""健康"与"生命"的问题,在"人类事务管理"中的位置上升①。另外,关于社会身份或者性别身份,主体存在、生活或者生存的大量新的经验,都由生物医学资源所决定或者左右。

对于 Adèle Clarke 而言,第一个试管婴儿(1978)标志着一次"真正的界限",因为这意味着"生命事实"的改写②。"新的生殖技术"开启了繁殖与生育程序的全新领域。避孕与流产技术使得性行为与生育的分离成为可能,这开启了"计划子女"的时代。婚姻仪式(或婚姻制度)不再制造孩子,孩子只是父母愿望与心愿的结晶(而无论父母的性别)③。道德秩序、家庭关系与性别关系的改变,伴随着"通过计划"进行管理的时代,在生物技术手段中找到了资源。当下新出现的不生育、无子女的灾难似乎正可以在这种转变中找到答案与先兆,这些现象有待于历史学家去研究。

在性别领域,生殖技术一再回应古代的问题,但同时也不断出现新的情况。一直以来,医学干预主要着力于女性身体——为了解决男性不育的问题,作为生育工具的女性能强烈地被调动起来(今天仍然如此,例如细胞内注射生物性父本精子的技术,ISCI④)⑤。而就新方面而言,受孕与怀胎被转移至实验室内

---

①Didier Fassin & Dominique Memmi, *Le Gouvernement des corps*, Paris, Éditions de l'EHESS, 2004, p. 10.

②Adèle Clarke 前引文献。

③Luc Boltanski, *La condition fœtale. Sociologie de l'engendrement*, Paris, Gallimard, 2004.

④ICSI 是一种辅助生殖技术,也被称为 FIV,是在显微操作下在活体外将精子注射入卵子。它专门针对精子活力不足的情况,因此主要解决男性不育的问题。

⑤Ilana Löwy, « Assistance médicale à la procréation et traitement de la stérilité masculine en France », *Sciences sociales et santé*, vol. 18 (2000), n° 4, pp. 75-102.

进行,有助于创造出新的医学与社会的范畴:不育夫妻、捐精者、捐卵者、代孕母亲、"未出生的"病人①。这些技术手段可以成为同性恋父母可资利用的资源,也影响到许多父母的生育计划。最后,史无前例的直接作用于子宫内部的手段(超声检查、羊膜穿刺术、胎儿外科手术)等,能帮助胎儿从母体分离,并使胎儿在公开场合下来到人间。"妊娠产品"(配子、子宫)的商业化进程,涉及到社会、民族及性别等各个方面,例如在自由主义美国中我们所看到的商业化捐赠精子的现象,或是以契约形式为他人代孕,这些问题都非常复杂,并且仍然处在变化之中②。

总之,这一时期由于现代生物科技的发展,性别与身体的界限从根本上被改变和重新定义了。更重要的是,生命存在的基本条件,定义生命是什么或者可以是什么的要素,以及决定哪些生命可以或优先值得支持(例如我们会想到30年来在早产保育方面的巨大进步),这些问题都在这些进程中得到关注。在欧洲与西方的背景之外,还应该提及在印度和中国对出生婴儿性别的偏好,这导致选择性流产以及杀死女婴的行为③。

(二)性与性别的矛盾:异性恋规则的终结?

另外,正如我们都知道的,"性革命"所开启的时代,是不同的性取向与性别身份被证实并被承认的时代。跨性别手术在这一时代将逐渐成为常规。在《性别烦恼》一书中,Judith Butler 从开篇就宣称,她所追求的"让多种生活得以可能"的目标将会涉及个人生活层面④。基于对"异常"身体与人口(同性恋者、双性人)的控制手段的历史分析,Butler 反思这些"生活"同时作为主体的、社会的

①Monica Casper, *The Making of the Unborn Patient*, New Brunswick (NJ), Rutgers University Press, 2000.

②Gay Becker, « Espoir à vendre. Commercialisation et consommation de techniques d'assistance médicale à la procréation aux Etats-Unis », *Sciences sociales et santé*, vol. 18(2000), 204, pp. 105-126.

③Isabelle Attané, « Naître femme en Chine. une perspective démographique », *Travail, genre et sociétés*, 2010/1, n° 23, pp. 35-59.

④Judith Butler, *Trouble dans le genre. Le féminisme et la subversion de l'identité*, Paris, La Découverte, 2006.

与政治性的存在的可能性。当代同性恋权利运动的主要问题,曾是使同性恋行为脱离被污名化、异质化和病理化的状态(正是医学化标志了从前者到后者的过渡)。虽然在1974年的《精神问题诊断与统计手册》(*Manuel diagnostique et statistique des troubles mentaux*)中,同性恋已经从其分类中消失,但一个新的群体——异性癖者却成为医学干预的对象与主体。

从第一次世界大战结束之后,一些双性人就成为医学行动的对象,这些医学行动主要由内分泌学和修复外科来执行,其目标是要在最为清晰可见的意义上(医学的与社会的)"修复"和引导那些被认为是有问题的性征与性器官。从20世纪50年代美国约翰·霍普金斯大学(Johns Hopkins)的手术台开始,直到20世纪90年代,这类行动中占据统治地位的实践,是将双性儿童用手术和社会性的方式划定为某一个性别,且常常是在父母和孩子不知情的情况下进行。

Bernice Hausman描绘了这段历史的细节,其研究强调了跨性别者问题的独特性[1]。她的研究证明,跨性别主义并不是一种永恒欲望的新的表达,而恰恰相反:

> 作为一种社会与科学的事实,(跨性别主义)完全附属于医学手段——例如内分泌学和外科整形术——的发展,依赖于它们的能力来为性别改变的要求提供必要条件。改变性别的需求就如跨性别主体性的指南针。

跨性别者将自己视为为了得到社会认可而必须接受医学治疗的人。他们的主体位置依赖于与医学之间的关系。因此,这是一种经验和身份的类别,它是社会与文化的反映,但同时也与科学实践、特殊技术无法分割。医学以一种非常积极的方式"制造"女人或男人,无论他们是否有功能享受性生活(首指异性恋性生活),尽管他们的其中一些无法享有生育生活。Hausman明确指出,同性恋恐惧是跨性别改造技术历史的核心,医生们致力于将人们重新置于符合异性恋秩序的性别和性生活之中。

---

[1] Bernice Hausman, *Changing Sex : Transsexualism, Technology and the Idea of Gender*, Durham (NC), Duke University Press, 1995.

从 20 世纪 90 年代开始,围绕这类医学技术出现了争论,使用这类技术及从中受益的礼仪秩序都被质疑,这使得在"异性癖""双性恋""酷儿"组织或群体中出现了新的诉求。例如,我们注意到,瑞士组织"跨性别者"(Zwischenge-schlecht)的斗争目标,就是以"人权"的名义,反对在婴儿出生时就被实施手术,并希望促使医学与国际权力机构关注新生儿手术所带来的后果,即不可逆的生殖器损伤。

(三)男性与性行为的医学建构:从药物治疗到表演

最后,我想谈及关于性功能障碍的医学治疗问题。在西方医学史中,男人们能优先"享受"治疗(伟哥)用以解决勃起障碍的案例只此一次,因为涉及到了"能力"的问题。但这远远不是期冀治疗这个人本身或者这段性关系,泌尿科医生将这种解决方式严格限定在他们可以介入的领域之中(器质性的而不是精神性的[1])。在这种新的器质性病原学中,神经内分泌学扮演了核心角色。当代对待女性性行为障碍也同样如此,例如处理产后性冷淡的情况[2]。在这个新的医学领域的发展中,那些制药商,尤其是发明了西地那非(万艾可药片)的制药商,扮演了决定性的角色。

"药物集"或者"情欲市场",以及面向男性随后也面向女性的性表演市场[3],似乎是与一些新的市场同时出现的:人工受孕、代孕、性修复,或者是自我美化,例如整形术。由生物医学技术与药物集所构建的市场相当可观并且是跨国性的,而就某部分而言,对自身的超越(超越个体生殖的、性的或性别的界限)正是这一市场发展的结果。"资本主义的新精神"[4]看似让个体背上重担,让他

①Alain Giami, « De l'impuissance à la dysfonction érectile », in Didier Fassin et Dominique Memmi (dir.), *Le Gouvernement des corps*, pp. 7–108.

②Caroline Hirt, « La sexualité post-natale: un objet d'étude négligé par les sciences humaines et sociales », in Catherine Deschamps, Laurent Gaissad et Christelle Taraud (dir.), *Hétéros. Discours, lieux, pratiques*, Paris, EPEL, 2009, pp. 145–153.

③Jennifer Fishman, "Manufacturing Desire: The Commodification of Female Sexual Dysfunction", *Social Studies of Science*, vol. 34, no. 2 (2004), pp. 187–218.

④Luc Boltanski, Eve Chiapello, *Le Nouvel Esprit du capitalisme*, Paris, Gallimard, 1999.

们将自己的身体价值视作劳动力价值,因此我们也必须追问管理性准则与自我实现宣言之间的悖论。Céline Lafontaine 在她的著作《身体市场》中特别探讨了这个问题,她讨论了"生物经济",并指出身体的(自然的)元素与资源已成为当下资本主义再出发的关键①。

　　数个世纪以来对女性身体的医学干预,突出表现在世界首例子宫移植手术中(瑞典,2014)。以移植子宫代替自然生产,这种外因性人类出生的可能性已经在地平线上初露狰狞②。女性身体(性的)的境况——几个世纪以来一直是医学事业的对象与材料,现在又加上了生物医学——是否已经成为当下身体的日常处境呢? 我们有权追问其中关键性的权利与知识关系,这不仅是追问女性境况,更是人类境况发展的问题。医疗辅助生殖已形成全球性的巨大市场(同时也是种族性的),人类器官与组织的回收利用已成为突飞猛进的经济形式,通过生物科技产生生物性进程,或者将原本生物性的元素经过化学工业改造为替代性产品,这类生产力已大大提高。面对这些变化,英国哲学家 Donna Dickenson 提出当下的人类身体已经"女性化",她认为,"占用身体"的逻辑在以前只影响女性的身体,但如今它已经扩展到所有"性别"③。我还要说,这一进程以一种令人惊讶的方式和另外一种数世纪以来的逻辑相符,即 Donna Dickenson 所描述的:对女性子宫的医学控制,以及将生育能力从女性身体上剥离的科学意图④。

---

①Céline Lafontaine, *Le corps marché. La marchandisation de la vie humaine à l'heure de la bioéconomie*, Paris, Seuil, 2014.

②Diane Garnault, « Le ventre des femmes entre guerre et soin: les enjeux fantasmatiques de la gynécologie envisagés à partir de la transplantation d'utérus », thèse de doctorat en psychanalyse et psychopathologie, Université Sorbonne/Université Paris Diderot, 2015.

③Donna Dickenson, *Property in the Body: Feminist Perspectives*, Cambridge, Cambridge University Press, 2007.

④Diane Garnault 前引文献。

图书在版编目(CIP)数据

法国汉学.第十八辑,旧学新知:中欧知识与技术之演变/《法国汉学》丛书编辑委员会编;陆康,张柏春主编. —北京:中华书局,2019.1
ISBN 978-7-101-13632-6

Ⅰ.法… Ⅱ.①法…②陆…③张… Ⅲ.①汉学-研究-法国-文集②科学史-研究-中国③科学史-研究-欧洲 Ⅳ.①K207.8-53②G332.9③G325.09

中国版本图书馆 CIP 数据核字(2018)第 284229 号

书　　名　旧学新知——中欧知识与技术之演变(法国汉学　第十八辑)
编　　者　《法国汉学》丛书编辑委员会
主　　编　陆　康　张柏春
责任编辑　王贯彬
出版发行　中华书局
　　　　　(北京市丰台区太平桥西里 38 号　100073)
　　　　　http://www.zhbc.com.cn
　　　　　E-mail:zhbc@zhbc.com.cn
印　　刷　北京瑞古冠中印刷厂
版　　次　2019 年 1 月北京第 1 版
　　　　　2019 年 1 月北京第 1 次印刷
规　　格　开本/710×1000 毫米　1/16
　　　　　印张 16¼　插页 8　字数 300 千字
印　　数　1-2000 册
国际书号　ISBN 978-7-101-13632-6
定　　价　68.00 元